目次

第二部　地域の人々と律令制

第三部　古代甲斐国の地域と交通

序

本書は、筆者が山梨大学教育学部に着任して以来、約二〇年にわたって進めてきた、古代甲斐国の地域史に関する論考一〇篇を、補訂のうえ三部に構成して一書としたものである。

筆者は、一九九七年九月に山梨大学教育学部史学教室（当時）に赴任して以来、本来の専門である日本古代の律令制研究に加え、古代の甲斐国（現在の山梨県）の地域史研究にも取り組んでいる。山梨大学には、当然のことながら地元である山梨県出身の学生諸氏が多いため、卒論などの研究指導では、古代の甲斐国にも興味をもってもらえるように努めてきた。以来、卒論のテーマは、令制甲斐国の成立から、牧と馬生産、古代の氏族分布、郡郷の配置、国府と郡家の所在、国分二寺をはじめとする寺院の分布、延喜式内社と国史見在社、甲斐源氏の定着と展開などの多岐に及んでいるが、特に第三部第二章で卒論を引用させていただいた有泉武士氏は山梨大赴任時の三年生で、実質的に初めての卒論指導生の一人であった。孝徳朝の天下立評段階では相模の一部として立評された都留評が、天武朝末年の七道制の施行と令制国の国境確定に伴って甲斐に編入されたという本書全体を貫く構想は、氏との二人三脚によって生まれたものである。

赴任後間もない一九九八年四月には、山梨県史編さん委員会古代部会に加えていただき、部会長の磯貝正義氏や専門委員の平川南氏の指導のもと、川尻秋生、中込律子、原正人、山口英男の各氏をはじめとする同僚と、甲斐の地域史に本格的に取り組むことになった。資料編の編纂を経て、二〇〇二年頃からは通史編の執筆にあたったが、特に都留郡に関しては、前述の構想の精緻化に加えて、本来は現上野原市域にあった都留郡家の移転先として郡の中心部を考え、八巻與志夫氏の見解に拠って現在の都留市域を想定してみた。通史編の原稿は刊行予定の約一年前に入稿し、以後は校正ゲラを部会員の間で廻し読みしながら全体の調整を図ったのだが、その作業が本格化した二〇〇三年の春に、山梨県考古学協会事務局長の室伏徹氏から突然連絡が入った。筆者が原稿で存在を予言（？）していた第二次の都留郡家が、都留市に隣接する大月市の大月遺跡である可能性が出てきたので、県内の考古と文献史学の研究者を集め、古代甲斐における官衙の研究会を立ち上げて検討したいという。予想外の展開であったが、これをきっかけに、室伏氏と、帝京大学山梨文化財研究所（当時）の平野修氏、筆者らが中心となり、二〇〇三年五月に古代甲斐国官衙研究会（二〇一六年四月に古代甲斐国研究会に改称）が発足することになった。本書の各所で述べているとおり、筆者の地域史研究は、この研究会やその母体である山梨県考古学協会をはじめ、他県を含む多くの考古学や隣接諸学の研究者との学際的な共同研究としての性格をもっており、筆者一人の力では到底成し遂げることのできなかったものである。この場を借りて厚く御礼申し上げたい。

古代地域史研究の数ある成果のなかで、本書の特色をあえて挙げるとすれば、書名に「交通」の語を含むように、甲斐の地域的な特質を、列島規模の遠距離交通を含む交通体系のなかで考察しようとしている点にあるのではないかと思う。甲斐が東海道と東山道の結節点であり、それが甲斐の地域構造にも様々な影響を及ぼしているという視点は、二〇〇五年一〇月に開館した山梨県立博物館の広報誌名である「交い【kai】」などにも活かされているが、ある地域の特色は、他地域との比較や交流の様相から考えざるを得ない以上、こうした問題意識は、全国どの地域にも適用可能ではないかと考えている。

史料の少なさと偏りに悩まされるのは古代史研究の常ではあるが、特に地域史の場合には顕著であり、多少なりとも全体的な歴史像を描くためには、「遺された歯の一片から死滅した過去の動物の全体を復元して見せる古生物学者の大胆さが必要である」（石母田正著『中世的世界の形成』初版序）。筆者がもともとは律令制を中心とする制度史の研究者であったことは、この場合やや有利であったかもしれない。今日の律令制研究では、律令などの法制史料の規定をそのまま実態とみなすことはなくなっているが、それでも、制度史から導かれるなんらかの全体像を前提として地域をみると、それまで見落とされていた史料や論点の存在に気付くことが少なからずあった。それが一点から二点となると一本の補助線が引け、三点以上となれば一つの図形が浮かび上がってくる。律令制研究者として地域史に取り組んでみて、それが律令制研究にとっても高度な応用問題の一つであり、また研究者としての力量を判断するための試金石にもなり得ることを痛感している。

なお、『山梨県史 通史編』の一部として執筆した第一部を除き、本書の各章は、もともと個別の論考として発表されたものであり、読者の興味関心にしたがって、独立したものとして読んでいただいてかまわない。ただ、古代甲斐国の地域的な特質を明らかにするという大きな課題のもと、それぞれの論考には相互に関連している部分も少なくないので、以下では、各部のねらいと各章を執筆した経緯を記し、読者の参考に供したいと思う。

第一部　古代甲斐国の成立と特色

第一部に収録した三篇の論考は、もともとは『山梨県史 通史編1 原始・古代』（山梨県、二〇〇四年）の一部として執筆した、甲斐古代史の概説である。本書への収録にあたっては、初発表後に公表した論考（本書第二、三部に収録）で得られた新たな知見に基づく修正を加えたほか、本文中の註記を章末の註にまとめた。また叙述に用いた史料は、通史編に先立ち刊行された『山梨県史 資料編3 原始・古代3 文献・文字資料』（山梨県、二〇〇一年）の資料番号で示したが、同書が手許にない多くの読者のために、一般的な刊本における所在も併記してある。なお『山梨県史 通史編1』には、筆者のほか、山梨県史編さん委員会古代部会の平川南、川尻秋生、中込律子、原正人、山口英男をはじめとする各氏の論考も収録され、本書では扱えなかった甲斐古代史の重要なテーマが論じられているので、関心のある方には是非参照されることをお勧めしたい。

第一章　ヤマト政権と甲斐（『山梨県史 通史編1 原始・古代』第四章第六節、山梨県、二〇〇四年三月）

『山梨県史 通史編1 原始・古代』の第四章「古墳時代の甲斐」において、考古学の専門家が執筆した第一～五節の驥尾に付し、文献からみた古墳時代＝ヤマト政権期の甲斐を概観したものである。

第一節「国造制・部民制の展開」では、甲斐国で存在の推定される部民とその関連史料を整理したうえで、甲斐国造とその系譜について論じている。部民については、その全国における位置づけを考える材料として、甲斐以外で存在が確認できる国を列記したが、主に出土文字資料における事例について、山形大学人文学部（当時）の三上喜孝氏に校閲をしていただいた。なお国造制・部民制の説明にあたっては当時の通説的見解に拠ったが、県史刊行後、制度の全体像については篠川賢・大川原竜一・鈴木正信編『国造制の研究―史料編・論考篇―』（八木書店、二〇一三年）、同編『国造制・部民制の研究』（八木書店、二〇一七年）、甲斐国造については鈴木正信著『日本古代氏族系譜の基礎的研究』（東京堂出版、二〇一二年）などで新たな見解が提示されつつあるので、適宜参照していただきたい。

第二節「ヤマトタケルと酒折宮の伝承」では、酒折宮伝承を甲斐銚子塚古墳の造営と結びつける磯貝正義氏や原秀三郎氏の見解に疑義を呈し、六世紀の甲府盆地の交通体系における現甲府市酒折の地理的重要性から解釈することを試みた。甲斐と東海道を結ぶ基幹交通路が、四世紀の中道往還（富士山の西回りルート）から、遅くとも六世紀には御坂路（同東回りルート）に転換するとの指摘を含め、本書第三部所収の諸論考の前提となっている。第三節「甲斐黒駒の伝承」では、雄略紀に見える甲斐黒駒伝承が、雄略天皇を主人公とする後世の歌物語の一部であること、聖徳太子と甲斐黒駒の伝承は九世紀までの文献では確認できず、一〇世紀の『聖徳太子伝暦』の段階で成立したと考えられることなどを新たに主張している。

第二章　甲斐の勇者（『山梨県史 通史編1 原始・古代』〈前掲〉第五章第一節）

『山梨県史 通史編1 原始・古代』の第五章「律令制と甲斐国の成立」の冒頭で、大化改新から大宝律令の施行までの律令制形成期における令制甲斐国の成立について論じたもの。地域史独自の論点としては、大化の東国国司と甲斐との関係、壬申の乱で活躍した「甲斐の勇者」の性格について検討したほか、都留評が孝徳朝の天下立評の段階では相模の一部であり、天武朝末に七道制が施行された際、御坂路が東海道支路に設定されて甲斐に編入されたこと、それに伴って、評（郡）家も古郡（現上野原市）から郡の中心部へ移転したことなどを主張した。都留郡をめぐる議論は、後に第三部第二、三章の研究を進めるうえでの出発点となっている。

第三章　律令制支配と民衆（『山梨県史 通史編1 原始・古代』〈前掲〉第五章第三節）

前章での叙述をうけ、八世紀を中心に、日本の律令制による民衆支配の仕組みとその甲斐国における具体相を概観したもの。律令制度全般の概説に加え、特に『山梨県史 資料編3 原始・古代3 文献・文字資料』（前掲）に集められた古代甲斐国関係の史資料を制度史的に位置づけつつ、甲斐国の地域的な特色を明らかにすることを試みている。

第二部　地域の人々と律令制

第二部は、渡来人、甲斐から都に上った仕丁、神社の立地、国郡の役所における儀式などの観点から、古代甲斐国の諸相に迫ることを試みる論考を収めた。第二章では正倉院文書、第三章で『延喜式』、補論では『令集解』など、取り扱いにやや専門的な知識を必要としたり、地域史では必ずしも用いられない史料から、地域の問題を考える手がかりを得ることも試みている。

第一章　古代甲斐国と渡来人

（山梨県生涯学習推進センター編『山梨学講座2 山梨の人と文化（政―まつりごと―）』山梨ふるさと文庫、二〇〇四年八月）

山梨県生涯学習推進センター主催の「山梨学講座2 山梨の人と文化」の第一回として、二〇〇三年八月三〇日に山梨県民文化ホール会議室で行われた基調講演を書き起こしたもの。テープ起こしによる下原稿は、同センター（当時）の矢崎茂男氏に作成していただいた。本書所収の論考のうち、刊行時期の比較的早いものであるが、すでに脱稿していた『山梨県史 通史編1』の内容も踏まえ、積石塚が分布する甲府盆地の北縁部が、東山道の信濃・武蔵・上野を東西に結ぶ内陸交通と、太平洋沿いの東海道とを結節する列島規模の遠距離交通の要衝であるという、本書全体を貫く構想がすでに示されている。口語体の講演記録で読みやすいこともあり、本書における甲斐の地域理解の枠組みを示したものとして、特に一般の読者には、最初に読んでいただいても良いのではないかと思う。

第二章　甲斐国出身の仕丁関係史料について―『山梨県史 資料編3 原始・古代3（文献・文字資料）』補足と考察―

（『山梨県史研究』一〇、二〇〇二年三月）

正倉院文書（造石山寺所関係文書）から、八世紀後半に甲斐国から都へ出仕した仕丁である漢部千代に関する文書を、『山梨県史 資料編3』未収の史料も含めて新たに収集・整理し、写真版による校訂を施すとともに、県史の体裁に準じて綱文・按文を付し研究者の利用に供したもの。また、漢部千代ら当時の仕丁の具体的な労働内容や待遇についても基礎的な考察を行っている。本章での成果は、その後、山梨県史編さん委員会古代部会の山口英男氏により、『山梨県史 通史編1 原始・古代』第五章第九節の二「石山院の造営と甲斐の仕丁」の叙述に活かされ、「したたかにたくましく暮らす民衆」としての新たな仕丁像が提示されているので、合わせて参照していただきたい。

第三章　延喜式内社穂見神社について

（苗敷山総合学術調査研究会編『苗敷山総合学術調査報告書 苗敷山の総合研究』第三編第一章、韮崎市教育委員会、二〇一一年三月）

山梨県韮崎市旭町上条南割に鎮座する苗敷山は、甲府盆地湖水伝説とも結びついた稲作の神として地域の信仰を集めてきたが、林道建設に伴い、二〇〇一年に山頂付近で行われた発掘調査で、平安時代と推定される竪穴建物跡が検出されたことから、その信仰が古代に遡る可能性が指摘されるようになった。本章は、これを承けた韮崎市教育委員会の委嘱により結成された「苗敷山総合学術調査研究会」に調査員として参加した際、報告書の一部として執筆したものである。古代の社殿とその立地に関する近年の研究を踏まえたうえで、九世紀の甲斐国内における神階奉授の動向や、式内社＝官社とそれ以外の非官社（国史見在社）の分布や地域的展開にも留意しつつ、巨麻郡内の延喜式内社の比定を行い、苗敷山穂見神社の里宮が、延喜式内社穂見神社である可能性が高いことを主張した。特に、巨麻郡内の五つの延喜式内社の比定を行った際、中世以前の主要交通路との関連が深いことを指摘した点は、本書全体のテーマとも密接に関わっている。

補論　儀礼空間としての国庁・郡庁―儀制令18元日国司条の周辺―

（『帝京大学山梨文化財研究所 研究報告』一三、特集「古代地域社会の諸相」帝京大学山梨文化財研究所、二〇〇九年五月）

古代甲斐国官衙研究会第三四回研究例会・二〇〇六年オータムセミナー「郡庁構造の変遷とその役割を考える」（同年九月二三日）での口頭報告を成稿したもの。儀制令18元日国司条に規定される国庁での元日朝拝を題材に、古代の国と郡の関係について考察しているが、特に、郡による国司や中央派遣官への供給のための器物である五行器を造る主体について、『令集解』古記が実質的に郡のみとし、令文に見える「国」とは「大郡」のことをいうとしていることに注目し、国庁成立以前の段階において、国内の特定の「大郡」が、それに代わる機能を果たしていた可能性を指摘している。甲斐国の問題を直接には扱っていないため、補論として収録したが、本文中にも述べたように、この問題は、評家・初期郡家と初期国府との関係、特に甲斐国の場合には、笛吹市（旧春日居町）の寺本廃寺や、それに隣接する国府《こう》遺跡の性格をどのように理解するかにも関わっていると思う。

第三部　古代甲斐国の地域と交通

第三部では、広い意味での交通史や、地域間の交流の観点から、古代甲斐国の地域的な特色を考察した論考を収めた。特に第一、二章は、本書第一部に収録した『山梨県史』関係の仕事を進めるなかで得た課題を、より深く考察しようとしたものであり、第三章は、第二章で提起した都留郡と官道・駅制との関係を、専論として取り上げたものである。研究自体は、第二章、第一章、第三章の順で進めたが、本書に収めるに際しては、主に扱っている時代の順で配列した。また第二、三章は、ともに山岳地域である都留郡における官道と駅制の運用の問題を扱っているため、叙述が一部重複しているところがあるが、独立した論考としても読めるよう、あえて削除はしていない。

第一章　ヤマトタケル酒折宮伝承の再検討 ―遠距離交通体系の視角から―

（『山梨県立博物館 調査・研究報告2 古代の交易と道 研究報告書』山梨県立博物館、二〇〇八年三月）

山梨県立博物館が二〇〇六年度から二年間にわたって行った共同研究「古代の交易と道」に外部共同研究員として参加した際の成果の一部である。本書第一部第一章第二節での成果を出発点として、『古事記』に見える「御火焼老人」と「東国造」の性格について新たな見解を示し、またサカオリ地名がチマタ（衢）と関連することを指摘している。酒折宮伝承については、『山梨県史』脱稿後も、未解明の課題が多く残されていることを感じていたが、たまたま別の仕事で『古事記』をめぐっていた時、崇神天皇段に「軽の酒折池」という地名が見えることに気付いた。軽は、石上、海石榴市、当麻などと並ぶ大和を代表するチマタの一つであることから、甲斐の酒折も、前稿で指摘した交通の結節点であることに加え、古代のチマタの事例として解釈できることを示そうとしたものである。また、筆者のこの指摘をきっかけの一つとして、山梨県立博物館と帝京大学山梨文化財研究所の共催で、古代考古学フォーラム「古代地域社会の衢をめぐる諸問題」(二〇〇八年一月二七日)が開催された。笹本正治氏による基調報告「古代と中世の衢」をはじめ、荒井健治、田中広明、平野修などの諸氏などによる関連論考が、『帝京大学山梨文化財研究所研究報告』一三(二〇〇九年五月)に収録されている。

第二章　文献からみた古代甲斐国都留郡の諸問題

(『山梨県考古学協会誌』一六、特集「官衙からみた地域社会」、山梨県考古学協会、二〇〇六年五月)

二〇〇三年五月に設立された古代甲斐国官衙研究会では、発足当初、大月市大月に所在する大月遺跡(従来は縄文の遺跡として知られてきた)が、八世紀中葉に上野原市域から移転した第二次都留郡家である可能性について検討していたが、筆者もまた、文献史学の立場から古代都留郡の性格について検討を進め、研究会の例会やセミナーの場で報告を行ってきた。本章は、研究会の中間総括の場として、『山梨県考古学協会誌』に特集を組むことを許された際、その一連の成果をまとめたものである。具体的には、古代の都留地域の甲斐国への編入が、七世紀末における七道制と駅制の整備と深く関連していることを指摘し、律令制下の都留郡には、御坂路に設置された交通施設である駅の運営という新たな機能が期待されたこと、また、国中との関係の強化によって、八世紀中葉には、都留郡家も現在の上野原市域から大月市大月付近へ移転したとみられることなどを論じた。またそれに付随して、従来その信憑性に疑問が付されることの多かった『和歌童蒙抄』所引の『甲斐国風土記』逸文が、八世紀に編纂された原典からの引用であり、郡家移転との関わりも想定されることを論じ、『日本後紀』延暦一六(七九七)年三月戊子条に見える甲斐と相模の国境論争についても、新たな現地比定を試みている。

第三章　中部山岳地域における駅制と地域社会

（鈴木靖民・吉村武彦・加藤友康編『古代山国の交通と社会』八木書店、二〇一三年六月）

二〇一一年六月二六日に明治大学で行われた古代交通研究会の第一六回大会シンポジウム「山国の古代交通─東国の峠・坂・川─」での報告を成稿したもの。律令国家による駅制の施行が、内陸の山岳地域である甲斐の社会にどのような影響を及ぼしたのかについて、他国を含む全国的な視野のもとに位置づけることを試みている。

第一節では、文献史料が比較的残る美濃国恵奈郡の大井駅と坂本駅について検討を加え、大規模な峠のような固有の困難を有する交通を維持するためには、個々の駅や郷、郡を超えた国レベルでの政策的な措置がとられていたことを指摘する。続く第二節では、御坂路が東海道支路の甲斐路に設定され、水市、河口、加吉の三駅が設置された結果、本来は相模の一部であった都留評（郡）が甲斐に編入されたこと、それに伴い郡家も、八世紀中葉に、相模よりの現上野原市域から、御坂路や甲府盆地により近い大月市大月遺跡周辺に移転したと考えられること、都留郡内では八世紀に甲斐型土器の普及が進むなど、国中（甲府盆地）の影響が強まること、また九世紀には桂川流域の開発が進み、これはその水源付近に位置する水市駅の運営と関連していることなどを指摘した。第三節では、河口湖周辺の古代遺跡の検討を通じて河口駅の実態を考え、駅家、駅田、駅戸の居住地が湖畔の各地に散在し、湖水の水上交通によって結ばれる複合的な様相が想定できること、またその運営が、御坂峠を越えてやってきた甲斐国府や八代郡など国中《くになか》の勢力によって担われていたことを指摘し、その一方で、山中湖周辺の水市駅の運営は、桂川水系を通じて都留郡により担われていたと考えられるとした。本書への収録に際しては、二〇一三年度の調査で古代御坂路の道路遺構が検出された鯉ノ水遺跡の発掘成果など、初出時以降の研究の進展を踏まえた補訂を行っている。

第一部

古代甲斐国の成立と特色

第一章　ヤマト政権と甲斐

一　国造制・部民制の展開

1　ヤマト政権の展開と地方支配

『古事記』『日本書紀』をはじめとして、今日伝わる古代の文献は、全て、律令国家が成立した八世紀以降に書かれたものなので、特に六世紀以前に相当する記述には、後世の伝承や造作によるものが多く、文献の内容をそのまま史実とみることはできない。文献の利用にあたっては、その史料としての性格や信憑性についての検討（史料批判という）を十分に行い、中国・朝鮮など海外の史料や、考古学的知見とも総合して、妥当と思われる史実を推定してゆくことが不可欠である。以下本章では、文献史学の立場から、いわゆる古墳時代（三世紀後半〜七世紀）の甲斐について概観することにしたい。

三世紀後半から四世紀の古墳時代前期に、全国に前方後円墳が築造されるようになったことは、全国の地域首長が、古墳の築造方式と、それに伴う儀礼を共有することによって、呪術的・宗教的性格の強い連合関係を結んだことを示しており、その中核にあったのは、三輪山麓のヤマトの地に成立した呪術的な神聖王権であったと考えられる。これがいわゆるヤマト政権の源流であるが、その実態を『古事記』『日本書紀』（以下、記紀と略称）などの文献から推定するのはかなり困難である。さらに、現在宮内庁が指定している天皇陵は、主として近世以降の研究によって明治政府が定めたものにすぎず、現在の考古学的知見からすると問題がある場合も多いため、天皇陵の存在をもって、その天皇が実在したことの根拠とすることはできない。

記紀などの文献には、初代天皇とされる神武天皇以後の天皇の系譜と事績が記されているが、近代以降、その内容の学問的な検討が進んだ結果、より古い段階の系譜では、初代天皇は神武ではなく、今日第一〇代とされる崇神であった可能性が高いこと、また、第二代の綏靖から第九代の開化までのいわゆる欠史八代（系譜のみで事績が伝わらない）の部分も、ヤマト政権がかなり発展した段階で、後次的に挿入されたものであるとの見解が広く認められている。また、第一一代の垂仁天皇から第一四代の仲哀天皇までの系譜も、ヤマトタケル（第一二代景行天皇の第一皇子）や神功皇后（仲哀天皇の皇后）など、神話・伝承的な性格の強い人物を含み、そのまま史実とは考えにくい。第一五代の応神天皇、第一六代の仁徳天皇になると、古い段階に実名とされていたと思われる名も文献に伝わり、実在した可能性が増してくるが、その事績には依然として神話・伝承的な性格が濃厚である。

これに対し、第一七代とされる履中天皇以降、特に第一九〜二一代の允恭・安康・雄略の各天皇については、『宋書』倭国伝など中国の歴史書に見える「倭の五王」との対応関係が推定でき、その実在はほぼ確実となる。ただし、「天皇」という君主号は七世紀に成立したもので（七世紀前半の推古朝成立説と同後半の天武朝成立説がある）、五世紀のヤマト政権の首長は、当時の国際社会においては「倭王」と呼ばれ、五世紀末以降の国内では「大王」と尊称されていたとみられる。また、「神武」「仁徳」「雄略」など漢字二文字の贈り名（漢風諡号とよばれ、本人の死後に定められる）も八世紀後半以降に定められたものなので、それ以前について〇〇天皇といった呼称を用いることは、厳密には当時の実態ではない。しかしここでは、便宜的に、天皇号や漢風諡号が成立する以前についても、〇〇天皇、〇〇朝などの表現を用いることにする。

倭の五王が活躍した五世紀は、古墳時代の中期にあたり、高句麗など朝鮮諸国との交戦を通じて、大和・河内に基盤をおく王権の強大化が進んだ時代であった。五王の最後にあたる倭王武（『宋書』倭国伝）は、今日、雄略天皇と呼ばれる人物に相当する。記紀によれば、その本名はオオハツセワカタケであるが、埼玉県稲荷山古墳出土の辛亥（四七一）年の年紀をもつ鉄剣銘や、熊本県江田船山古墳出土の大刀銘に「ワカタケル大王」の名が見えることから、この人物は、関東から九州に至る広い範囲の地方豪族を配下に収めていたことが確認される。

四世紀を中心とする古墳時代前期には、近畿地方以外の全国に、かなり大型の前方後円墳が築造されており、甲府市下曽祢町に所在する甲斐銚子塚古墳はその一例であるが、このことは、四世紀段階のヤマト政権が、全国の有力首長に率いられた地域的政治集団の連合体であり、地方の首長も、ヤマトの王権の同盟者として、それなりに強大な権力を誇示しえたことを意味している。しかし五世紀に入ると、鉄製農耕具の普及による生産力の向上などによって、地方首長の配下には新たな中小首長が分立するようになり、それまでの首長権は動揺を始める。山梨県内においても、この時期、古墳の小型化と、甲府盆地全域への拡散がみられることが考古学的に指摘されている。記紀などの文献には、五世紀後半の雄略朝ごろを境に、地方豪族の反乱伝承が多くみられるようになるが、それらの制圧を通して、大王を中心とする朝廷は、地方豪族の族長位の継承に介入したり、その領内に朝廷直轄地の屯倉を置いたりするなど、地方への政治的介入を強めていった。

同じころから、朝廷は、元来は大首長配下の中小首長が率いていた職能集団や農民などを、部《べ》とよばれる単位に編成し、全国的な規模で掌握してゆく。各地に置かれたこれらの部は、まずその土地の中小豪族によって管理され、さらにそれを、中央の諸豪族（物部氏・大伴氏・蘇我氏などの大豪族や、朝廷の様々な職務を受け持つ伴造《とものみやつこ》などの中小豪族）が全国的な規模で統轄する。部に編成された民衆は、現地管理者である地方豪族の支配をうけながら、大王や妃、王子などの王族や、中央豪族のために人身や生産物を貢納し、さまざまな労役を奉仕していた。このような全国支配の体制は、五世紀後半から六世紀にかけて成立したと考えられ、部民《べみん》制とよばれている。

2　甲斐の部民と氏族

部民はふつう大まかに、①刑部《おさかべ》・日下部《くさかべ》・小長谷部《おはつせべ》・白髪部《しらかべ》など、大王・王妃・王子などの王族の名や宮号を付したもの、②土師部《はじべ》・馬飼部《うまかいべ》・弓削部《ゆげべ》・矢作部《やはぎべ》など職務内容を名称とするもの、③大伴部・物部・蘇我部・丸部《わにべ》など中央の氏族名を付したもの、の三つに分類される。

①はいわゆる名代《なしろ》・子代《こしろ》で、ヤマトの王権に服属した地方豪族層の一部が、配下の民衆とともに王族の住む宮《みや》の隷属民となり、その王宮の名（宮の主である王族の名は宮の名で呼ばれることが多く、その場合は王族の名でもある）を負う部とされたものである。部の現地管理者である豪族の子弟が、舎人《とねり》・靫負《ゆげい》・膳夫《かしわで》などのトモ（各種の職務を通じて王族に奉仕する人）として宮に出仕したほか、一般の部民により、各種の物資が宮に貢納された。名代と子代の違いについては諸説があるが、実質的に同じものと考える説が今日では有力である。

②はいわゆる職業部で、地方豪族の配下にあったさまざまな職能民を中央豪族の管理下に置いたり、ヤマト王権が地方豪族に新たに設置させたものと考えられる。①とともに、中央で伴造と呼ばれた中小豪族に管理されるが、現地管理者である地方豪族も、同じ部の名に由来するウジ名を名乗ったので、これを中央の伴造と区別して、地方伴造とよぶこともある。なお従来、これらの職業部をとくに品部とよぶのが通説であったが、品部は「さまざまな部」の意味であるので、最近では、品部は①②③全てをさす部の総称とする説もある。

③は一般に豪族私有部民とされるもので、『日本書紀』では、これを部曲《かきべ》の語で総称している場合がある。ただし、豪族私有とはいっても、たとえば蘇我部は、中央氏族としての蘇我氏の職務遂行のために全国に置かれているという建前なので、純然たる私有民というわけではなく、またとくに領有者の中央豪族が連姓《むらじ》の伴造系の豪族（大伴氏や物部氏など）である場合には、②と③の区別も厳密にはできないことも多い。豪族の領民としての私的な側面と、王権への奉仕のために置かれた組織という公的な面をあわせもつのが、部民制の特色の一つである。

このように部民は、王権への奉仕という目的のもと、中央豪族―地方豪族―部民という縦割りの組織で管理されていた。例えば、甲斐にも置かれていた日下部の場合、現地管理者としての地方豪族は日下部直《あたい》（直は国造《くにのみやつこ》や地方伴造など地方豪族に多い姓）であり、一族の子弟を靭負《ゆげい》（武官的な性格の強いトモ）として中央に出仕させる。全国の日下部から集められた靭負は、中央の伴造である日下部連に率いられて王宮などで勤務した。地方伴造である日下部直は、中央の日下部連と、同じウジ名を負うことから擬制的な同族意識をもつようになり、やがて神話・伝承上の始祖を同じくするという同祖関係を朝廷に公認されるようになる。甲斐に置かれていた他の部の現地管理者である地方豪族たちもまた、〇〇（部）直といった氏姓を名乗り、中央豪族との同祖関係を形成していたが、その一方で、甲斐の地方豪族たちは、「直」という姓を共通にすることからも推測されるように、以前から甲斐地域を支配していた首長家から分かれたという、地域独自の同族意識も保っていた。詳しくは後に述べるが、一般に、国造による地域支配は、部民制による中央との縦割りの関係と、国造と他の地方伴造との同族意識（地方豪族相互の横のつながり）によって支えられていたのである。

それでは、甲斐にはどのような部が置かれ、それをどのような氏族が管理していたのだろうか。古代の文献に見える甲斐国の人名・地名・神社名などを手がかりにして、その存在が推定されるものを以下に列記してみよう。

【名代・子代系の部】

〇日下部

『正倉院宝物』の調庸絁墨書銘文に「甲斐国山梨郡可美里日下部□□絁一匹　和銅七年十月」[1]とあり、笛吹市一宮町大原遺跡出土の墨書土器に「日下」[2]とあることから、山梨郡に日下部が置かれていたことが確認される。

『古事記』仁徳天皇段に、天皇の子の大日下王《おおくさかのみこ》・若日下部命《わかくさかべのみこと》（『日本書紀』では大草香皇子《おおくさかのみこ》・草香幡梭皇女《くさかのはたびのひめみこ》）兄妹のために、それぞれ大日下部と若日下部を置いたとあるのが起源とされるが、大日下部については他にその実在を示す史料がない。また『日本書紀』によれば、大草香皇子は大泊瀬皇子《おおはつせのみこ》（のちの雄略天皇）に殺され、その妹の草香幡梭皇女は半ば強引に大泊瀬皇子の妃にされて、雄略即位後に皇后となる。『日本書紀』の紀年によれば、仁徳天皇の娘が、仁徳の崩後五〇余年を経て雄略の皇后とされたことになって年代が不自然であるし、また幡梭皇女は、最初は履中天皇の皇后であったとの記事（履中天皇元年七月壬子条）もある。これらの伝承の背景には、仁徳系の天皇（履中・反正）と允恭系の天皇（安康・雄略）との対立・抗争も想定され、史実の完全な復元は難しいが、日下部については、これら一連の政争を終結させた雄略天皇が、五世紀後半のある段階で、皇后の草香幡梭皇女の所領として最終的に設定・確立したとするのが通説である。

日下部は、東海道では甲斐のほか、尾張・遠江・駿河・伊豆・武蔵・上総・下総・常陸、東山道では美濃など、北陸道を除く東国と西国に広く分布し、その現地管理者としての地方伴造も、日下部直・日下部使主《おみ》・日下部首《おびと》・日下部君《きみ》など多様なものがみられる。関晃は、甲斐における他の地方伴造のほとんどが直姓であることから、甲斐の場合は日下部直であるとし、さらに『古事記』開化天皇段に「沙本毘古《さほひこ》王者〈日下部連・甲斐国造之祖〉」とあり、甲斐国造が中央氏族である日下部連と同祖とされていることから、この日下部直こそが、甲斐国造の氏姓であるとしている。(3)

○三枝部《さきくさ》

『続日本後紀』承和一一（八四四）年五月丙申条(4)に、山梨郡の郷人として三枝直《さきくさのあたい》平麻呂《ひらまろ》なる人物が見える。三枝直は三枝部の地方伴造であるので、古代の山梨郡に、三枝部およびその現地管理者としての三枝直氏が存在したことが確認される。在地豪族としての三枝氏は、後の一一～一二世紀には甲斐国の在庁官人となって国務を掌握し、遅くとも戦国時代には、現甲州市勝沼町に所在する大善寺の創建をめぐって、三枝守国という（おそらく架空の）人物をその始祖とする特異な伝承も生まれるが、本来の源流は古代の三枝直である。(5)

三枝部は福草部とも書き、『日本書紀』顕宗天皇三年四月戊申条に「福草部を置く」とあり、五世紀末の顕宗朝に設置された名代の一種と考えられる。「福草」は、『延喜式』治部省に瑞草（祥瑞としての草）とあり、『和名抄』では薬草の和名として「佐木久佐」の語が見える。また『新撰姓氏録』左京神別・大和国神別に三枝部連が見え、顕宗天皇の世に、諸氏の人々を召して饗宴を催した際、宮の庭に三茎の草が生え、これを天皇に献上した功績として三枝部造（三枝部の中央伴造、天武一二（六八三）年に連に改姓）を賜姓されたとある。その一方、『古事記』顕宗天皇段には三枝部設置のことはみえないが、顕宗天皇が、かつて大長谷王《おはつせのみこ》（のちの雄略天皇）に殺された父の市辺押歯王《いちのべのおしはのみこ》の遺骨を捜索させる際に、その「御歯は三枝の如き押歯」（三枝のような特徴のある八重歯）であったことを手がかりにしたとあって、このことから、三枝部は、顕宗天皇が、非業の死を遂げた父市辺押歯王の名を後世につたえるため設置したものとする説もある。(6) しかし、一般王族の名代が死後に設定される例は他になく、またこの人名中のオシハの語が本来「押歯」（八重歯）ではなく「押磐」（大きな磐）など別の意味であったとすれば、用字の連想から生まれた後世の付会説話にすぎないことになる。以上のように、三枝部については不明の点が多いが、顕宗朝に設置されたことは確実とみられるので、六世紀末に雄略系の皇統が断絶して顕宗天皇が即位した際、かつて雄略に奪われていた市辺押歯王の旧領を再集積したものも含めて、新たに設定された部と考えておきたい。その分布については、甲斐のほか、下総・信濃・陸奥などに「三枝部」を称する人名が確認され、主として東国に設置されたものと考えられる。

○小長谷部《おはつせ》

『正倉院文書』所収の天平一〇（七三八）年駿河国正税帳《しょうぜいちょう》(7)に山梨郡散事《さんじ》（郡散事は郡司の下で郡の雑務に従う者）として小長谷部麻佐《おはつせべのまさ》および小長谷部練麻呂《ねりまろ》の人名が見え、山梨郡に小長谷部の集団が存在していたことが確認される。また、『続日本紀』神護景雲二（七六八）年五月辛未条(8)では八代郡の人の少谷直五百依《おはつせのあたいいおより》が孝子として表彰されており、山梨郡ではなく八代郡の住人ではあるが、小長谷部の現地管理者であった小長谷直の子孫と考えられる。そのほか、所在郡は不明であるが、『類聚国史』巻五四人部・節婦、天長六（八二九）年一〇月一九日条(9)に、節婦として表彰された上村主万女《かみのすぐりよろずめ》の亡き夫として、小長谷直浄足《きよたり》の名が見える。

小長谷部は、小長谷若雀命《おはつせのわかさざきのみこと》（記）・小泊瀬稚鷦鷯《おはつせのわかさざき》天皇（紀）とよばれ、長谷列木宮《はつせのなみきのみや》（記）・泊瀬列城宮《はつせのなみきのみや》（紀）で治世を行ったとされる武烈天皇（顕宗天皇の甥、仁賢天皇の子）の名代（子代）として、五世紀末か六世紀のごく初頭に設置されたと考えられる。甲斐のほか、遠江・下総・信濃・上野・越中・出羽など主に東国に分布する。『古事記』武烈天皇段に、太子《ひつぎのみこ》のいない天皇の御子代として「小長谷部」を定めたこと、『日本書紀』武烈天皇六年九月乙巳朔条に、やはり天皇の名を後世に伝えるため「小泊瀬舎人《とねり》」を置いたことが見え、後者からは、小長谷部が、舎人を出す部でもあったことが知られる。なお、中央における小長谷部の管掌者（伴造）は小長谷造氏で、『古事記』神武天皇段に神八耳命《かみやいみみのみこと》の後裔とある。

○壬生部《みぶ》

『日本三代実録』元慶六（八八二）年一一月己巳朔条(10)に、甲斐国巨麻郡の人、壬生直益成《みぶのあたいますなり》とその子女七名の本籍を山城国愛宕《おたぎ》郡に移すとある。壬生直は壬生部の現地管理者としての地方伴造であるので、甲斐国巨麻郡には壬生部が存在したと考えられる。

壬生部は乳部とも書き、皇子の養育のために置かれたもので、『日本書紀』推古天皇一五（六〇七）年二月庚辰朔条に「壬生部を定む」とあり、推古朝の七世紀初頭に設置されたと考えられている。東海道では、甲斐のほか、伊賀・遠江・駿河・伊豆・相模・武蔵・安房・下総・常陸、東山道では近江・美濃・信濃・上野・下野・陸奥・出羽、山陰道では丹波・丹後・出雲・隠岐などにみられ、そのほか、山陽道、西海道などの西国にも広く分布する。それまでの名代・子代が、皇族ごと、宮ごとに置かれていたのに対し、壬生部は特定の皇族名や宮名を冠さず、王権のもとに一元的に管理されており、このことは、敏達天皇六（五七七）年に、大后《おおきさき》という地位に付随する部として設置された私部《きさいべ》などと共通する。のちの皇太子に相当する地位の成立期を推古朝に求め、壬生部は、皇位継承予定者としての厩戸皇子《うまやどのみこ》（聖徳太子）のために設置されたとする見解もある。この説の当否は別にしても、『日本書紀』によれば、厩戸皇子の長男であった山背大兄王《やましろのおおえのみこ》が「上宮《じょうぐう》乳部」を領有していたことが知られ、七世紀前半における壬生部は、厩戸皇子とその一族である上宮王家とも密接な関係をもつものであった。

【職業部】

○矢作《やはぎ》部

『正倉院文書』所収の天平宝字《てんぴょうほうじ》五（七六一）年一二月廿三日甲斐国司解《げ》(11)に、都留《つる》郡散仕《さんじ》の矢作部宮麻呂《やはぎべのみやまろ》なる人物が見え、また『日本三代実録』貞観《じょうがん》一四（八七二）年三月二〇日条(12)に、都留郡大領《だいりょう》の矢作部宅雄《やかお》と少領《しょうりょう》の矢作部毎世《ことよ》に矢作部連を賜姓したとあることから、都留郡に矢作部が存在したことが確認される。

矢作部は矢の製作に携わる職業部で、甲斐のほか、伊豆・相模・上総・下総・常陸などの東国を中心に、一部西国にも分布する。中央伴造としては矢作連・矢作造があり、河内国を本拠地としていた。

○丈《はせつか》部

平城宮木簡《もっかん》の一つで、天平宝字八（七六四）年八月の年紀をもつ庸物銭《ようもつせん》荷札《にふだ》木簡に「・斐」国山梨郡加美《かみ》郷丈部《はせつかべの》宇麻呂《うまろ》六百文」(13)とあり、また『日本三代実録』貞観一八（八七六）年一〇月二二日条(14)に都留郡の百姓として丈部鷹長《たかなが》なる人名が見えることから、山梨郡加美郷および都留郡に丈部が存在したことが確認される。

丈部は杖部・丈使とも書き、「馳せ使う」との語義から、従来、宮中での雑用に使役されたものとすることが多かったが、埼玉県稲荷山古墳出土の鉄剣銘に見える「杖刀人《じょうとうにん》」がその源流である可能性が指摘されたこともあり、近年では、武器を携えて王権に奉仕するという軍事的部民としての性格が強調されるようになった。東海道では、甲斐のほか、尾張・遠江・駿河・相模・武蔵・下総・上総・常陸、東山道では美濃・陸奥・出羽、北陸道では越中・越前・

佐渡・越後など、主として東国に分布する。現地管理者の地方伴造としては丈部連・丈部直が知られ、武蔵国造の丈部直、下総国印旛《いんは》郡大領の丈部直など、国造やそれに準ずる地方豪族も少なくない。史料上は確認できないが、甲斐においても丈部直を称する丈部の現地管理者（地方伴造）が存在した可能性は高いであろう。中央の丈部氏としては臣《おみ》・造・史《ふひと》などの姓のものがみられ、『新撰姓氏録』では、阿倍《あべ》・大春日《おおかすが》・紀《き》・鴨《かも》氏などの同族で、皇別《こうべつ》・神別のものがいくつかあげられている。また、中央の大豪族である阿倍臣は丈部との関係が深く、丈部をこの阿倍氏の部民とする見解もある。

○神部《みわ》

『延喜式』巻九・神名上《じんみょう》(15)の山梨郡および巨麻郡に神部《かんべ》神社があり、ここから両郡に神部（本来の読みはミワベ）が存在した可能性が指摘される。

神部を称する人名は、『正倉院文書』所収の因幡《いなば》国郡郷未詳戸籍に見え、また但馬《たじま》国朝来《あさこ》郡の粟鹿《あわが》明神の由来を記した『粟鹿大明神元記《あわがだいみょうじんげんき》』には但馬国造としての神部直氏が見える。名称からみて、祭祀に関係する職業部と考えられるが、それ以外の性格はよくわからない。

一方、平城宮木簡の一つの通交証明木簡（過所木簡《かしょ》）に「甲斐国／戸口神人□万呂」(16)とあり、甲斐には神人《みわひと》を称する集団も存在していた。神人をウジ名とする人名は、和泉・遠江・美濃・陸奥・出羽・越前・丹後・出雲などに分布し、また遠江・武蔵・信濃・出羽・出雲・備中などには神人部《みわひとべ》という氏姓も確認される。直木孝次郎は、これらの神人の名称について、舎人や宍人《ししひと》などと同じように、国造などの地方豪族の子弟が中央に出仕し、神祇関係の業務に服したことに由来するとしている。(17)また『新撰姓氏録』によれば、神人氏は、中央の大豪族で大和の大神《おおみわ》神社を奉祭した大神氏と同祖であるが、その点では、『延喜式』には見えないものの、古代甲斐国に美和《みわ》神が存在したことが注目される。(18)しかし両者の関係を含め、詳細はやはり不明である。

○倭文部

『延喜式』巻九・神名上(19)の甲斐国巨麻郡に倭文《しとり》神社があり、ここから巨麻郡に倭文部が存在した可能性が指摘される。倭文は委文とも書き、シトリのほか、シドリ、シズリ、シズ、シズオリなどとも読む。栲《たえ》・紵《からむし》・麻などの糸を染め、文様を織り出した日本古来の織物で、大陸伝来の綾《あや》との対比から「倭文」と表記する。刀剣や帯、調度類の装飾のほか、祭祀関係にも広く用いられた。律令制下では、駿河・常陸の二国が調として倭文を輸納している。この倭文の生産にあたる職業部が倭文部であり、『日本書紀』垂仁天皇三九年一〇月条には、五十瓊敷命《いにしきのみこと》が一〇の品部の一つとして賜ったとの伝承がある。倭文氏および倭文部は、畿内のほか、伊豆・常陸・出羽・因幡・出雲・播磨などで確認され、また倭文（静）神社や倭文の郷里名があることから、甲斐のほか、伊勢・駿河・近江・上野・下野・丹後・但馬・伯耆・備中・美作・淡路でもその存在が推定できる。中央伴造は倭文連、地方伴造としては、伊豆国の委文連のほか、出雲国神門郡で、倭文部臣・倭文部臣族・倭文部首などが確認される。

○弓削《ゆげ》部

先にもふれた『延喜式』巻九・神名上によれば、八代郡に弓削神社があり、ここから八代郡に弓削部が存在した可能性が指摘される。

弓削部は弓の製作にあたる職業部で、弓で武装する軍事的部民としての性格も有するとされる。『日本書紀』では綏靖天皇即位前紀に、神渟名川耳尊《かむぬなかわみみのみこと》（のちの綏靖）が弓部稚彦《ゆげのわかひこ》に弓を造らせたとの伝承があり、また垂仁天皇三九年一〇月条には、五十瓊敷命《いにしきのみこと》が一〇の品部の一つとして神弓削部《かむゆげべ》（神事用の弓の製作集団か）を賜ったとする。弓削部を称する人名は、丹波・出雲・備中などで確認され、『和名抄』における弓削郷の地名は、丹波・河内・美作・筑後に認められる。また『延喜式』巻九・一〇の神名上・下では、甲斐のほか、河内・近江に弓削神社が存在する。このように、弓削および弓削部関係の史料はおもに近畿から西国にかけて分布し、甲斐はやや孤立した事例である。律令制下では、甲斐・信濃は祈年祭料として梓弓《あずさゆみ》を進上する国で[20]、弓削部とも何らかの関連があるかもしれないが、信濃では弓削部が確認されないこともあり、断定はできない。弓削部の中央伴造は河内国を本拠地とする弓削連で、地方伴造としては備中国の弓削部連、出雲国の弓削部首などが知られている。

【氏族名を有する部】

○物部《もののべ》

『正倉院宝物』の太狐児面袋《たいこじめんのふくろ》（天平勝宝《てんぴょうしょうほう》三〈七五一〉年頃のもの）に用いられた白絁の調庸墨書銘文[21]に「甲斐国巨麻郡青猪郷物部高嶋調絁壹匹」とあり、巨麻郡青猪（青沼）郷に物部が存在したことが確認されるほか、『延喜式』巻九・神名上の甲斐国山梨郡には物部神社が見える。これが現在の笛吹市石和《いさわ》町松本に鎮座する物部神社のことであるとすれば、現在の石和町北部は山梨郡表門《うわと》郷に含まれるとみられるので、物部は、山梨郡西端の表門郷を中心として、隣接する巨麻郡東端の青沼郷にも分布していたと考えられる。

物部のモノは武器の意とも、精霊や霊魂ともいわれ、軍事や刑罰のほかに、神事などにも携わった集団といわれる。ただし、甲斐をはじめ全国に分布する物部は、物部の中央伴造である物部連の部民であって、その軍事的ないし経済的基盤としての性格が強く、かならずしも特別な職能を有したわけではない。物部連は、天孫の饒速日命《にぎはやひのみこと》を遠祖とし、五世紀後半の雄略朝ごろから主に朝廷の軍事・警察面で活躍するようになり、大伴氏とともに最高執政官である大連《おおむらじ》に任命された。六世紀前半の欽明《きんめい》朝に、大連の大伴金村《おおとものかなむら》を失脚させてからは大連の地位を独占するが、仏教受容をめぐって蘇我氏と対立し、用明《ようめい》天皇二（五八七）年、大連であった物部守屋《もりや》が大臣の蘇我蝦夷《そがのえみし》に滅ぼされてから、朝廷政治の中枢より姿を消した。前述のように、甲斐の物部は、山梨郡西部と巨麻郡東部に確認されるが、当該地域の群集墳が六世紀を中心に展開することは、ほぼ同じ頃、中央で物部連氏が全盛期であったことと何らかの関係があるかもしれない。

物部を称する人名は、東海道では甲斐のほか、伊賀・尾張・三河・遠江・武蔵・上総・常陸、東山道では近江・美濃・信濃・上野・下野、陸奥・出羽、北陸道では越前・越中、山陰道では出雲、山陽道では備前・備中・備後、南海道では紀伊・阿波・讃岐・伊予・土佐、西海道では筑前・豊前などで確認される。また『延喜式』巻九・一〇の神名上・下では物部神社が甲斐を含め一四ヶ国に、『和名抄』では物部郷が一七ヶ国に存在する。

○（膳《かしわでの》）大伴《おおとも》部

『続日本後紀』承和一一（八四四）年五月丙申条に、[22]山梨郡人の伴直富成《とものあたいとよなり》の娘が節婦《せっぷ》として表彰されたことが見え、『日本三代実録』貞観八（八六六）年一二月九日条には、[23]八代郡擬大領《ぎだいりょう》伴直真貞《まさだ》と同郡人の伴秋吉《あきよし》を浅間《あさま》明神の祝《はふり》・禰宜《ねぎ》とし、八代郡家《ぐうけ》の南に神宮を建てたことが見える。伴氏は、弘仁一四（八二三）年に淳和《じゅんな》天皇が即位した際、天皇の諱《いみな》（本名）が大伴親王であったため、それを避けるため大伴を伴に改めたものであるから、山梨郡と八代郡には地方伴造である大伴直《おおとものあたい》が存在し、さらに、その管理する部民として大伴部が置かれていた可能性があることになる。

この大伴部については、五世紀後半から六世紀前半にかけて、朝廷の最有力豪族の一つであった中央伴造の大伴連氏の部民とみることが可能であり、その場合は、記紀にみえるヤマトタケルの伝承において、甲斐国酒折宮で、ヤマトタケルが、大伴連の遠祖である武日《たけひ》に靫部《ゆげいべ》を賜ったとされることとの関連が注目される。ただし一般に、大伴連が率いたのは軍事的部民である来目《くめ》部・靫負部などであるとされており、中央の大伴連と、地方の大伴直や大伴部との具体的な関連を示唆する事例は、紀伊国名草《なくさ》郡の場合など[24]を除き、全国的にみても必ずしも多いとはいえない。甲斐国に存在した部民のうち、靫負との関連が推定されるのは日下部のみであるから、[25]武日が賜ったとされる靫部は、大伴部ではなく、日下部と関連すると考える余地もあろう。

その一方、甲斐をはじめとする東国の大伴直については、大伴連ではなく、やはり中央の有力氏族である膳臣《かしわでのおみ》の管轄のもとで、膳大伴部（単に大伴部ともいうが、この場合は大伴連とは関係がない）とよばれる部を管理していたとする見解もある。[26]『古事記』景行天皇段には「この御世に、田部《たべ》を定め、また東の淡水門《あわのみなと》を定め、また膳の大伴部を定め（後略）」とあり、また『日本書紀』景行天皇五三年一〇月条には、天皇が東国を巡幸したという伝説の一部として、一行が上総国に至った時、天皇に随行していた膳臣の遠祖磐鹿六鴈《いわかむつかり》が、白蛤《うむき》を膾《なます》に調理して献上した功績を賞され、天皇から膳大伴部を賜ったことがみえる。『高橋氏文《たかはしのうじぶみ》』には、同じ伝承が「諸国人を割き移して、大伴部と号して磐鹿六獦命に賜う」とあり、また膳大伴部となったものとして、この「諸国人」のほか、「無邪志《むさし》国造上祖大多毛比《おおたけひ》」「知々夫《ちちぶ》国造上祖天上腹、天下腹人等」「諸氏人」「東方諸国造十二氏乃枕子」「武蔵国知々夫大伴部上祖、三宅連意由」などが挙げられていて、膳氏の部民である（膳）大伴部が、広く東国に置かれていたことがうかがえる。

例えば、無邪志（武蔵）国造の上祖の大多毛比が膳大伴部になったという伝承は、実際には、武蔵国造の支配領域に膳大伴部が設定され、そこから国造一族の子弟が上京し、膳夫として王権に奉仕したことの起源説話であって、史実とは考えられないが、『日本後紀』弘仁二（八一一）年九月壬辰朔条に「出羽国人少初位下无耶志直膳大伴部広勝賜姓大伴直」とあり、かつての武蔵国造の一族が膳大伴部と密接な関連をもち、かつ大伴直と同族意識を有していたことが推定される。また、記紀の伝承からも膳大伴部との強い関係がうかがえる安房の場合、『先代旧事本紀《せんだいくじほんぎ》』国造本紀の阿波国造条に「志賀高穴穂朝御世、天穂日命八世孫弥都侶岐孫大伴直大滝定二賜国造一」とあり、国造の氏姓は大伴直であった。このように、東国における膳大伴部の現地管理者の多くは、国造級の地方豪族であることが多く、志摩・三河・遠江・駿河・相模・武蔵・安房・下総・常陸などに置かれたとされ、甲斐の大伴直をこれに含める研究者も多い。

一方、大伴部を称する人名は、相模・武蔵・下総・美濃・上野・下野・陸奥・出雲・隠岐・紀伊・讃岐・筑紫などで確認される。これらが中央の大伴連の部民なのか、あるいは膳臣の部民である膳大伴部であるのかは、甲斐の大伴直の性格をどのように考えるかにも関連し、今後の検討を要する課題であろう。

○丸部《わに》

『正倉院文書』所収の天平宝字六（七六二）年の石山院奉写大般若経所解《いしやまいんほうしやだいはんにやきようしよげ》(27)に、巨麻郡栗原《くりはら》郷戸主の丸部千麻呂《わにべのちまろ》なる人物が見え、丸部が存在したことが確認される。

丸部は、和珥部・和爾部・和邇部・丸邇部・鰐部などとも書き、中央の有力氏族の和珥臣《わにのおみ》氏の部民である。和珥臣は、大和国添上《そうのかみ》郡の和爾の地を本拠地として、五世紀から六世紀前半にかけて計九人の后妃を出し、皇室の外戚氏族として勢力をふるった(28)。甲斐のほか、大和・山背・尾張・三河・遠江・伊豆・近江・美濃・若狭・越前・加賀・越後・因幡・出雲・播磨・備中・周防・讃岐などに分布する。また、地方伴造としては、和邇部臣を名乗るものが、尾張・近江・若狭・加賀・越後・因幡・播磨・讃岐などで確認され、その中には郡司など在地の有力者も少なくない。なお、中央の和珥臣は、五世紀後半の雄略朝ごろから添上郡北部の春日の地に進出して春日和珥《かすがのわに》とも称するようになり、六世紀後半の欽明朝ごろには氏姓を春日臣と改めた。安閑《あんかん》天皇皇后の春日山田皇女《かすがのやまだのひめみこ》の名代として、六世紀前半に置かれたとされる春日部は、この春日氏の管理下に置かれていたとする見解もある。

○当麻部《たぎま》

『日本三代実録』貞観一八（八七六）年一〇月二二日条に都留郡人の当麻部秋継なる人物が見え、都留郡に当麻部が置かれていたことが確認される。

『日本書紀』用明天皇元年（五八六）正月壬子朔《じんしさく》条に、用明天皇が葛城直磐村《かずらきのあたいいわむら》の娘広子に産ませた麻呂子皇子《まろこのみこ》が、中央氏族の当麻公《たぎまのきみ》の先祖となったとあり、また『古事記』用明天皇段には、用明天皇が、当麻之倉首比呂《たぎまのくらのおびとひろ》の娘である飯《いい》女《め》の子に産ませた子として当麻王《たぎまのみこ》が見え、母の出自は若干異なるが（『上宮聖徳法王帝説《じようぐうしようとくほうおうていせつ》』では葛木当麻倉首《かずらきのたぎまのくらのおびと》とあり、いずれにしても葛下《かずらきしも》郡当麻郷の豪族出身）同一人物と考えられる。当麻皇子の名は母方の氏族名にちなむとみられ、推古天皇一一（六〇三）年には征新羅将軍《せいしらぎしょうぐん》にも任命された有力王族であった。当麻部は、本来はこの当麻皇子のために設置された部民で、のちにその子孫である当麻公氏に継承されたと考えられるが、その詳細は不明である。当麻部を称する人名も他にあまり見えず、八世紀では、『正倉院文書』の天平一〇（七三八）年駿河国正税帳に、大住団《おおすみ》（相模国大住郡に所在した軍団）の少毅《しょうき》として当麻部国勝《くにかつ》という人物が見えるくらいである。都留郡と相模国との強い関連（本書第一部第二章一も参照）を示す事例ともいえ、また相模の例が郡司クラスの豪族であることから、都留郡の当麻部も、在地のかなり有力な勢力であった可能性もあろう。

○漢人部《あやひと》（漢部《あや》）

『正倉院文書』の天平宝字五（七六一）年甲斐国司解[30]、同六（七六二）年の石山院奉写大般若経所解[31]に、巨麻郡栗原郷から貢上された仕丁《しちょう》として、漢人部（漢部）町代《まちよ》、同じく千代《ちよ》の人名が見え、同地に漢人部（漢部）が存在したことが確認される。

漢人部の漢人（アヤヒト）とは、中国系を自称する渡来人の集団のことであるが、アヤが朝鮮半島の加羅諸国の一つである安邪《あや》（安羅《あんら》）に由来するとの指摘があるように、実際には、朝鮮半島南部から渡来した可能性が高い。村主《すぐり》の姓をもつものが多く、五世紀後半の雄略朝頃からは、やはり渡来系氏族の一つである東漢氏《やまとのあや》の配下に組織された。この漢人によって管理される部民が漢人部ないし漢部である。漢人部と漢部の関係については、同一のものとみる説と、異なるとする説に分かれるが、少なくとも甲斐の場合については、同じものに両方の表記が見られるので、同一のものとみてよいであろう。中央に置かれた漢人部・漢部は渡来系の技術者集団であるが、甲斐を含め地方のものは一般の日本人農民で、部民を管理する漢人や、さらに漢人を統轄する中央の東漢氏のために、生産物や労働力を奉仕していたものと考えられる。その設置の背景としては、東漢氏が関与した屯倉《みやけ》経営のための労働力供給などが指摘されているが、甲斐の場合は屯倉の存在が確認されないので、例えば渡来系集団による馬の生産などのために、必要な物資生産や労働などの単純作業を行っていた可能性もあろう。地方における漢人部ないし漢部の人名は、甲斐のほか、伊勢・美濃・備前などに確認され、そのほか、美濃・越前にみられる「漢人」も、本来は部民層であった可能性が高い。

甲斐における漢人部の現地管理氏族については、『類聚国史』巻五四人部・節婦の天長六（八二九）年一〇月一九日条(32)に上村主万女《かみのすぐりよろずめ》の人名が見え、居住地は不明であるものの、東漢氏配下の漢人の一つである渡来系氏族の上村主が存在したことから、この上村主氏が漢人部を管理していた可能性がある。(33)上村主の中央における本拠地は河内国大県《おおあがた》郡賀美《かみ》郷であるが、甲斐国山梨郡にも加美郷が存在することとの関連は一考に値しよう。

3　甲斐国造とその系譜

以上、古代の甲斐における部民とその現地管理氏族についてみてきたが、これらの部民を統轄するため、ヤマト政権が地方の有力首長から任命したのが、国造とよばれる世襲の政治的地位であった。記紀は、その全国的な設置を第一三代成務《せいむ》天皇の時としているが、伝承のため史実とは考えられず、今日では、部民制の整備と同じく、五世紀後半から六世紀前半にかけてのこととするのが通説である。

甲斐国造の系譜については、『古事記』中巻・開化天皇段(34)に、若倭根子日子大毘々命《わかやまとねこひこおおびびのみこと》（開化天皇）が、丸邇臣の祖である日子国意祁都命《ひこくにおけつのみこと》の妹の意祁都比売命《おけつひめのみこと》を娶って生ませた御子に日子坐王《ひこいますのみこ》があり、その日子坐王が、春日建国勝戸売《かすがのたけくにかつとめ》の娘である沙本之大闇見戸売《さほのおおくらみとめ》を娶って生ませた子に沙本毗古王《さほびこのみこ》があり、この沙本毗古王が「日下部連・甲斐国造之祖」であるとの記載がある。また、平安初期成立の『先代旧事本紀』巻第一〇・国造本紀(35)には、「纒向日代朝世。狭穂彦王三世孫、臣知津彦公、此宇塩海足尼定賜国造。」とあり、纒向《まきむく》日代（景行天皇）朝に、狭穂彦《さほひこ》王の三世孫である臣知津彦公《おみちつひこのきみ》の宇（子の誤りか）である塩海足尼《しおみのすくね》を国造としたとする。『古事記』で甲斐国造と同祖とされている日下部連は、全国におかれた日下部を統轄する中央伴造で、『新撰姓氏録』では山城国皇別と摂津国皇別に開化天皇皇子彦坐命《ひこいますのみこと》の子孫とする日下部宿禰《すくね》（天武天皇一三〔六八四〕年に連から改姓）、河内国皇別に開化天皇皇子彦坐命の子の狭穂彦命《さほひこのみこと》の子孫とする日下部連が見えている。関晃は、これら中央の日下部連と甲斐国造が同祖とされていることと、甲斐国山梨郡に日下部が存在したことから、甲斐国造はこの日下部の管理氏族であり、そのウジ名は日下部であったとし、またカバネについては、甲斐における他の部民管理氏族が、三枝直・小長谷直・壬生直・大伴直というように直姓を共有することから直姓であり、甲斐国造の氏姓は日下部直であったと推定している[36]。国造のウジ名は、その本拠地の地名であることも多い（伊勢直・丹波直・播磨直・出雲臣・筑紫君など）が、南関東を中心とする東国では、地名ではなく〇〇部直といった部名を名乗るものが多く、やはり東国に直姓（臣・君などよりも王権への従属度が強いことを示す姓とされる）が多いこととあわせて、王権との結びつきの強さを示すとされる。また、同一地域の豪族が「直」などの姓を共通にするのは、それらがなんらかの同族関係（擬制的なものを含む）を有したことを示すと考えられている[37]。甲斐国の場合も、のちの山梨郡域に置かれていた日下部の管理氏族であった日下部直が、五世紀後半から六世紀前半のある段階で国造に任ぜられ、直姓を共有する他の部民管理氏族との同族意識のもと、中央への人身や労役（兵役を含む）の提供、生産物の貢納などの取りまとめを行っていたのであろう。

中央氏族の日下部連と甲斐国造が同祖とされるのは、甲斐国造が日下部を管理していたことから生じた後次的・擬制的なものと考えられており、史実とはみなしがたい。またその祖とされる沙本毗古王（狭穂彦命）は、記紀によれば、垂仁朝に皇位をねらって反乱をおこし殺された人物でもあるが、記紀や『新撰姓氏録』には、日下部連をはじめ、その子孫とされる中央氏族がいくつか確認される。古代における反乱伝承は、ある種の英雄物語でもあり、反乱伝承をもつ人物を始祖とすることは、必ずしも不名誉なことではなかったのであろう。この沙本毗古王（狭穂彦命）を祖とする国造は甲斐国造のみであるが、『先代旧事本紀』巻第一〇・国造本紀には、その父である彦坐王の子孫として、淡海《おうみ》国造・三野《みの》前国造・但遅麻《たじま》国造・稲葉《いなば》国造・吉備風治《きびのほんち》国造が見えている。甲斐国造を含め、これら開化天皇系の国造は地理的には近接せず、この同祖関係がどのようにして形成されたのかは不明であるが、篠川賢は、彦坐王の母である意祁都比売命が和邇氏の祖とされる日子国意祁都命の妹であること、彦坐王系の淡海国造と吉備風治国造にそれぞれ隣接して、和邇氏系の額田《ぬかた》国造・吉備穴《きびのあな》国造が存在することから、この同族関係が和邇氏を媒介にして形成された可能性を指摘している。(38) 甲斐においても、巨麻郡栗原郷に丸部が存在することや、甲斐国造の祖である沙本毗古王の母が、春日建国勝戸売という名であることが注目されよう。中央において和邇氏ないし春日氏の勢力が強まるのは、雄略天皇によって葛城氏が滅ぼされた五世紀後半以降のことであり、日下部の設置がほぼ同じ頃と考えられることとあわせて、今後検討が必要な課題である。

二　ヤマトタケルと酒折宮の伝承

1　ヤマトタケルの伝承

前節では、比較的確実な史実から、五世紀後半から六世紀にかけての甲斐の状況について考えてきたが、記紀などに見えるさまざまな伝承もまた、古代の甲斐について知る手がかりを与えてくれる。ここではまず、ヤマトタケルと酒折宮の伝承(39)をとりあげることにしよう。

『古事記』中巻景行天皇段によれば、景行天皇の皇子とされるヤマトタケルノミコト（倭建命）は、天皇に命ぜられた西方の熊曽《くまそ》征伐を終えて帰還すると、今度は東方一二道の荒ぶる神と、まつろわぬ人どもの平定を命ぜられる。途中、相武《さがむ》（紀は駿河）の焼遣《やきづ》で反逆した国造の火攻めにあい、走水《はしりみず》の海（浦賀水道）では渡りの神のおこした波浪を鎮めるため妻の弟橘比売《おとたちばなひめ》を失うなどの苦難を経るが、ようやく東方の平定を終え、常陸国を経て足柄《あしがら》の坂まで帰ったミコトは、坂の神の化身である白鹿を打ち殺した後に坂に立ち、三回嘆いて「吾妻《あずま》はや（ああ我妻よ）」と言った。これが東国をアズマとよぶ由来とされるが、有名な酒折宮の伝承は、これに続けて次のようにある。

すなはちその国より越えて、甲斐に出でまして、酒折宮に坐《いま》しし時、歌ひたまひしく、

新治《にいばり》　筑波《つくば》を過ぎて　幾夜か寝つる

とうたひたまひき。ここにその御火焼《みひたき》の老人《おきな》、御歌に続《つ》ぎて歌ひしく、

かがなべて　夜《よ》には九夜《ここのよ》　日には十日《とおか》を

とうたひき。ここをもちてその老人を誉《ほ》めて、すなはち東《あずま》の国造をたまひき。

この後『古事記』では、ヤマトタケルは、科野《しなの》（信濃）国を越えて尾張国にいたるが、『日本書紀』では甲斐から北武蔵・上野方面へ向かい、碓日《うすい》坂で「吾妻はや」と嘆いた。これもやはりアズマの由来とされるが、『古事記』では東海道の足柄坂がその境界とされるのに対し、こちらは東山道の碓日坂であるという違いがある。また『日本書紀』のヤマトタケルは、この碓井坂から信濃に入るが、従者の吉備武彦《きびのたけひこ》を、自らとは別に、越国《こしのくに》の平定に遣わしている。『古事記』ではヤマトタケルは陸奥国に入っていないが、『日本書紀』の説話の主題は蝦夷征討であり、また後者が東山道と北陸道の計略をより重視していることは、朝廷による蝦夷征討が本格化する七世紀以降の実態の反映であろう。少なくとも東征のルートについては、『日本書紀』より『古事記』のほうが、六世紀以前の本来の伝承に近いものと考えられる。

ここでの本題の酒折宮の伝承については、『古事記』と『日本書紀』はほぼ同じ物語であるが、『古事記』の「御火焼之老人」

図1　ヤマトタケル東征参考図
（『山梨県史 通史編1 原始・古代』より）

が『日本書紀』では「秉燭人《ひともしひと》」とあり、また単に「敦《あつ》く賞す」とあるだけで、「東の国造」を賜うとの記述が見えない一方、この宮に滞在中、大伴連の遠祖である武日《たけひ》（都からヤマトタケルに従っていた）に靫部を賜ったという『日本書紀』独自の伝承が見えている。

貴人のために火を灯すのは、本来は身分の卑しい者の仕事であるという見解もあるが、吉田孝は、「御火焼」が単なる「火焼」ではなく「御」という接頭語を付されていることを重視し、この火は神や天皇などに酒食を供献するための聖なる火であり、首長の地位の象徴でもあって、ここでの「御火焼之老人」とは甲斐国の在地首長をさすとしている[40]。御火焼之老人の詠んだ歌が、なぜヤマトタケルに賞賛されたのかについては、関東から中部にかけての民俗行事であるトオカンヤ（十日夜）と関連する共同体の祝祭の日を正しく言い当てたためとする説[41]や、九、十の連数を詠み込んだある種の言葉遊びであるとする説[42]などがあるが、定説を見ない。

2　東の国造

吉田孝のように、この伝承が、甲斐の在地勢力の中央への服属の由緒を示すものであったと仮定すると、平安初期成立の『先代旧事本紀』巻第一〇・国造本紀[43]が、狭穂彦王の子孫の塩海足尼が甲斐国造を賜ったのを、記紀のヤマトタケル伝承と同じ纏向日代（景行天皇）朝のこととしていることが注目され、酒折宮伝承の原型は、本来は甲斐国造家に伝わった中央への奉仕由来譚であり、それがある段階で、新しい要素も付け加えつつ、記紀のヤマトタケル伝承の一部に組み込まれたと考えることもできよう。その場合、『古事記』における御火焼之老人が賜ったのが「甲斐国造」ではなく、他に類例を見ない「東の国造」であることは、どう理解すればよいのであろうか。

この問題を含む酒折宮伝承の意味について、近年、原秀三郎が、記紀に見える中央から地方への将軍派遣の伝承を、四世紀段階の史実を反映したものとする独自の立場から、御火焼之老人を、四世紀後半築造の甲斐銚子塚古墳の被葬者に比定している。(44) 原はまた、遠江・下総など東国における山梨地名が物部氏と深いつながりがあること、東海地方に物部氏系の国造が多く見られることから、甲斐国の山梨郡西部に山梨岡《やまなしおか》神社・物部神社・酒折宮が存在することに注目し、甲斐国造もまた、本来は物部氏系であり、酒折宮の伝承は、四世紀段階において物部氏が甲斐へ進出したことを示すものでもあるとした。山梨という地名が、物部氏によって甲斐国にもたらされたとの指摘は傾聴に値するが、甲斐国造が物部氏系であったとの主張については、これを直接に示す文献はなく、前述したように、『古事記』や『先代旧事本紀』に見える甲斐国造の系譜には、むしろ和邇氏との強い関連がうかがえる。また、現在の山梨岡神社・物部神社・酒折宮が所在する山梨郡西部の開発が進んだのは、考古学的には六世紀以降のことと考えられるので、これらと四世紀後半築造の甲斐銚子塚古墳とを直接結びつけることにも問題が多い。

中道地域に甲斐銚子塚古墳が築造されたころのヤマト政権は、全国各地の地域的な政治集団が、中央のヤマトを盟主として横並びの連合体を形成したという性格が強かった。中道地域は、すでに弥生時代から、いわゆる中道往還を通じて畿内系の文化を導入していた甲府盆地内の先進地であったが、そこに生まれた首長権力は、畿内のヤマト政権と同盟を結ぶことによって、自らの支配をより一層強化しようとしたのであろう。

甲斐銚子塚古墳は、三角縁神獣鏡をはじめとする副葬品の性格や、竪穴式石室をもつことなどから、畿内型の大型古墳とされるが、東国における同様の古墳としては、静岡県磐田市松林山《しょうりんざん》古墳や、長野県千曲《ちくま》市森将軍塚《もりしょうぐんづか》古墳などが知られている。もちろんこの段階でも、古墳文化は、東国のより遠い地域まで伝播していたが、畿内の文化が直接及んでいたといえる地域は、東山道方面では信濃まで、東海道方面では遠江から甲斐にかけてまでであり、このラインが、ヤマト政権による東国経営の拠点地域だったのであろう。また前述のように、『古事記』におけるヤマトタケルは、東海道を東へと進んだ際、相武（『日本書紀』では駿河）で初めて在地勢力（国造）の抵抗にあうが、これは、四世紀段階のヤマト政権が、足柄坂周辺の交通路を完全には掌握できていなかったことを示す伝承かもしれない。東海道の脇道にすぎない甲斐の地に築かれた甲斐銚子塚古墳が、当時の東国において最大級の規模をもつのは、四世紀までのヤマト政権が、足柄坂の手前の中道往還を通じて甲斐の勢力と同盟し、これを優遇することによって、駿河や相模などの勢力を牽制しようとしたことの表れなのではあるまいか。

ところが、五世紀以降、ヤマト政権が足柄坂の交通を完全に掌握し、東国経営のフロンティアがより東へと移動してしまうと、中道往還を通じて結ばれていた中道地域とヤマトとの同盟関係は、もはや以前ほどの重要性をもたなくなり、中道の首長権力も、いわば中央から切り捨てられてしまったのであろう。その一方、足柄坂を経由する東海道が、より体系的な交通路として確立してくると、東海道の本道と甲斐を結ぶ交通路も、かつての中道往還ではなく、足柄坂の西から分岐する御坂路《みさか》が中心となっていったと思われる。六世紀に入り、御坂路の終点ともいえる山梨郡西部の開発が一気に進むのも、こうした動きのあらわれであり、前述の物部をはじめとして、大伴、和邇などの中央氏族の進出や、雄略朝以降の名代・子代の設置もまた、東海道から分岐した御坂路を通じて行われたのであろう。六世紀後半に、御坂地域に姥塚《うばづか》古墳が築造される背景も同様である。

伝承のなかのヤマトタケルもまた、足柄坂を越え御坂路を経由して甲斐の酒折宮に至ったと考えられるのであり、こうした地理観は、四世紀よりも、六世紀ごろの段階にこそふさわしい。もちろん、ヤマト政権がまだ坂東《ばんどう》としてのアズマに本格的に進出していなかった四世紀後半に、中道の首長家が、当時の東国において最大級の古墳の築造を許されたという事実が、後の甲斐国造家にも何らかの形で記憶されていて、それが「東の国造」伝承の背景となったと考える余地も皆無ではない。しかし「東の国造」の名は、ヤマトタケルが足柄坂で坂東の地をアヅマと名付けたとの伝承と不可分の関係にあり、『古事記』の物語における東国＝アズマの地理観を示すための挿話にすぎない可能性もやはり大きいのである。(45) アズマの名付けの舞台が東山道の碓日坂に移されている『日本書紀』では、酒折宮の伝承に「東の国造」の話が見えないこともあわせ、「東の国造」がなんらかの実態を示すものなのかについては、慎重な検討が必要であろう。[46]

3　酒折宮と坂折地名

このように、酒折宮の伝承が、六世紀ごろにおける甲斐国の状況と何らかの関係を有するとすれば、現在の甲府市に残る「酒折」の地名および酒折宮については、どのように考えることができるだろうか。現在の甲府市酒折の前身である坂折村の史料上の初見は永禄四（一五六一）年であり、坂より・酒折・酒寄などとも表記されたことが知られている。[47]従来、この坂折（酒折）地名については、古代まで遡ることを疑問視するのが一般的であるが、神社としての酒折宮の由来は措くとしても、サカオリの地名については、県内に中世まで遡る他の事例がなく、古代以来のものである可能性も検討してみる価値があるのではなかろうか。

その場合、注目されるのは、『甲斐国志《かいこくし》』に「本州九筋ヨリ他州ニ通ズル道路九条アリ（中略）、皆ナ酒折ニ路首ヲ起ス」とあるように、酒折の地を、いわゆる甲斐九筋《くすじ》の起点とする認識が存在することである。ここでの甲斐九筋とは、若彦路・中道・河内《かわうち》路・秩父街道（雁坂《かりさか》口）・青梅街道（萩原口）・鎌倉街道（御坂路）・穂坂路（川上口）・逸見《へみ》路（諏訪口）・棒道《ぼうみち》（大門峠口）といった中世以前の古道をさし、これらのすべてが実際に酒折を起点とするかは疑問であるものの、古代においても、現在の山梨岡神社・物部神社・酒折宮などを擁する山梨郡西部の地が、甲府盆地北部を東西に横断する交通路と、のちの御坂路・若彦路・中道など、盆地を南北に縦断する交通路との結節点にあたる要衝であることは認めてよいであろう。六世紀の段階で、山梨郡西部に物部氏・大伴氏をはじめとする中央氏族が進出し、群集墳の著しい展開がみられるのも、この地域の地理的な重要性と無関係ではない。

サカオリという地名についても、「若《もしく》は坂折の意か」との『古事記伝』の解釈を敷衍すれば、このサカは境界としての坂・界・境であり（オリはツヅラオリなどのオリで、複数の境界が重なりあう意かとも思われるが未詳）、「酒を醸《かも》す」という意味とされる酒折の表記は本来のものではなく、むしろ発音の一致から後次的に派生したものとみることもできる。記紀や風土記《ふどき》などにしばしばみえる地名関連説話の多くは、単なる語呂合わせによる荒唐無稽《けい》なものが多いが、この場合も、地理的な境界概念に関わる坂（界・境）折＝サカオリの地名から、酒を醸す意の酒折の語が連想され、そこから、その地で酒を醸し、神や貴人を饗応したとの説話が生まれたのではあるまいか。もっとも、遅くとも六世紀には、甲斐国造の本拠地は、日下部など主要な部が濃密に分布する山梨郡に移っていたと考えられるので、山梨郡の西端に位置し、盆地内の交通の要衝でもあるサカオリの地に、朝廷の屯倉に相当するような在地首長＝国造のヤケ的な施設が存在し、豪族層や中央からの使者に対し、実際に酒食の提供が行われていた可能性も否定できない。ただ繰り返しになるが、古代の地名関連説話には、実態をともなわない単なる連想・語呂あわせも多いから、サカオリの地になんらかの公的施設があったことをかならずしも想定する必要はないであろう。

酒折宮伝承におけるヤマトタケルの歌は、新治・筑波という東国の地名を詠み込んでおり、ここでのヤマトタケルが、マレビトとして各地を旅する貴人でもあることを暗示しているが、これは、『常陸国風土記《ひたちのくにふどき》』筑波郡条で、「神祖《みおや》の尊《みこと》」が、駿河の福慈《ふじ》の岳で宿を求めて断られたものの、筑波の岳では飲食のもてなしをうけたため、筑波の神を賞讃する歌を詠み、以後の筑波岳の繁栄を約束したという有名な説話を連想させる。想像にわたるが、サカオリ（坂折＝酒折）における饗応の説話も、本来はマレビトとしての無名の神や、中央から訪れた伝説上のオオキミや貴人（景行天皇やヤマトタケルといった固有名詞をもたなくともよい）に対するものであり、在地に伝わったそうした地名関連説話が、ある段階で、ヤマトタケル伝承の一部に組み込まれたのではないだろうか。

以上、やや憶測にわたりすぎたきらいがあるが、酒折宮の伝承地を現在の酒折に比定して問題がないことは、ヤマトタケルのその後の足取りからも推定することができる。『古事記』におけるヤマトタケルは酒折宮から西の信濃へ向かい、また『日本書紀』では東へと進んで北武蔵・上野方面に出るが、これはそれぞれ、後の逸見路（諏訪口）と秩父往還（雁坂口）の使用を想定していると考えられるからである。山梨郡西部を中核とする甲府盆地北部の交通路は、信濃と武蔵という東山道の二国（武蔵は宝亀《ほうき》二〔七七一〕年まで東山道に所属）を結ぶものでもあるが、六世紀に山梨郡の開発が進むのは、ほぼ同じ時期に、東山道方面からの東国経営が大きく進むこととも関連するのであろう。この点は、四世紀後半の甲府盆地南部の首長権力が、主として東海道による中央との関係のみに依存していたことと対照的である。

ヤマトタケルの伝承にあらわれる東山道の三国、信濃・武蔵・上野は、甲斐と並んで、のちに御牧《みまき》が設置される良馬の生産地であることも重要である。甲斐における馬の本格的な生産技術は、おそらく、馬生産の先進地帯である信濃から、逸見路（諏訪口）経由で導入されたのであろうが、山梨郡西部を中心とする甲府盆地北部の開発もこれと関連し、渡来人の入植や積石塚《つみいしづか》の問題も、こうした観点から検討する必要があろう。そして、こうした六世紀における甲府盆地北部の開発を前提として、七〜八世紀には、巨麻郡の開発と大規模な牧の設置が、一気に進むことになるのである。

以上を総合すると、ヤマトタケルの伝承のうち、少なくとも酒折宮にまつわる部分は、甲斐銚子塚古墳が築造された四世紀ごろの甲斐の状況を示すものではなく、甲府盆地北部の開発が進み、甲斐が信濃など東山道の諸国とならぶ馬の生産地として位置づけられ、盆地北部を東西に横断して東山道と結ぶ交通路の重要性が増した、六世紀（早くとも五世紀後半）以後の状況を反映していると考えられるのである。

三　甲斐黒駒の伝承

1　雄略天皇と甲斐黒駒

ヤマトタケルの酒折宮伝承とならび、古代の甲斐ゆかりの伝承として知られるのが、いわゆる甲斐黒駒《くろこま》をめぐる伝承である。その一つとして、『日本書紀』雄略天皇一三年九月条には、(48)以下のような物語が載っている。

木工の猪名部真根《いなべのまね》は、石を台にして斧をとり木材を削っていたが、終日削っても、誤って刃を傷めることのない名手であった。ある時、その場に出でました雄略天皇が不思議に思い、「誤って石に中てることは無いのか」と問われると、真根は「決して誤りません」と申し上げた。そこで天皇は、采女《うねめ》を召し集めて着物を脱がせ、ふんどしだけを着けて、真根の目の前で相撲をとらせた。さすがの真根もつい見とれてしまい、手もとが狂って刃を傷つけてしまった。天皇は真根の不実を責め、刑罰を執行する部民である物部たちに引き渡して、野原で処刑しようとした。この時、真根の同僚の工匠が嘆き惜しんで、

あたらしき　韋那部《いなべ》の工匠《たくみ》　懸《か》けし墨縄《すみなわ》　其《し》が無けば　誰か懸けむよ　あたら墨縄

（死なせてはもったいない　韋那部の工匠が使っていた墨縄　あの男がいなければ　だれが使うというのだろう　もったいない墨縄よ）

と詠んだ。これを聞いて後悔した天皇は、すぐに罪を赦《ゆる》すための使をたて、甲斐の黒駒に乗らせて刑所に急行させたので、かろうじて刑の執行を止めることができた。いましめの縄を解いた後、また詠んだ歌は、

ぬば玉の　甲斐の黒駒　鞍着《くらき》せば　命死《いのちし》なまし　甲斐の黒駒

（ぬば玉の　甲斐の黒駒　もしこの黒駒にゆっくり鞍を着けたりしていたら　真根は　死んでしまっていただろう　甲斐の黒駒よ）

というものであったという。

『日本書紀』には、最後の歌に注して「一本《あるふみ》に、命死なましといふに換《か》へて、い及《し》かずあらましと云《い》へり」とあり、この歌とそれにまつわる物語が、古代の人々の人口に膾炙《かいしゃ》した有名なものであったことがわかるが、ここにおいて「甲斐の黒駒」が特別な駿馬として登場することは、古代の甲斐が、名馬の産地として都の人々に広く認められていたことをも示している。

この物語自体は、同じ『日本書紀』の、この記事の少し前にあたる雄略天皇一二年一〇月壬午《じんご》条に、登場人物や具体的な内容は異なるものの、話の展開やプロットがよく似た物語が見えることからもわかるように、後世の『伊勢《いせ》物語《ものがたり》』などと同じような性格をもつ、ある種の歌物語（歌を中心に、その詠まれた事情を面白おかしく語る小咄《こばなし》的な物語）の一つであって、五世紀後半の雄略朝に実際におこった史実とみることは難しい。岸俊男が指摘するように(49)、雄略天皇は、少なくとも八世紀前後の人々のあいだでは、数多くの逸話を有する天皇として人気が高く、『万葉集』や『日本霊異記《りょういき》』ではその作歌や逸話が巻頭に置かれ、『新撰姓氏録《しんせんしょうじろく》』の始祖伝承にも、雄略朝に時代を設定しているものが少なくない。当時の人々にとって雄略朝とは、「むかしむかし」と言えばまず思い浮かぶ時代であり、『日本書紀』において、甲斐黒駒の伝承を含む多くの歌物語が雄略紀に収録されているのも、こうした事情をふまえて理解する必要がある。

しかしその一方、雄略朝という時代は、実際に、中央・地方の有力豪族の軍事的制圧や部民の設置などを通じて、大王を中心としたヤマト政権による中央集権化の動きが本格化する時期でもあった。甲斐黒駒の伝承の背景として、甲斐が、中央から良馬の生産・貢上国として位置づけられていたことがあることはさきに述べたが、甲斐における部民の設置が、雄略朝以後に本格化することとあわせ、甲斐国と中央政権との関係は、五世紀後半の雄略朝を画期として新たな段階に入るのであり、甲斐黒駒の伝承が雄略朝のこととされるのも、そうした事実を背景としている可能性もあろう。もっとも、すでに雄略朝の段階で、甲斐国が中央への馬の生産・貢上国であったかについては、今のところよくわからない。五世紀後半築造の甲府市下曽根町（旧中道町）かんかん塚（茶塚《ちゃづか》）古墳からは、本県では最古とされる馬具が出土しているが、その当時、甲斐の地で馬の生産・貢上が本格的に行われていたかどうかは、馬の生産に直接関わる考古的資料が見出せないこともあって、現時点では未詳とせざるを得ないのである。六～七世紀における甲府盆地の開発の問題も含め、甲斐国がいつごろ中央への馬の貢上国となり、名馬のブランドとしての「甲斐の黒駒」

の名が広まるようになるのかについては、今後の研究の進展が期待されよう。

2　聖徳太子と甲斐黒駒

雄略朝の甲斐黒駒伝承が、五世紀後半～六世紀ごろの実態となんらかの関連をもつのに対し、聖徳太子と甲斐黒駒をめぐる伝承は、七世紀初頭の推古朝ごろの、甲斐と中央との関係を考える手がかりを与えてくれるものである。

一一世紀末に成立した『扶桑略記《ふそうりゃっき》』(50)と、一〇世紀成立と考えられる『聖徳太子伝暦』(51)には、以下のような物語がほぼ同文でみえている。

推古天皇六年四月、聖徳太子は周囲に命じて善馬を求めさせ、また諸国に符を下して馬を貢上させた。甲斐国は、烏駒《くろこま》で、四つの脚が白い一疋を貢したが、諸国から貢上された数百疋のなかから、太子はこの馬を指さして「これこそが神馬《しんめ》である」といい、舎人の調使麿《つきのおみまろ》に命じて飼養させた。九月になり、太子は試みにこの甲斐烏駒に乗ると、雲間に浮かび東へと飛び去った。侍従たちは仰ぎ見るばかりであったが、(調使)麿のみは馬の右側にしがみつき、そのまま雲の中へ入った。三日の後、轡《くつわ》を廻らして帰ってきた太子は、周囲に次のように語った。「私はこの馬に乗って、雲を踏み霧を押しのけ、そのまま附神《ふじ》岳(富士山)の上まで至り、そこから転じて信濃へと至った。飛ぶさまは雷がとどろくようであった。三日を経て境を越え、今こうして帰って来ることができた。(調使)麿よ、お前は自らの疲れを忘れて私に随っていた。まことの忠士である」と。

この二つの史料のうち、『扶桑略記』は、その編纂材料に『聖徳太子伝暦』を用いていることが知られているので、この場合も、『扶桑略記』の記述は『聖徳太子伝暦』をほぼそのまま引用したものと考えてよい。『聖徳太子伝暦』の成立は、一〇世紀初めの延喜《えんぎ》一七(九一七)年とも、一〇世紀末の正暦《しょうりゃく》三(九九二)年ともいわれるが、『日本書紀』の記事を骨組みにしつつ、『上宮聖徳太子伝補闕記《じょうぐうしょうとくたいしでんほけつき》』の記事をほぼ全て採り入れ、現在は伝わらない他の太子伝なども参照しつつ、選者の創作も加えて作成したものとされている。太子に関する非現実的な説話や奇談の類を、一〇世紀の段階で集大成したものであり、後世の太子関係の書物の種本として、また太子信仰の根拠として大きな影響力をもったが、その内容をそのまま史実とすることができないのはいうまでもない。

一方、『聖徳太子伝暦』が、太子に関する説話・奇談の典拠とした『上宮聖徳太子伝補闕記』という書物は平安初期の成立とされ、その編者は未詳であるが、『日本書紀』『暦録《れきろく》』『四天王寺聖徳王伝《してんのうじしょうとくおうでん》』などの先行の太子伝に「行事奇異」（太子の行った様々な奇蹟）が詳しく載っていないことを不満とし、太子の創始した上宮王家にかつて仕えていた（以下述べるように、この奉仕関係自体は史実である）膳臣《かしわでのおみ》・調使《つきのおみ》の二氏の伝えた「家記《かき》」によって記したものとされる。『日本書紀』や、『上宮聖徳法王帝説』などの法隆寺系の一次史料に見えない太子の非現実的な逸話のほとんどは、基本的に、この『上宮聖徳太子伝補闕記』をその源流とすると考えてよい。そこで、現在伝わる『上宮聖徳太子伝補闕記』[52]をひもとくと、太子が飛行能力のある馬を所有していたことは見えるが、「其毛烏斑《そのけくろまだら》」とあるのみで、産地が甲斐であったことは記されておらず、また調使麿も登場しない。その一方、調使麿は、烏駒伝承とは全く関係のない片岡山飢人《かたおかやまきじん》説話のところで「舎人調使麻呂」として現れるのである。おそらく、一〇世紀に『聖徳太子伝暦』を執筆した人物は、平安初期の『上宮聖徳太子伝補闕記』に見える二つの異なるエピソードを結びつけ、舎人として別の箇所に登場する調使麻呂を烏駒の飼育者であったことにし、また『日本書紀』雄略天皇紀の甲斐黒駒伝承もふまえて、ここでの烏駒の産地を甲斐としたのであろう。したがって、平安初期の『上宮聖徳太子伝補闕記』の段階では、聖徳太子と甲斐黒駒の伝承は、今日見られるような形では、まだ成立していなかったと考えられるのである。

しかし、七世紀初頭に、厩戸皇子（聖徳太子）の上宮王家に奉仕した様々な氏族に、膳臣・調使の二氏が含まれていたことについては、いくつかの傍証から、これを史実として認める研究者が多い[53]。調使（「使」は「使主《おみ》」という姓《かばね》の略記）氏は、百済系の渡来系氏族で、「調」というウジ名が示すように、全国から朝廷への貢納物の管理を職掌としていた。したがって、上宮王家における調使氏も、基本的には、全国の名代・子代や壬生部からの貢納に関する業務を担当していたと考えられる。また仁藤敦史が指摘するように、上宮王家の家政機関には、馬官《うまのつかさ》（馬司）とよばれる馬の飼育部門が置かれていた。(54)馬官は、山官、水田官、尻官などとならぶ上宮王家の家政機関の重要な一部門であり、『続日本紀』天平神護元《てんぴょうじんご》（七六五）年五月庚戌《こうじゅつ》条には、播磨国賀古《かこ》郡印南野《いなみの》の人である馬養造人上《うまかいのみやつこひとかみ》の先祖の上道牟射志《かみつみちのむさし》なる人物が、能く馬を飼うことができたので、上宮太子（聖徳太子）に仕え、馬司に任じられたことがみえている。このように、七世紀初頭の上宮王家が、全国からのさまざまな財物の貢納体制を整えていたと考えられること、また、その家政機関に馬の飼育部門があったことからとすれば、上宮王家の馬官（馬司）において、諸国から貢上された馬が飼育されていた可能性は十分にあろう。

それでは、上宮王家の馬官（馬司）で飼育されていた馬は、どのような国から貢上されたのであろうか。これについての直接の手がかりはないが、平城遷都間もない霊亀《れいき》二（七一六）年頃の長屋王家木簡(55)からは、長屋王家の家政機関の一つである馬司で、甲斐・信濃・上野産の馬が飼育されていたことが確認される。(56)九世紀に御牧が設置される甲斐・武蔵・信濃・上野のうち、武蔵のみが確認できないものの、すでに八世紀初頭の段階で、これらの国々が上級貴族の家政機関に馬を貢上しているのであり、こうした実態が七世紀以来の伝統に基づくとすれば、上宮王家で飼育されていた馬も、甲斐を含むこれらの国々から貢上されていたとも考えられよう。また、本章第一節で前述したように、甲斐国巨麻郡には、上宮王家とも関わりの深い壬生部が設定されている。壬生部の分布は全国にわたり、そのすべてが馬の生産と関係するとはいえないが、御牧設置国については、甲斐のほか、武蔵・信濃・上野のすべてに壬生部が確認されるので、これら四国の壬生部が、馬の生産・貢上に関係していた可能性も皆無とはいえない。とくに、甲斐の壬生部が巨麻郡にあることは、馬の生産地としての巨麻郡の開発の問題とも関連し、今後の検討が必要であろう。

註

（1）『山梨県史 資料編3 原始・古代3 文献・文字資料』（山梨県、二〇〇一年、以下、『県史資料編3』と略記）文字資料編、正倉院調庸絁墨書銘文三八―一。または松嶋順正編『正倉院宝物銘文集成』（吉川弘文館、一九七八年）第三編　調庸関係銘文、甲斐国七三（三二二頁）、図版一五五。
（2）『県史資料編3』文字資料編、九四二、一〇〇九～一〇一〇、一〇六七頁。
（3）関　晃「甲斐国造と日下部」（『大化改新の研究 下 関晃著作集』二〈吉川弘文館、一九九六年〉所収、初出は一九六五年）。
（4）『県史資料編3』文献資料一五五。
（5）磯貝正義「甲斐大善寺の草創伝説について」（同著『郡司及び采女制度の研究』〈吉川弘文館、一九七八年〉第三編第二章第三節、初出は一九六八年）。
（6）太田　亮『姓氏家系大事典』第二巻（角川書店復刊、一九六八年、初刊は一九三四年）、「三枝部　サイグサベ」の項。
（7）『県史資料編3』文献史料三八。『大日本古文書（編年文書）』第二巻、一〇八、一一三頁。
（8）『県史資料編3』文献史料六八。
（9）『県史資料編3』文献史料一四四。
（10）『県史資料編3』文献史料二〇五。
（11）『県史資料編3』文献資料五三。『大日本古文書（編年文書）』第四巻、五二三～五二四頁。
（12）『県史資料編3』文献資料一九五。
（13）『県史資料編3』文字資料三七―六。
（14）『県史資料編3』文献資料二〇〇。
（15）『県史資料編3』文献資料二六八。
（16）『県史資料編3』文字資料編、木簡三七―四。『平城宮発掘調査出土木簡概報』六―七上（六九）。

(17) 直木孝次郎「人制の研究」(同著『日本古代国家の構造』(青木書店、一九五八年) 第Ⅱ部二)。
(18)『県史資料編3』文献資料一六八、一八六、一九九、二〇四。『日本三代実録』貞観五(八六三)年六月八日条、貞観八(八六六)年三月廿八日条、貞観一八(八七六)年七月一一日条、元慶四(八八〇)年二月八日条。
(19)『県史資料編3』文献資料二六八。
(20)『延喜式』巻三・臨時祭・70雑弓条。『県史資料編3』文献資料一七、『続日本紀』大宝二(七〇二)年二月戊戌朔条も参照。
(21)『県史資料編3』文字資料編、正倉院調庸絁墨書銘文三八―二。松嶋順正編『正倉院宝物銘文集成』(吉川弘文館、一九七八年) 第三編　調庸関係銘文、甲斐国七四(三二二頁)、図版一五六。
(22)『県史資料編3』文献資料一五五。
(23)『県史資料編3』文献資料一八〇。
(24) 薗田香融「岩橋千塚と紀国造」(同著『日本古代の貴族と地方豪族』(塙書房、一九九一年) 所収、初出は一九六七年)。
(25) 直木孝次郎『日本古代兵制史の研究』(吉川弘文館、一九六八年) 四　靭部。
(26) 志田諄一『古代氏族の性格と伝承』(雄山閣、一九七二年)、佐伯有清『新撰姓氏録の研究』考証篇一(吉川弘文館、一九八一年)。
(27)『県史資料編3』文献資料五四～五六。『大日本古文書(編年文書)』第一五巻、一七〇～一七一、二〇六～二〇七、二一五～二一六頁。
(28) 岸　俊男「ワニ氏に関する基礎的研究」(同著『日本古代政治史研究』(塙書房、一九六六年) 所収、初出は一九六〇年)。
(29)『県史資料編3』文献資料二〇〇。
(30)『県史資料編3』文献資料五三。『大日本古文書(編年文書)』第五巻、五二三～五二四頁。
(31)『県史資料編3』文献資料五四～五七。『大日本古文書(編年文書)』第一五巻、一七〇～一七一、二〇六～二〇七、二一五～二一六、二五一頁。
(32)『県史資料編3』文献資料一四四。

(33) 関　晃「甲斐の帰化人」(同著『古代の帰化人 関晃著作集 第三巻』〈吉川弘文館、一九九六年〉所収、初出は一九五九年)。
(34) 『県史資料編3』文献資料一。
(35) 『県史資料編3』文献資料二。
(36) 「甲斐国造と日下部」(同著『大化改新の研究下 関晃著作集 第二巻』〈吉川弘文館、一九九六年〉所収、初出は一九六五年)。
(37) 八木　充「国造制の構造」(同著『日本古代政治組織の研究』〈塙書房、一九八六年〉後編第一章、初出は一九七五年)。
(38) 篠川　賢『日本古代国造制の研究』(吉川弘文館、一九九六年)第三編第四章第五節、「国造本紀」の同系国造、⑤開化天皇裔、四五二～四五三頁。
(39) 『県史資料編3』文献資料四、五。『日本書紀』景行天皇四〇年是歳条、『古事記』中巻景行天皇段。
(40) 吉田　孝「酒折宮の説話の背景」(磯貝正義先生古稀記念論文集編纂委員会編『甲斐の地域史的展開』〈雄山閣、一九八二年〉所収)。
(41) 吉井　巌『ヤマトタケル』(学生社、一九七七年)七　ヤマトタケルの死。
(42) 西郷信綱「ヤマトタケルの物語」(同著『古事記研究』〈未来社、一九七三年〉所収、初出は一九六九年)、川副武胤「甲斐の酒折宮の歌」(同著『日本古典の研究』〈吉川弘文館、一九八三年〉所収、初出は一九八一年)。
(43) 『県史資料編3』文献資料二。
(44) 原秀三郎『地域と王権の古代史学』塙書房、二〇〇二年。
(45) 註(40)吉田前掲論文。
(46) 磯貝正義「いわゆる『東国造』について」(山梨県立考古博物館・山梨県埋蔵文化財センター『研究紀要』九、一九九三年)も参照。
(47) 『山梨県の地名 日本歴史地名大系19』(平凡社、一九九五年)。
(48) 『県史資料編3』文献資料七。
(49) 岸　俊男「画期としての雄略朝」(同著『日本古代文物の研究』〈塙書房、一九八八年〉所収、初出は一九八四年)。

（50）『扶桑略記』推古天皇六年四月条、『県史資料編3』文献資料八。
（51）『聖徳太子伝暦』推古天皇六年四月条、『県史資料編3』文献資料九。
（52）『群書類従』『聖徳太子全集』などに収録。
（53）平野邦雄『大化前代社会組織の研究』（吉川弘文館、一九六九年）第二編第三章、一二三頁、仁藤敦史「「斑鳩宮」の経営について」（同著『古代王権と都城』〔吉川弘文館、一九九八年〕所収、一六〇～一頁など。
（54）註（53）仁藤前掲論文。
（55）『県史資料編3』文字資料、木簡三七―八～一二など。
（56）森　公章「王臣家と馬」（同著『長屋王家木簡の基礎的研究』〔吉川弘文館、二〇〇〇年〕所収、初出は一九九七年。）

第二章　甲斐の勇者

一　大化改新と甲斐

1　大化改新

六世紀を通じ、部民制・屯倉《みやけ》制・国造《こくぞう》制などの制度を整えた大和政権は、六世紀末以降、奈良盆地南部の飛鳥の地に王宮を営むようになり、いわゆる飛鳥時代が始まる。そのころ大陸では、北朝の隋が南朝の陳を滅ぼし（五八九年）、ほぼ三世紀半ぶりに中国を統一した。やがて対外積極策をとりはじめた隋は、朝鮮半島北部と中国東北地方を領土とした高句麗と対立するようになり、五九八年以降、四次にわたる高句麗遠征を行った。東アジア情勢の新たな展開をうけた推古天皇の朝廷は、膠着化した対朝鮮外交の打開と、中国文明の摂取のため、六〇〇年以降、遣隋使の派遣を開始し、多くの留学生・学問僧を中国に留学させた。

高句麗遠征に失敗した隋は、それによる国力の疲弊もあって六一八年に滅ぶ。これに代わった唐もまた、ほどなくして対外積極策に転じ、六四〇年代には高句麗との緊張も再び高まって、六四四年末、第二代皇帝の太宗《たいそう》李世民《りせいみん》による高句麗遠征が始まった。この少し前、高句麗は百済と同盟関係を結び、やや遅れて、新羅は唐の事実上の従属国となることで、唐との同盟を結ぶ道を選択する。

当時の朝廷では、蘇我氏がその権力の絶頂期にあったが、六世紀以来の部民制による全国支配が極限まで進行した結果、王族や豪族による支配関係は、各地で複雑に錯綜するようになり、相互の利害対立も深刻になるなどの矛盾が拡大していた。また、百済との伝統的な友好関係のみを重視する蘇我氏の外交政策も、国際関係の激動のなかで時代遅れになりつつあった。これ以前から、唐は、倭が隋の時代に中国に派遣していた留学生・学問僧らを、新羅を経由して倭に帰国させていたが、彼らのもたらす情報を通じて危機感をつのらせた朝廷内の反主流派は、王族の中大兄《なかのおおえの》皇子《みこ》と、その腹心である中臣鎌足《なかとみのかまたり》のもとに結集して、皇極《こうぎょく》天皇四（六四五）年六月、蘇我氏の本宗家を滅ぼした。このクーデターにより、皇極女帝（中大兄の母）は退位して、その弟の孝徳《こうとく》天皇が即位し、中大兄のほか、新たに置かれた左・右大臣（阿部内麻呂《あべのうちまろ》・蘇我石川麻呂《いしかわまろ》）、内臣《うちつおみ》（中臣鎌足）、国博士《くにのはかせ》（僧旻《みん》・高向玄理《たかむこのくろまろ》）らを中心とする新政府が発足する。

中国や朝鮮諸国にならった中央集権国家の建設にのりだした改新政府は、大化《たいか》元（六四五）年一二月に都を飛鳥から難波へうつし、翌大化二（六四六）年正月には、いわゆる改新《かいしん》の詔《みことのり》を発布した。『日本書紀』によれば、その内容は、①旧来の子代・屯倉、部曲・田荘《たどころ》をやめ、大夫《まえつきみ》以上には食封《じきふ》を、それ以下には禄《ろく》（布帛《ふはく》）を賜う、②京師《けいし》・畿内国司・郡司などの地方行政制度と、関・防人・駅伝などの軍事・交通制度を定める、③戸籍・計帳《けいちょう》、班田収授の法を定める、④旧来の賦役《ふえき》をやめ、新たに全国から田《た》の調《みつき》や官馬・武器類を徴収し、五〇戸ごとに仕丁・廝丁《しちょう》各一人を都に貢上させる、という四ヶ条からなるものであった。②に、大宝令（七〇一年施行）で初めて採用された「郡」の語がみえるなど、『日本書紀』成立（七二〇年）当時の現行法である大宝令によって修飾されたか、令文全体が転載されたとみられる部分も多く、この詔の内容が、大化の頃に全て実現したとはとうてい考えられない。しかしその一方、②の畿内制や④の民衆負担のあり方をはじめとして、大宝・養老《ようろう》令制とは異なる原理によるものや、隋唐の律令制よりは中国南北朝ないし朝鮮諸国の制度に類似するものもみられ、それらについては、大化のころに実際に採用されたものである可能性が高い。

改新の詔の評価はひとまずおくとしても、これ以後、中央政府は、王族や豪族による全国の土地・民衆の個別的な領有権を中央政府のもとに一元化し、官僚制に基づく中央集権的な地方支配や、統一的な税制の採用を漸次進めていったことは事実としてよいであろう。そして、天智《てんじ》朝ないし天武《てんむ》・持統《じとう》朝以後には、これらの改革の成果は、中国から継受した律令法という形で成文化されつつ、飛躍的に整備拡充されることになり、日本の古代国家は、「律令国家」として確立してゆくのである。

2　東国国司の派遣

今日知ることのできる改新の詔の内容が、大化二（六四六）年当時のままとは考えられないのに対し、新政府が東国に派遣した「国司《くにのみこともち》」に関する記事（『日本書紀』大化元年八月庚子条、同二年三月甲子・辛巳条）は、細部の表現や用語の問題は別にして、具体性に富む実録的なものであり、改新政府が最初に着手した地方政策の内容や、当時の地方社会の実態をうかがうことができる。(1)

『日本書紀』によると、改新政府は、大化元（六四五）年八月に、「東《あずま》の方《かた》の八道《やつのくに》」に、合わせて八組からなる「国司」を派遣した。この「国司」とは、クニノミコトモチという訓からもわかるように、のちの律令制の国司のような常駐の地方官ではなく、天皇の代理として地方に派遣された臨時の使者である。各組の「国司」は、それぞれ、朝廷の有力豪族である「良家の大夫」から選ばれた長官《かみ》一人、次官《すけ》二人に、中下級豪族から選ばれた実務官人《かんじん》の主典《ふびと》数人から成り、各官人には規定の人数の従者も従っていた。その任務は、国造などの地方豪族の支配する領域の人口や田地の面積を調査し、また豪族たちによる地方政治の実態や紛争の有無などを調べて中央に報告するほか、空き地に兵庫《つわものぐら》を建て、刀《たち》・甲《よろい》・弓矢などの武器をそこに収めさせる（蝦夷《えみし》と境を接する地域では、その後もとの持ち主に返却）など、多岐にわたるものであった。

この八組の国司が派遣された「東国」が、具体的にどの範囲をさすかについては、のちの東海道の三河以東と東山

表１　東国国司の構成

	A	B	C	D	E	F	G	H
長官	穂積臣咋	巨勢徳禰臣	紀麻利耆拖臣	阿曇連某	大市連某	羽田臣某	田口臣某	平群臣某
次官（介）	富制臣某 巨勢臣紫檀	朴井連某 押坂連某	三輪君大口 河辺臣百依	膳部臣百依				
出典（以下官人）	（以下官人）	台直須彌 （以下官人）	河辺臣磯泊 丹比深目 百舌鳥長兄 葛城福草 難波癬亀 犬養五十君 伊岐史麻呂 丹比大眼	河辺臣磐管 河辺臣湯麻呂	涯田臣某（？） 小緑臣某 丹波臣某 忌部木菓 中臣連正月			

（大津透「大化改新と東国国司」『新版古代の日本⑧関東』より、一部改変）

道の信濃以東とする説のほか、尾張・美濃以東とする説や、これらにのちの北陸道も含めるなどの諸説がある。これに甲斐が含まれるかについても明証を欠くが、『日本書紀』の記述から、大市連《おおいちのむらじ》を長官とする一組が、のちの駿河国有度《うど》郡の人と接触し、紀麻利耆拖臣《きのまりきたのおみ》を長官とする一組が上野の豪族と接触したと考えられるので、駿河・上野に隣接する甲斐の地にもまた、なんらかの形で国司が到来していた可能性は高いであろう。

　これらの国司は、それぞれが管轄する地域を数ヶ月間かけて巡回し、国造などの地方豪族と折衝しながら、その地域支配の実態把握につとめ、翌大化二（六四六）年三月には、各地域の「国造・郡領《こおりのみやつこ》」らを同伴して帰京した。ここに見える「郡領」は、大宝令の語による修飾で、実際には、改新政府が全国に設置することを目指していた「評《こおり》」という新しい地方行政単位（大宝令制の郡の前身）の官人に、初めて任命される予定の候補者たちをさすと考えられる。[2]甲斐の国中《くになか》地域の場合は、甲斐国造に加えて、のちの山梨評（郡）、八代《やつしろ》評などに相当する地域の有力者たちが、国司に率いられ上京したのであろう（巨麻《こま》評・都留《つる》評については後述）。

『日本書紀』では、京から地方にやってきた国司に対し、地元の有力者らが、国造、伴造《とものみやつこ》、県稲置《あがたのいなぎ》（屯倉の管理者か）などの出身ではないにもかかわらず、先祖代々自らの領地を支配してきたといつわって主張することが問題とされている。第一章第一節で述べたように、国造による地域支配は、国造の同族が、国造の支配領域内に置かれた部《べ》を管理する伴造などを名乗り、国造に率いられた地域社会が、全体として中央の王族や豪族に奉仕する形をとっていた。しかし、生産力の向上による新興豪族の成長や、中央による地方支配の強化などによって、すでにこのころには、国造一族の同族的な結束は弛緩し、複数の地域勢力同士の対立が深刻になっていたとみられる。この『日本書紀』の記述は、そうした状況の一端を示しているが、改新政府はこれを逆手にとり、かつての国造の支配領域を、地方豪族間の対立も利用しながら分割・統合・再編し、評という横並びの地方行政区画として一元的に支配しようとしたのである。またそれは、相互の対立に悩んでいた地元の諸勢力にとっても、中央政府の権威の下に、自らの地域支配を再建したり、新たに確立してゆくという積極的な意味をもっていた。

国造や評官人の候補者たちが国司に率いられて難波宮《なにわのみや》に到着すると、政府はまず、地方に滞在中の国司らの行動に不正がなかったかを国造以下の地方豪族に申告させ、不正をした国司への処分を行った。そのうえで政府は、国司らの報告と地方豪族による申請に基づいて地方の実状を把握し、評を設置するためのプラン作りと、初代評官人の人選にとりかかった。この作業が終わると、上京した地方豪族たちは、大化二年八月に再び派遣された第二次の国司とともに帰郷する。この国司の使命は、民衆への田地支給（後の班田の先蹤《せんしょう》だが実態は未詳）と空閑地の開発、人口調査の結果に基づく調と仕丁の徴発のほか、国々（ここでは国造の支配領域をさす）の境界を文書や図面に記して中央に報告することであった。

地方への国司派遣と立評《りっぴょう》の準備作業は、東国へのそれから少し遅れて全国にも拡大されるが、こうした準備期間をへて、全国各地で評がいっせいに設置されるのは、後述のように大化五（六四九）年以降のことである。改新政府による地方政治の改革が、まず東国から始まったことは、東国がヤマト政権以来の軍事的基盤であったことと対応しており、東国の地方勢力を政治的に掌握することが、政権の最優先課題の一つであったことを示している。甲斐もまた、中央政府にとって、こうした東国の一部と認識されていたことはいうまでもない。

3　評制の成立

『日本書紀』に載せる改新詔（前述の第②条）は、郡の設置について、四〇里以下を大郡、三〇里以下四里以上を中郡、三里を小郡とし、国造のうち有能な者を長官・次官である大領《だいりょう》・少領《しょうりょう》に任ずると定める。前述のように、『日本書紀』における「郡」の用字は大宝令の規定による潤色で、七世紀には「評」が用いられたと考えられるから、ここでの「郡」は本来は「評」であり、「大領・小領」も「評督《こおりのかみ》・助督《すけのかみ》」が正しい。しかし、官人を国造のみから選ぶとしている点や、大・中・小の区分などが大宝令制と異なるので、孝徳朝当時のものであるかは別にしても、これが七世紀のある段階の規定である可能性は高いであろう。評はコオリと訓み、この訓は大宝令制の郡にも継承されるが、評は元来は朝鮮諸国で用いられていた語で、軍事的に編成された地域団体といわれる。七世紀の倭国の評も、八世紀以後の郡と軍団の機能を未分化なままあわせもつことから、その軍事的な性格が指摘されている。(3)

孝徳朝以後の全国での立評の過程については諸説があるが、『常陸国風土記《ひたちのくにふどき》』や『皇太神宮儀式帳《こうたいじんぐうぎしきちょう》』などの分析から、大化五（六四九）年にまず全国一斉の立評が行われ、以後、地域ごとに評の分割や再編が行われていったとする鎌田元一の見解が有力である。(4)『常陸国風土記』は、後の令制の国の一国全体について、立評の過程を復元することのできる貴重な史料であるが、鎌田によれば、常陸では、まず大化五年に、新治《にいはり》・筑波・茨城・那珂《なか》・久慈・多珂《たか》の六国造のクニがそのまま同名の評となり、また那珂国造の領地と下総の海上《うなかみ》国造の領地のそれぞれ一部をあわせて香島《かしま》評を置いた。のちに鹿島《かしま》神宮の神郡《しんぐん》となる香島評はやや例外であるが、基本的に国造のクニがそのまま評に移行していることが知られる。常陸ではその後、白雉《はくち》四（六五三）年に第二次の立評が行われ、例えば筑波・茨城評の一部をそれぞれ割いて、新たに信太《しだ》評を置いたように、国造のクニに基づく第一次の評を分割・再編して新たに五つの評を立て、あわせて一二の評が置かれた。この第二次立評は、国造以外の新興豪族の地域支配を新たに認めることで、中央政府による地方支配を、よりきめ細かく強力なものにすることをねらうものでもあった。

『常陸国風土記』の立評記事では、第一次・第二次の別を問わず、地域の有力者二名が連名で立評申請者となっているが、立評後には、この二人が評の長官・次官である評督（コオリノカミ）・助督（スケノカミ）に任命されたと考えられ、またその氏姓は、八・九世紀の郡の大・少領のそれによく一致する。このことは、八世紀以降の郡による地域支配が、七世紀の評に由来すること、またそれが、旧国造や新興豪族の地域支配を利用しつつ、それを政治的に再編成したものであったことを示している。なお、『常陸国風土記』をはじめとして、いくつかの史料に見える「評造《こおりのみやつこ》」の語については、評督・助督の総称とするのが通説[5]であるが、最近では、特定の官職名ではなく、評の官人に任命できると認められた一種の地位呼称とする説[6]もある。

ところで、国中地域に甲斐国造のみが存在した甲斐の場合、立評はどのように行われたのであろうか。前述の常陸の場合は、国造のクニの名を継承する評・郡が少なくとも六つ存在したが、いうまでもなく、八世紀以後の甲斐国に「甲斐郡」は存在しない。鎌田元一によれば、大化前代の国造名として知られる一三五のうち、後の評・郡名と一致するものは七七であり、残る四割強は、国造名に対応する評・郡名を検出できない。例えば、『皇太神宮儀式帳』から立評の過程が推定できる伊勢の場合、大化五年の立評の際に、かつての伊勢国造の支配領域に度会《わたらい》・多気《たけ》の二評が置かれている。こうした事例から考えると、甲斐の場合にも、大化五年の天下立評の際に、甲斐国造のクニが山梨・八代の二評に分割された可能性が高いであろう。もっともこれは、かつての甲斐国造一族による支配が消滅したことを意味するのでは

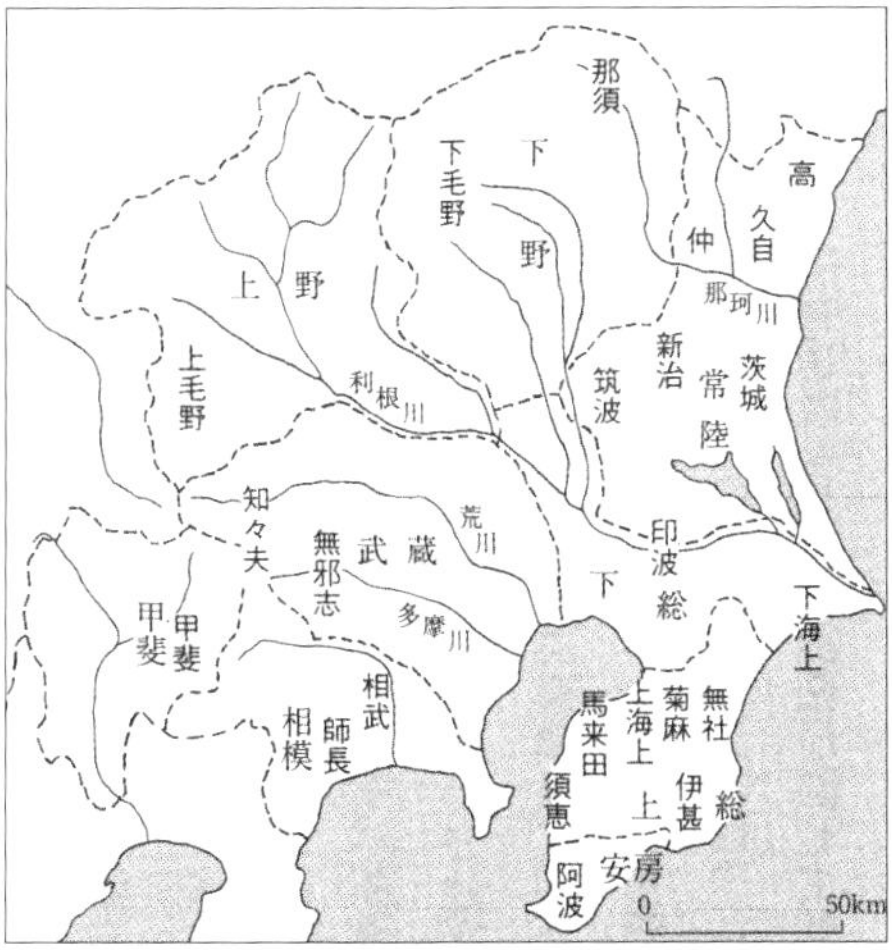

図2　坂東諸国と甲斐の国造
（『山梨県史 通史編1 原始・古代』より）

なく、後の山梨郡に日下部の分布が知られるように、山梨評は、甲斐国造である日下部直氏の本拠地としての性格を保っていたと考えられる。また巨麻評の立評は、高句麗の滅亡（六六八年）により高句麗の遺民が大量に渡来した天智朝以後のことであろう。天智朝以後の立評は全国でいくつか確認され、たとえば『日本霊異記《にほんりょういき》』上巻第一七縁には、伊予国越智《おち》郡大領の祖の越智直《おちのあたい》が、天智天皇二（六六三）年の百済の役の際に唐軍の捕虜となり、その後帰国して越智郡（評）を建てたとある。亡命者としての渡来人と、対外戦争に従軍した者の帰国という違いはあるが、巨麻評の成立を考えるうえでも興味深い事例である。

なお、のちの都留郡となる都留評も、大化五年に立評されていたと考えられるが、それは甲斐国造の支配領域ではなく、相模川中流域以上（桂川《かつら》流域を含む）を支配していた相武《さがむ》（相模）国造のクニを分割する形で、東に隣接する高座《たかくら》評や、愛甲《あゆかわ》評とともに立評された可能性が高い。(7) 都留評が甲斐に編入されるのは、天武朝末年に令制国としての甲斐国が成立した時点と考えられるが、これについては後述する。

七世紀後半における立評について考える場合、もう一つ看過できないのは、評の設置が、国家による灌漑施設の造営や未墾地の開発と、密接な関係を有したらしい点である。(8)『常陸国風土記』行方《なめかた》郡条には、立評申請者でもある壬生連麿《みぶのむらじまろ》が、役民《えきみん》を徴発して池堤《ちてい》を築き、谷あいの原野を開発したことが見える。また天智朝から八世紀初頭にかけては、渡来人による東国への入植・開発が国家的な政策として行われ、武蔵国高麗郡・新羅郡、上野国多胡郡などが立郡されるが、これもまた、立評（郡）と国家的な土地開発との関連を示していよう。(9) 巨麻評の立評も、渡来人による土地開発や、良馬の生産などと密接に関連し、ある種の国策として行われた可能性が高いと考えられるのである。

4　白村江の戦いと庚午年籍

六五〇年代以降、東アジアでは、唐・新羅陣営と高句麗・百済陣営の対立が明らかとなったが、高句麗を攻めあぐねた唐は、その同盟国の百済をまず征討する方針に転じる。六六〇年七月、唐・新羅連合軍は百済の首都泗沘《しひ》城を陥落させ、ここに百済王朝は滅亡した。しかし間もなく、旧百済の貴族であった鬼室福信《きしつふくしん》らは、民衆を率いて百済復興の抵抗運動を始め、倭国へも支援を求めてくる。斉明《さいめい》天皇と中大兄を中心とする朝廷はこれに応じ、朝鮮半島への派兵を実施するが、天智天皇二（六六三）年八月、朝鮮半島南西部の白村江（錦江《きんこう》河口付近）で唐・新羅連合軍に決定的な敗戦を喫し、百済からの大量の亡命者（貴族から民衆までを含む）をともなって撤兵した。天智天皇七（六六八）年には、やはり唐・新羅連合軍により高句麗が滅ぼされ、唐による倭国侵攻の風聞もささやかれるようになる。

　派兵のさなかに亡くなった斉明天皇の後を承け、朝廷の実権を握った中大兄は、即位の儀式を行う間もなく、国土防衛と国制改革を急いだ。天智天皇三（六六四）年には、いわゆる甲子《かっし》の改革を行って、諸豪族による部民所有の実態を確定して全国的な動員に備え、また国防のために防人・烽《とぶひ》（のろし）を置き、筑紫に水城《みずき》を築いた。翌年には西日本各地に朝鮮式山城を築かせている。さらに天智天皇六（六六七）年には、瀬戸内から攻められにくく、東国への交通の便もよい近江大津宮《おうみおおつのみや》に遷都し、翌年この宮で、中大兄はようやく即位儀式を行って、正式に天皇となった。

　中大兄は、白村江の敗戦にともない渡来した百済人を自らの権力基盤の一つとし、百済系の王族・貴族は近江朝廷でも重用された。また中下級の渡来人の多くは、近江などを経て東国各地へ移住させられ、土地開発や馬の生産などを行って、国力・軍事力の強化に貢献した。さらに、六六八年の高句麗滅亡の前

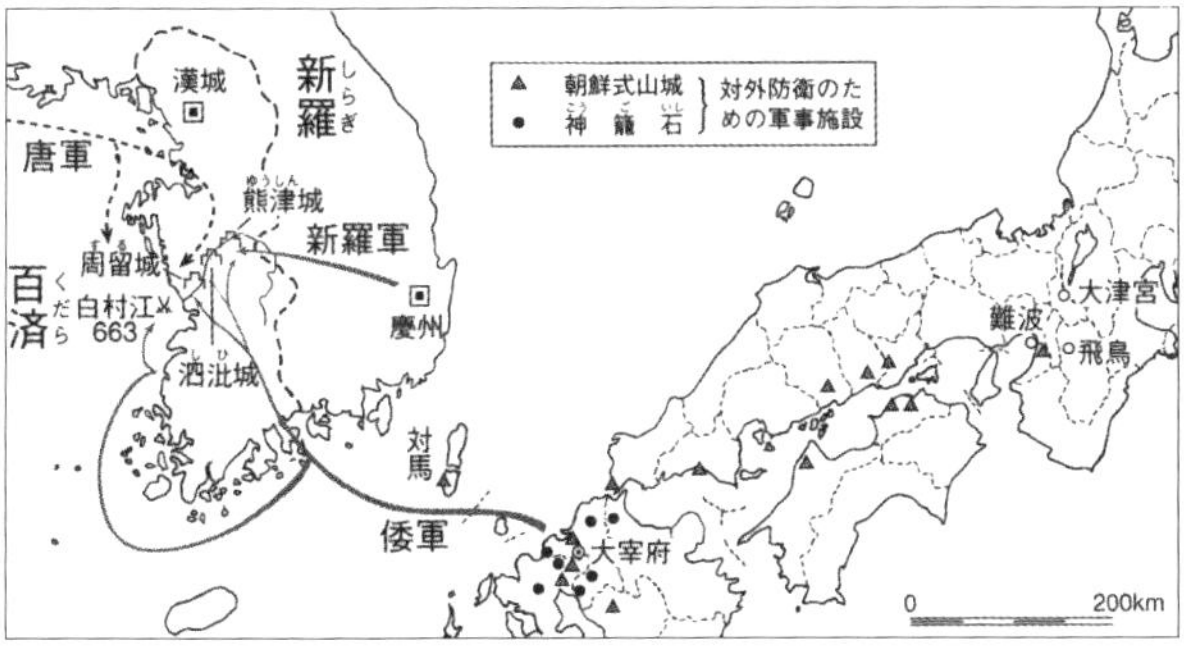

図3　白村江の戦いと対外防衛
（『山梨県史 通史編1 原始・古代』より）

後には高句麗人も多く渡来し、やはり東国へと移配される。甲斐国への百済系渡来人の移配や、巨麻郡と高句麗人との関係は、こうした国際情勢と、中央政府の政策を前提とするものであった。

天智天皇三年の甲子の改革で、中央豪族による部民所有の実態を確定した朝廷は、同九（六七〇）年に、最初の全国的な戸籍を作成した。この戸籍は、作成年の干支《かんし》をとって庚午年籍《こうごねんじゃく》とよばれるが、全国の全階層の民衆の姓《かばね》を初めて定めたものであったため、氏姓の基本台帳として後世まで重視され、大宝・養老戸令《こりょう》でもその永久保存が定められている。ただし、天武天皇四（六七五）年に諸豪族の部曲領有が廃止される以前に作成されたため、のちの律令制下の戸籍のような画一的・領域的な戸籍ではなく、評ごとに、民衆の所属（どの部に属するかなど）を、その所有者の別によって記載したものであったと考えられている。これは、この段階の地方支配が、依然として評官人などの地方豪族に依存するものであったことにも対応しているが、その一方で、かつての国造による国造軍の編成の伝統を利用し、対外的緊張に備えるための軍事動員の体制を、評単位で整えるという性格ももっていた。しかし、その兵力が実際に初めて動員されたのは、後述のように、天武天皇元（六七二）年の壬申《じんしん》の乱に際してである。壬申の乱が、日本初の全国的内乱となった背景には、庚午年籍の作成による、全国の民衆把握の進展があったのである。

二　壬申の乱と律令国家の形成

1　壬申の乱と甲斐の勇者

天智天皇（中大兄皇子）の政治的後継者は、当初、その同母弟の大海人皇子《おおあまのみこ》と目されていたが、天智の即位（六六八年）のころから、二人の間はしだいに不和となり、天智は、自らの息子で、地方豪族である伊賀国造の娘を母とする大友皇子《おおとものみこ》に、皇位を継がせたいと考えるようになった。天智天皇一〇（六七一）年正月、天智は、大友を新設の太政大臣に任じて事実上の後継者に指名するが、九月には重い病気となる。一〇月に天智の病床に召された大海人は、身の危険を感じて自らの政治的権限を放棄する態度を示し、出家して吉野に隠棲する形をとって、情勢をうかがうことにした。この年の末に天智は亡くなる。

翌天武天皇元（七七二）年五月、大友の近江朝廷が、天智の山陵をつくるとの名目で美濃・尾張の兵を集めていることを知った大海人は、挙兵を決意し、六月二二日に部下の村国連男依《むらくにのむらじおより》らを美濃に派遣し、安八磨郡《あはちま》（評）にあった大海人の領地（湯沐《とうもく》）で徴兵を行って、その兵力で不破《ふわ》の道を封鎖することを命じた。大海人自身は、二四日にわずかの手勢で吉野を出発し、大友の母方の勢力基盤でもある伊賀を強行突破して、伊勢・美濃方面を目指した。途中二五日には軍兵五〇〇人で鈴鹿の山道を封鎖し、二六日に伊勢の朝明郡《あさけ》（評）家に到着すると、二二日に命じていた不破の道の封鎖が、美濃の兵三〇〇〇人により完了したことを知らされる。こうして、畿内・近江から東国への交通路を掌握した大海人は、二六日に東海・東山の両方面に軍を徴発する使者を送り、翌二七日には不破に入り本営を設けた。そして七月二日、数万の軍勢を不破から近江へ突入させる一方、同じく数万の兵を伊勢経由で大和《やまと》へと向かわせる。

一方、近江朝廷が留守官《るすのつかさ》を置いていた大和飛鳥の古京では、六月二九日、大海人に呼応して挙兵した大伴連吹負《おおとものむらじふけい》が、近江方の軍営を奇襲して勝利を収め、翌七月一日には奈良盆地北部へ向けて進軍を始めるが、四日に乃楽山《ならやま》で近江軍に敗れ、全軍が逃走する。将軍吹負もまた、わずか一、二騎で東方へ敗走するが、宇陀《うだ》の墨坂《すみさか》まで来たところで、大海人方の東道将軍紀臣阿閉麻呂《きのおみあへまろ》が急ぎ派遣した置始連菟《おきそのむらじうさぎ》ら千余騎の援軍に出会い、西に引き返して態勢を立て直すことができた。やがて、東道将軍紀臣阿閉麻呂の本隊も到着し、大海人方は、奈良盆地の上《かみ》・中《なか》・下《しも》の道に分かれて、南下する近江軍との決戦を行う。中道《なかつみち》を担当していた将軍吹負は、上道《かみつみち》の箸墓《はしはか》で勝利した三輪君高市麻呂《みわのきみたけちまろ》・置始連菟らの援助も得て、近江方の別将廬井造鯨《いおいのみやつこくじら》の軍を壊滅させた。鯨は、ただ一人白馬に乗って逃走するが、馬が泥田に落ちて進むことができなくなってしまう。この時、将軍吹負は「甲斐の勇者」という者に、「その白馬に乗る者は

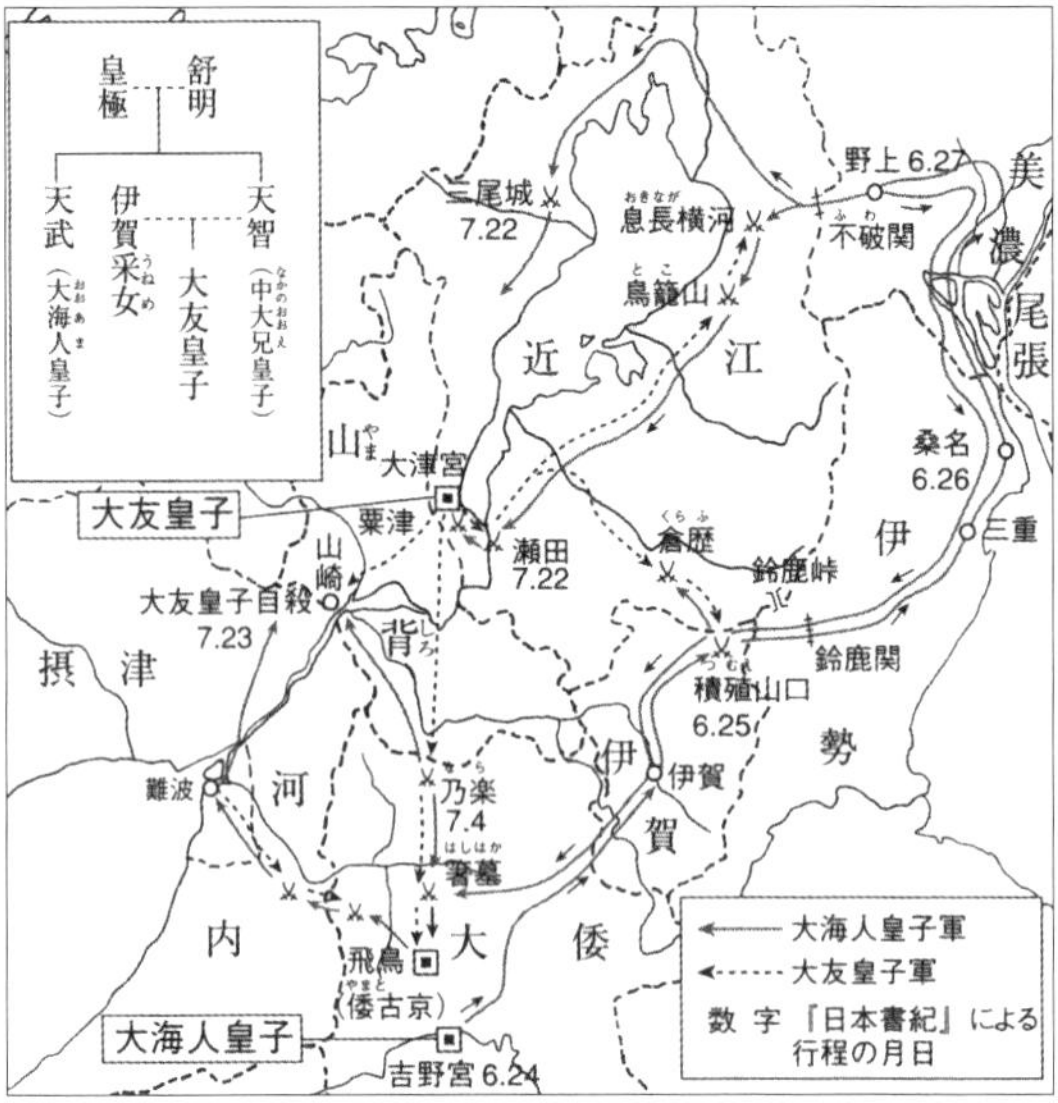

図4　壬申の乱（『山梨県史 通史編1 原始・古代』より）

盧井鯨《いおいのくじら》である。急いで追って射よ」と命じた。勇者は馬を馳せて追い、鯨のそばに着いたが、ちょうどその時、鯨に鞭打たれた馬が泥を抜けだしたので、鯨はその場を逃れることができた。こうして鯨は捕り逃がしたものの、これ以後、近江方が吹負らの本営に来襲することはなかったという(10)。

このエピソードにみえる「甲斐の勇者」について、関晃は、六月二六日に東海・東山方面に派遣された使により徴集された甲斐の兵のうちの一人とし、弓矢に長じた騎馬兵であることから、一般農民層ではなく、後の郡司ないしそれに準ずる程度の地方豪族の出身と推定している(11)。関も指摘するように、『釈日本紀《しゃくにほんぎ》』巻一五所収の安斗連智徳《あとのむらじちとく》（大海人の舎人）の日記に「信濃の兵を発《おこ》せしむ」とあり、このときの徴兵が信濃まで及んでいたことは確認されるので、甲斐もまた徴兵の対象であったとしても不自然ではない。また、評制下の当時における兵力の徴発は、旧国造や地方豪族を中心とする評官人によって、二年前に作成されていた庚午年籍を前提に、評単位で行われた可能性が高い。それは、大化前代の国造軍の伝統も色濃く残すものでもあり、この人物が「勇者」という普通名詞で語られていることも、当時における機構化された軍制の未発達を示していよう。

ただし、「甲斐の勇者」が壬申の乱に際して徴発されたものであるかについては、直木孝次郎が、六月二六日の使者発遣から七月の大和での合戦までの期間が短すぎることから疑問とし、これを、壬申の年以前から吹負に仕えていた甲斐出身の従者としている。(12)『日本書紀』には、「甲斐の勇者」の活躍に先だって、ほぼ同様の働きをした人物として「勇士来目」なる者が見えるが、「来目」の名が大伴氏と同族の久米《くめ》氏やその部民である久米部に由来するとすれば、「勇士来目」は大伴吹負の私的従者と考えることもでき、また甲斐には大伴部が存在したので（第一章第一節）、甲斐の地方豪族出身者である「甲斐の勇者」と、中央の大伴氏の族長クラスの人物である吹負とが、なんらかの主従関係を結んでいた可能性も否定できない。

その一方、直木説の根拠の一つである大和での合戦の時期については、関をはじめ七月四日とする論者が多いが、吹負の乃楽山での敗戦から反撃までの時間が短すぎるという問題があり、直木は六日ごろと推定する。また『日本書紀』は、美濃から伊勢を経て大和へ向かっていた大海人方の東道将軍紀臣阿閉麻呂が、大和での吹負の敗戦を聞き、置始連菟ら千余騎を援軍として先遣した記事を七月九日の条に載せる。従来の研究では、この日付は誤りとされることが多いが、やはり『日本書紀』によると、吹負らが大和を完全に制圧したのは七月二二日とされているから、問題の決戦も、七月四日から六日ごろでは間隔があきすぎ、実際には七月中旬に行われた可能性もあるのではなかろうか。こう考えれば、甲斐で徴集された軍勢が東道将軍の本隊に加わり、大和での決戦に参加するための時間は十分にあることになり、関説の問題点は解消する。このように、関説と直木説にはそれぞれ一長一短があり、現時点では優劣を決めがたいが、ここでは、直木の批判にもかかわらず、関説にはなお成立の余地があり、壬申の乱が、甲斐の住民をも巻き込むものであった可能性は依然として大きいことを確認しておきたい。

話題を全体の戦局に戻そう。近江方面での最後の決戦は、七月二二日、勢多《せた》橋周辺で行われ、大海人方が勝利を収めた。大友皇子は翌二三日に自害し、大海人は九月には飛鳥に凱旋して、岡本宮《おかもとのみや》の南に新しい宮の建設を始める。この新しい飛鳥浄御原宮《あすかきよみはらのみや》で大海人の即位式が行われるのは、翌天武天皇二（六七三）年二月のことである。

2　国境の確定と甲斐国の成立

壬申の乱において、保守的な中央豪族の多くが近江朝廷方につき、本来は反乱軍であった大海人方がそれを破ったことは、大海人＝天武天皇の権力に、従来にない強い正統性を与えることになり、天皇は、いわば「勝てば官軍」の論理によって、天智朝までは不完全であった政治改革を一気に進めてゆく。たとえば、天武天皇四（六七五）年には、諸豪族が依然所有していた部曲《かきべ》が全面的に廃止され、以後豪族たちは、律令国家の貴族となり、国家からの給与を経済基盤とするようになる。特に中央の上級貴族に対しては、部曲のかわりに国家が諸国に指定した食封《じきふ》（封戸《ふこ》）が支給され、封戸の民衆が納入した租税が、国司を通して封主《ふうしゅ》としての貴族に送り届けられる制度が成立していった。また、令制の地方行政区画としての「国」が全国一斉に成立するのも、天武朝の末ごろと考えられている。律令制的な「国」や国司制度の成立過程については未解明の点も多いが、ここでは鐘江宏之の研究[13]に依拠しつつ概観しておこう。

前述したように、大化二（六五六）年八月の東国国司は、「東の方の八道」に派遣された臨時の使者であり、恒常的な管轄地域をもつものではなかったが、孝徳朝を通じて行われた立評作業のなかで、「国宰」「宰」などと表記されるミコトモチが地方に常駐し、複数の評をまとめて管轄単位とする体制が成立していった。吉備や筑紫など、一部の政治的に重要な地域では、複数の「国宰」「宰」をさらに上から統轄する「総領《そうりょう》」という中央派遣官が置かれた場合もあったが、全国にあまねく配置されたのは「国宰」「宰」であった。この「国宰」「宰」は、複数の評（のちの郡）をまとめて上から統轄する中央派遣の地方常駐官という点で、律令制の国司の前身といえるものである。しかし、その管轄地域は、常駐地方官の派遣単位にすぎず、実際には、国造の「国（クニ）」を再編した評の集合であったことは、のちの律令制の「国」が、中央政府が上から設定した境界と領域をもつ行政区画であったこととは大きく異なる。また、少なくとも立評後しばらくの間は、「国（クニ）」の語は、かつての国造の支配領域をさしていたので、この領域が、当初から（律令制的な意味での）「国」と呼ばれていたとは考えにくい。国造のクニを継承する評より上位のレベルを示す「国」の用法が、いつごろ始まるかについては不明の点が多いが、飛鳥京跡出土の木簡などから、遅くとも天智朝には、大化前代の国造の「国（クニ）」ではなく、中央派遣官の管轄地域としての「国」の語が用いられるようになったと推測されている。

こうした「国宰」「宰」の管轄地域が、国境と領域を定められた律令制的な「国」として確立するのが天武朝であり、それは、天武天皇一二（六八三）年から一四（六八五）年にかけて、全国に使者を派遣して国境を確定するという形で行われた。鐘江宏之は、それが、同時に創設された七道制と密接な関連を有することを指摘している。律令制における七道制とは、都から全国に放射状に広がる七つの官道（東海・東山・北陸・山陰・山陽・南海・西海の各道）に沿って複数の国をまとめた広域行政区画で、官道（駅路《えきろ》）には中央直轄の交通施設である駅《えき》が配置され、巡察使《じゅんさつし》など中央からの使者派遣のほか、公文書の下達《かたつ》・上申、国司の赴任や往来などの単位として用いる、ある種の行政ブロックとして機能していた。天武朝における国境確定は、「国宰」「宰」の管轄地域を、中央集権的な七道に編成することと並行して進んだのであり、北陸道の越国《こしのくに》が官道にそって越前・越中・越後に、また山陽道の吉備国《きびのくに》が同じく備前・備中・備後に分割されたのがこの時で

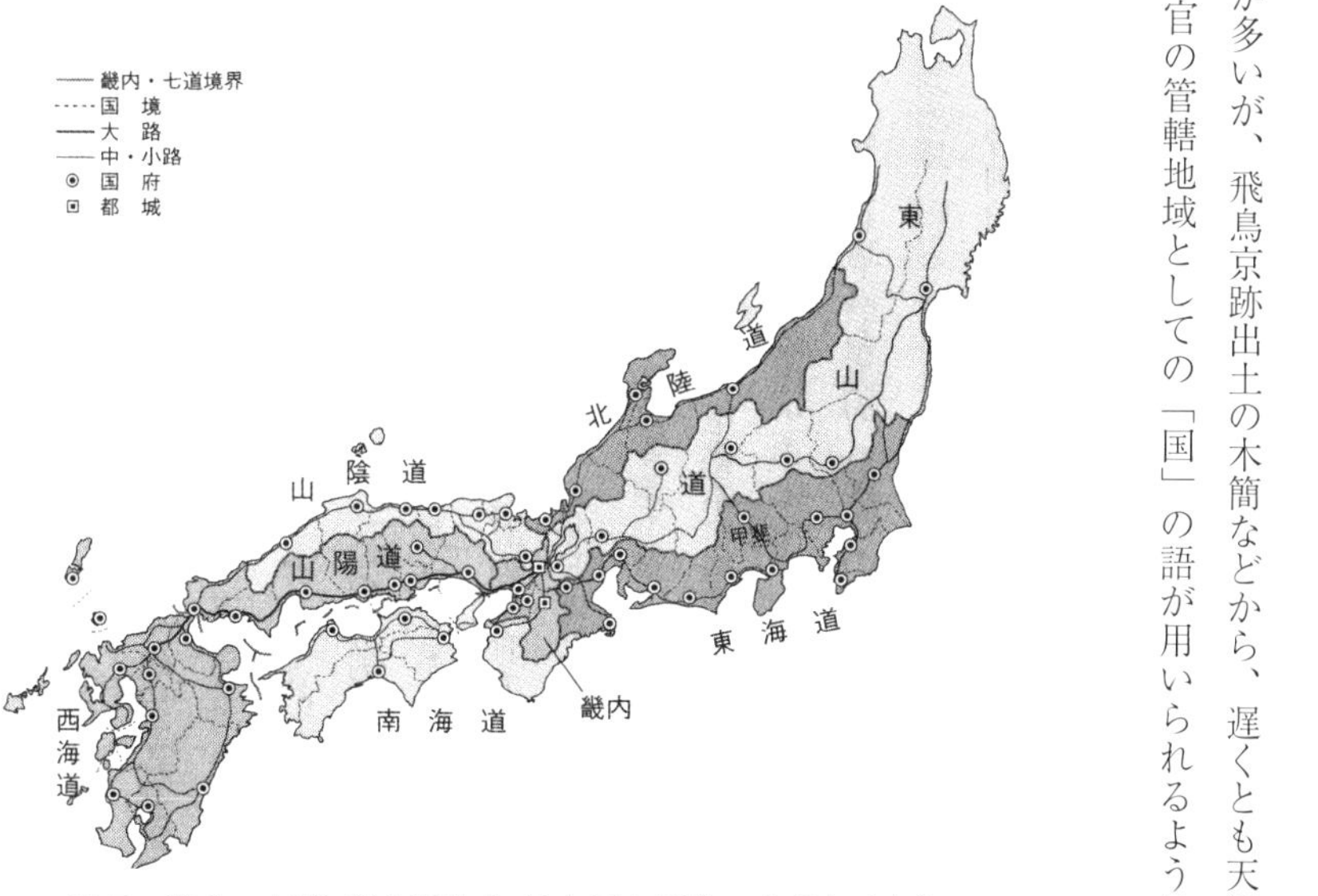

図５　畿内・七道（『山梨県史 通史編１ 原始・古代』より）

あることも、天武朝の国境確定が、七道制を前提にしていたことを示している。

ところで、七道という広域行政区画が成立したのが天武朝末年であるとすれば、甲斐国がその一つである東海道に編入され、国境が確定したのもこのときである。具体的には、東海道の本路の横走駅《よこばしり》から籠坂峠《かごさか》を越えて都留評に入り、御坂峠《みさか》を越えて甲府盆地へ到るルート（いわゆる御坂路・甲斐路）が東海道の支路として設定され、それによって、東海道という広域行政ブロックに甲斐国が組み込まれたのである。もちろん、この交通路自体は古くから存在したが、それが支路ではあれ東海道の一部と正式に定められたことは、その経由地である都留評にとっても重要な意味をもったと考えられる。磯貝正義は、郡内《ぐんない》地域に存在した部民の分布などから、この地域が、笹子峠《ささご》を越えて国中《くになか》地方と結ばれていたと考えるよりも、桂川（相模川）水系を通じて相模地域と結ばれていたと考える方が合理的とし、大化前代の郡内地域は、甲斐国造ではなく相模国造の支配領域に含まれていたとの説を提示している(14)。首肯すべき見解であるが、ここではさらに進んで、都留評は、孝徳朝の立評後しばらくの間は相模のミコトモチに管轄されていたが、天武朝末に評内に東海道支路が設定されて、国中地方を中心とした従来の甲斐が東海道に編入されたことにともない、令制国としての甲斐国の一部に新たに加えられたと考えておきたい。

このことはまた、都留評・郡の政治的中心地の問題とも関連しよう。都留郡古郡郷《ふるごおり》は、その名称から、古い段階の都留郡家の所在地と考えられているが、その郷域を現上野原市に求める通説では、郡家の位置が郡内の東辺に偏り、また、東海道支路や国中地域とも離れすぎている。この古郡郷の立地は、都留評が、桂川（相模川）水系の交通によって、相模のミコトモチに管轄されていた時代の名残とみることもできるのではなかろうか。また八巻與志夫は、現都留市古川渡《ふるかわど》を古郡から移転した新たな郡家の遺称とし、その周辺を古代の都留郷に比定している(15)。八巻説は、現在必ずしも広く支持されているとはいいがたいが、もしこの説が成り立つとすれば、古郡郷から別の場所へ郡家が移転した要因として、都留評が甲斐国に編入されたことにより、相模寄りの地ではなく、東海道支路により近い郡（評）の中央部に政治的な中心が移ったという想定もできよう。文献史学から導ける、一つの可能性として提示しておきたい。

話題が郷の比定に及んだので、ここで、評（郡）以下の行政単位についても概観しておこう。八世紀の大宝・養老令制では、郡内の民衆は五〇戸ごとに「里《り》」（和訓はサト）という単位にまとめられ、それぞれに里長《りちょう》という監督者が置かれた。霊亀三（七一七）年に里は郷と改称され、その郷の下に新たに二、三の里を置く郷里制という新制度がしかれるが、この新しい里は天平《てんぴょう》一二（七四〇）年ごろまでに廃止されたので、以後、令制の里は郷とよばれるようになった。また、飛鳥京跡出土の七世紀の木簡などから、令制の里の前身として「五十戸」（和訓は里と同じくサト）という名称が用いられていたことが知られ、遅くとも天智朝ごろには、評（コオリ）―五十戸（サト）という地域の編成が行われていたこと、若干の例外はあるが、天武一〇～一二（六八一～六八三）年ごろを境に、「五十戸」の表記が「里」に変更されたことが明らかになっている。

律令制的な国―郡―里制は、このような過程を経て成立したが、その漢字表記については、『続日本紀』和銅《わどう》六（七一三）年五月甲子（二日）条[16]に、全国に風土記の撰進を命ずるに際して、諸国の郡郷名には「好《よ》き字」をつけることが命ぜられ、また『出雲国風土記《いずものくにふどき》』に「其《そ》の郷《さと》の名の字は神亀《じんき》三年の民部省の口宣《くぜん》を被《かがふ》りて改めぬ」とあるので、郡名については和銅六年、里（郷）名については遅くとも神亀三（七二六）年ごろまでに用字の統一がなされたとみられる。一方、国名についても、七世紀以前には、山代《やましろ》、三野《みの》、科野《しなの》、稲羽《いなば》などさまざまな表記が用いられていたが、大宝四（七〇四）年四月に諸国印を鋳造して頒下するに際して、のちに永く用いられる律令制的な国名表記が、全国一斉に定められたことが鎌田元一により明らかにされている[17]。甲斐国の場合、『続日本紀』大宝二（七〇二）年二月己未（二二日）条[18]に見える「歌斐」はこれ以前の古い表記の一つであり、大宝四（七〇四）年四月以降、今日の「甲斐」に表記が定まったのである。なお、カヒという国名の語源については、古くから山と山の狭間を意味する「峡」であるとされてきたが、上代特殊仮名遣いの研究によって、峡（賀比・可比）の比がヒの甲類であるのに対し、甲斐のヒは乙類であることから、奈良時代以前には、両者は発音の異なる別の語であったことが明らかとなった。これをふまえ、国文学の西宮一民は、甲斐は境界をあらわす「交ひ」に由来するとの新説を提示している(19)。

以上、地域行政単位の成立についてみてきたが、こうした変遷は、古代の諸文献のほか、正倉院宝物の調《ちょう》庸《よう》絁《あしぎぬ》墨書《ぼくしょ》銘文や、中央の都城や地方の遺跡から出土する木簡、墨書・線刻土器、漆紙文書などの出土文字資料によっても解明することができる。甲斐国関係の出土文字資料は、今のところかならずしも多いとはいえないが、今後新たな資料が出土する可能性は大きく、文献から得られる知見と組み合わせることによって、多くの新事実が明らかになることが期待されよう。

註

（1）大津　透「大化改新と東国国司」（坪井清足・平野邦雄監修、戸沢充則・笹山晴生編『新版古代の日本⑧　関東』（角川書店、一九九二年）所収）。

（2）薗田香融「律令国郡政治の成立過程」（同著『日本古代財政史の研究』（塙書房、一九八一年）所収、初出は一九七一年）。

（3）磯貝正義『郡司及び采女制度の研究』（吉川弘文館、一九八六年）第一編第五章　評および評造制の研究（二）―郡・評問題私考―、初出は一九七二年。

（4）鎌田元一「評の成立と評造」（同著『律令公民制の研究』（塙書房、二〇〇一年）所収、初出は一九七七年）。

（5）註（3）磯貝著書第一編第四章　評及び評造制の研究―評造・評督考―、初出は一九六六年。

（6）森　公章「評の成立と評造」（同著『古代郡司制度の研究』（吉川弘文館、二〇〇〇年）所収、初出は一九八七年）。

（7）磯貝正義「七世紀以前の甲斐と大月」（『大月市史　通史編』古代・第一章、大月市、一九七八年）。坂本美夫「甲斐の郡（評）郷制」（『山梨県立考古博物館・山梨県埋蔵文化財センター　研究紀要』一、一九八四年）。

（8）坂江　渉「律令国家成立期の開発政策と建評」（『神戸大学史学年報』四、一九八九年）。

（9）大津　透「近江と古代国家」（同著『律令国家支配構造の研究』〔岩波書店、一九九三年〕所収、初出は一九八七年）。
（10）『県史資料編3』文献資料一三。
（11）関　晃「甲斐の勇者」（『関晃著作集 第五巻 日本古代の政治と文化』〔吉川弘文館、一九九七年〕所収、初出は一九五七年）。
（12）直木孝次郎『壬申の乱』（塙書房、一九六一年）第三章、第五章。
（13）鐘江宏之「「国」制の成立―令制国・七道の形成過程―」（笹山晴生先生還暦記念会編『日本律令制論集』上、吉川弘文館、一九九三年）。
（14）註（7）磯貝論文。
（15）八巻與志夫「古代甲斐国の郷配置の基礎的操作」（『山梨考古学論集』Ⅰ、山梨県考古学協会、一九八六年）。
（16）『県史資料編3』文献資料一二一。
（17）鎌田元一「律令制国名表記の成立」（註（4）同前掲著書所収、初出は一九九五年）。
（18）『県史資料編3』文献資料一七。
（19）西宮一民校注『新潮日本古典集成 古事記』（新潮社、一九七九年）付録　神名の釈義、三五二頁、奥津甲斐弁羅の神。

第三章　律令制支配と民衆

一　律令制と民衆の暮らし

1　律令制支配の確立

壬申の乱に勝利して国家の中央集権化を一気に進めた天武《てんむ》天皇が亡くなる（朱鳥《しゅちょう》元〔六八六〕年）と、律令国家建設の事業は、天武の皇后であった鸕野讃良皇女《うののさららのひめみこ》＝持統天皇に引き継がれる。持統天皇三（六八九）年には、体系的に編纂された令《りょう》としては初めてのものと考えられる飛鳥浄御原令《あすかきよみはらりょう》が頒布され、翌年には戸令《こりょう》に基づく戸籍が造られた。この年の干支をとって庚寅年籍《こういんねんじゃく》とよばれるこの戸籍以後、六年に一度の造籍《ぞうせき》が慣例となり、さらに二年後の持統天皇六（六九二）年には、初めての全国的な班田《はんでん》が行われる。これもまた、六年に一度の班田収授《しゅうじゅ》のはじまりである。文武《もんむ》天皇元（六七九）年に持統の孫の文武天皇が即位して後、大宝元（七〇一）年には新たに大宝令が施行され、翌年には大宝律も頒下される。のちの養老年間（七一七〜七二四年）にはその改訂版の養老律令が編纂され、現在伝わる律令はこれであるが、その基本的内容は大宝律令と異ならなかったと考えられるので、大宝律令の制定・施行は、日本の律令国家の一応の完成を示すものであった。

律令の律は今日の刑法、令は行政法にほぼ相当する律令国家の基本法である。中国隋唐帝国の律令を手本とし、それを日本の実状にあわせ改変しながら継受したものであり、先進的な統治技術を支配層が先取り的に継受し、法と官僚制に基づく中央集権国家を一気に建設するというねらいをもっていた。律令国家は、地方官である国司・郡司を通

表2　養老律令の篇目とその内容

篇	篇　目	条数	内　　容
1	官位令	19	位階名と、対応する官職の一覧
2	職員令	80	内外官司の職員構成と職掌
3	後宮職員令	18	後宮の構成者と後宮職員の職掌
4	東宮職員令	10	皇太子家政の官職・官司
5	家令職員令	8	親王・上級官人の家政機関職員
6	神祇令	20	国家祭祀
7	僧尼令	27	寺院僧尼統制
8	戸令	45	公民統制（戸籍・婚姻・奴婢）
9	田令	37	田地の管理・班田・田租
10	賦役令	39	調庸雑徭等、公民への賦課
11	学令	22	大学の制度と学問の内容
12	選叙令	38	官人への出身・官位の種類
13	継嗣令	4	皇族・上級官人の地位継承
14	考課令	75	官人の勤務評定・採用試験
15	禄令	15	官人への給与
16	宮衛令	28	宮城、天皇の守衛
17	軍防令	76	軍団兵士や軍備・防人
18	儀制令	26	天皇の称号や官人の儀礼
19	衣服令	14	服色統制
20	営繕令	17	土木・建築などの造営事業
21	公式令	89	文書形成・文書行政
22	倉庫令	22	倉などの管理
23	厩牧令	28	牧や駅などの管理
24	医疾令	27	医療官人任用、薬の管理
25	仮寧令	13	官人の休暇
26	喪葬令	17	天皇や官人の葬送と服喪
27	関市令	20	関や市の管理・交易統制
28	捕亡令	15	犯罪人や逃亡者の追捕
29	獄令	63	裁判・刑罰
30	雑令	41	度量衡・斎日など

（『日本歴史大辞典』3より、一部改変）

して、中国風の地誌である風土記の編纂・献上を命じたり、(1) 中国の天人相関思想に基づく祥瑞を報告させたりし、(2) また、儒教の家族道徳によって、孝子（特に親孝行な息子）や節婦（夫への貞節を特に守った女性）への表彰を行っており、(3) 中央政府が、中国の文明により民衆を開明化させ、国家支配をより円滑なものにしようとしているさまがうかがえる。

しかしその一方で、伝統的な地方豪族である郡司により支配されていた地方民衆の世界には、大化以前からの日本固有の社会の仕組み（外来の継受法としての律令法に対比して、固有法ともいう）が色濃く残っていた。そうした点を踏まえ、ここでは、律令制支配と民衆との関係について、ごく簡単に整理しておくことにしたい。

2　家族の形態と編戸制

律令時代における民衆の最小の生活単位は、夫婦と未成年の子どもを基本とする数人程度の世帯であり、この時代の遺跡から検出される竪穴住居ごとに居住していたと考えられる。全国の集落遺跡の調査例によると、これらの竪穴住居は、通常、数棟ごとのまとまりをもち、さらにそれがいくつか集まって集落が構成される場合が多い。考古学では、この竪穴住居の小群を「単位集団」とよぶことがあり、なんらかの血縁関係で結ばれた世帯共同体（ないし家族）として解釈することがある。

これに対し、奈良の東大寺正倉院に伝わった八世紀の諸国の戸籍や、租税台帳である計帳《けいちょう》などに見える戸（郷戸《ごうこ》）は、戸主とその妻子の他に、戸主の妾《しょう》とその子たち、戸主の兄弟やいとこなどの傍系親族とその妻子のほか、戸主の妻の親族や、戸口《ここう》（戸の男女の構成員）の配偶者の親族、さらにそれ以外の非血縁者など、戸主とは姓が異なる者を含みうる複雑なものであった。甲斐国の戸籍・計帳は残念ながら残されていないが、天平宝字六（七六二）年の石山院奉写大般若経所解(4)に見える巨麻《こま》郡栗原《くりはら》郷出身の仕丁漢人部千代が、同郷の戸主丸部千麻呂の戸口であるのはその一例である。文書などに見えるこうした戸が、どの程度実態を反映したものかについては諸説があり、考古学の概念である単位集団と安易に同一視することはできないが、当時の民衆生活は、単婚小家族のレベルだけでは成り立たず、血縁に限らない多様な関係をもとにある程度のまとまりを作り、生産用具の所有や農作業、消費などを共同で行うことによって維持されていた可能性が高い。

ところで、日本の律令制がモデルとした中国では、親族組織は父系制をとるため、戸の構成員は、他家から男性の戸口に嫁《か》してきた妻《さい》・妾を除くと、基本的に父系の出自を示す姓《せい》（李《り》、劉《りゅう》、王《おう》など）を共有するのが原則であり、逆に、妻・妾以外に異姓《いせい》の構成員が含まれることは原則的にあり得ない。ところが、古代の日本社会は父系制社会ではなく、父系・母系の親族を対等に扱う双方的親族関係を基礎としていたので(5)、中国のように父系の血縁関係で戸の範囲を決めることができず、状況によって、戸主と姓の異なる多様な構成員を含むことになったのである。このことは、日本の戸が、中国とは異なって、自然発生的な親族集団でなく、人為的・行政的に上から編成された民衆把握の単位としての性格を強くもつことを示唆している。

戸籍・計帳などの実例では、八世紀の日本の戸は、通常二〇～三〇人程度からなり、そのなかに課役《かえき》を負担する丁《てい》男《なん》（成年男子）を三～四人含むことを目安に編成されていたことがわかる。律令制における兵士は、丁男三～四人につき一人の割合で徴発されたので、日本の戸は、じつは兵士一人を出す単位でもあった。中国のように戸が自然の親族集団なら、その規模にも大小の差があって当然であるが、日本の戸の規模が人為的にそろえられているのは、戸が徴兵や徴税の単位であったことと関係がある。

また、父系制社会である中国では、結婚は戸（家）から戸（家）へと女性が嫁すという社会的な契約関係でもあったが、古代日本の結婚は、男性が女性のもとに通う訪婚《ほうこん》（妻問《つまど》い婚）から始まり、ある段階で同居婚へ移行するものの、恋愛と結婚の区別が明確でなく、離婚も比較的自由で、男女ともに何度でも再婚することができた。したがって、八世紀の戸籍・計帳にみえる戸は、実際はかなり流動的なものであり、六年に一度の戸籍作成は、律令制の施行当初から、多くの困難をともなったであろう。

こうして戸を単位に編成された民衆は、さらに五〇戸ごとに里《り》（天平一二〔七四〇〕年ごろ以降は郷《ごう》）という単位にまとめられ、それぞれに里長《りちょう》（郷長）という監督者が置かれた。郷は、律令制の戸籍制度（編戸制）が衰退する平安時代には、しだいに領域的な行政単位とみなされるようになるが、本来は、おもに徴税を目的とする人間の編成単位であるため、厳密には領域的なまとまりではなく、現実の村落とも一対一には対応していなかった可能性もある。

このように、本来は流動的な地域社会を、徴税のために上から編成したのが編戸制や五〇戸一里制であったが、それでは、律令国家がこうした不安定な社会を、全国で斉一的に編成できたのはなぜであろうか。それは、郡司をはじめとする在地の有力者層が、民衆を地域の共同体ごと掌握し、共同体への支配を通じて、その成員である個々の民衆を把握していたからと考えられるが、(6)この点については後述する。

3　稲作の実態と班田収授

律令制が施行された当時の稲作技術は、今日に比べれば依然未熟な段階にあり、沖積平野のすべてを耕地として利用することはできなかったし、また耕地であっても、水害・旱ばつなどの天災や用水施設の不調、連作障害などにより荒廃してしまうことも少なくなかった。八世紀も半ば以降となると、中央の貴族や寺院、一部の富裕な農民が、財力や技術を投じて荒廃地を開発して墾田とし、安定した耕地をつくりだす努力を重ねるが、今日のように、平野部の全体に水田が広がり、毎年耕作が行われるようになるのは、おもに近世以降のことである。このように耕地が不安定な状況では、単婚家族による小農自立経営は成り立たず、農民たちは、自らの属する共同体のレベルで協業し、耕地・用水の管理、労働の組織、生産物の保管などにあたる必要があった。

つまり、民衆の家族が流動的であったのと同様に、水田などの耕地の形態や、農耕作業の組織も流動的であり、全体として、当時の生産活動は、共同体に依存する部分が非常に大きかった。こうした社会では、特定の土地を個人や家族で私有するという観念が発達しにくく、ある意味で、耕地はムラ全体のものであるという共同体的土地所有の観念が強く残ることになる。律令制において戸籍に登録された民衆は、男女・良賤《りょうせん》の別を問わず、六歳以上になると一定の面積の田地を支給され、その死後には収公される班田収授制がとられていたことは広く知られるが、その歴史的前提として、令制以前の村落において、共同体内部における共同体成員への耕地の割り替え慣行の存在を想定したり、国造による校田《こうでん》（土地調査）や班田が行われていたと考える研究者もいる。律令時代の班田収授が、実際にどのように行われていたかについては不明の点が多いが、まがりなりにもこうした制度を施行できたのは、当時の社会が進んでいたからではなく、むしろ、土地私有や家族単位の農業経営の未発達な、遅れた社会であったからなのである。

耕地が共同体全体で管理されるということは、それが実質的には共同体の首長である在地の豪族層（大化前代には国造で代表され、律令制では郡司に代表される）の支配下にあったことを意味している。これは、稲作の生産物である稲の管理についても同様である。弥生時代の集落遺跡には、ムラ全体で共同管理されたと思われる大型の高床倉庫が付属するが、古墳時代の首長層はこうした倉庫を自らの支配下に収め、自らの支配する民衆から貢納させた稲などをそこに蓄積するようになった。そして律令国家は、こうした在地の首長層（かつての国造など）の蓄積した稲を、新たに郡家《ぐうけ》に建設した正倉院の倉に移し、それを農民が種籾《もみ》や食料とするために貸し付け、秋には収穫物を納めさせるようになる。これが後に述べる公出挙《くすいこ》や租の起源である。

律令国家の地方支配において、水稲耕作はきわめて重要な意味をもっていたが、当時の社会では、稲は神や支配者が食べる神聖な作物と認識され、民衆にとっては、主として祭のときなどに食べるハレの作物であったと考えられるうえに、租税や現物貨幣としての性格ももっていたので、当時の農民が稲のみを作り、それだけを食べていたとは考えにくい。水田となりにくい耕地では、雑穀や蔬菜《そさい》などの栽培も行われたであろうし、縄文・弥生時代以来の食料採集も活発に行われていた。平城京出土の山梨郡貢進物付札木簡(7)から、八世紀の甲斐国から都に胡桃子（クルミ）が貢進されていたことが知られ、一〇世紀前半の『延喜式』(8)にも、甲斐の貢進物として胡桃子が見えるが、これなどは、縄文時代以来の民衆の採集活動が、中央への貢進制度に取り入れられたものといえよう。

二　さまざまな租税負担

1　租・庸・調と貢納

律令時代の民衆は、租・庸・調などの租税や、雑徭《ぞうよう》・仕丁・兵役などの労役を負担していた。租は、令の規定では田一段《たん》につき穎稲《えいとう》（脱穀せず稲穂の状態のままの稲）二束二把《そくは》を納入するもので、慶雲《けいうん》三（七〇六）年に計量方法が変わり一束五把とされたが、絶対量は変わらず、当時の収穫の約三パーセントにあたる。本来は、その年の最初の収穫である初穂《はつほ》を神に献上していたものが首長への貢納に変化し、さらにそれが律令制の税制に組み込まれたものである。租として徴収された稲は中央へは送られず、出挙稲《すいことう》（後述）などとともに郡家の正倉に納めるのが原則であったが、和銅《わどう》元（七〇八）年以降は、租に相当する分の稲を脱穀して別の倉に備蓄することとし、倉がいっぱいになると鑰《かぎ》をかけて封印し、これを不動倉《ふどうそう》とよんだ。この不動倉に蓄えられた米穀が不動穀《ふどうこく》であり、本来は飢饉の際の賑給《しんごう》（食料の無料配給）の財源であるが、八世紀中ごろの天平年間（七二九～七四九年）や、八世紀末の平安時代初期には、寺院造営や遷都、征夷《せいい》などの国家事業にも充当され、さらに九世紀には、都に送られて中央財政一般の赤字補填にも用いられるようになった。

庸は、正丁《せいてい》（二一～六〇歳の成年男子）などが、年一〇日の歳役（実際には徴発されない）をつとめる代わりという名目で、中央国庫へ布・米・塩・綿などを地域の実情にあわせて納めるもので、次丁《じてい》（六一～六五歳と残疾《ざんしつ》〔身体障害者〕）と少丁《しょうてい》（一七～二〇歳）はそれぞれ正丁の二分の一、四分の一を納入する。中央ではこれを衛士《えじ》・仕丁・采女などの食料と、雇役《こえき》（中央の民衆を有償で雇用して働かせること）した民への功直《こうちょく》（給与）として支出した。チカラシロという古訓があるように、本来は、仕丁など地方から中央へ貢上された労働者のために、その出身地域が生活物資を仕送りするものであり、仕丁や采女などの資養体制の一部にそうした性格が残っている。天平宝字六（七六二）年の石山院奉写大般若経所解[9]にみえる仕丁への国養物《ようもつ》・月養物や、天平宝字八（六七四）年の山梨郡養物銭荷札木簡[10]は、甲斐国から中央へ出仕した仕丁や衛士のために、地元から送られた資養物である。

調は、庸と同様に正丁・次丁・少丁（中男《ちゅうなん》）が人別に、絹や布（麻布）のほか、山野河海でとれる雑多な品目を中央国庫に納めるものである。規格化された絹・布などは中央の官人《かんじん》の給与などとして支出され、中央政府の重要な財源であったが、調の雑物《ぞうもつ》や副物《そわつもの》として定められた山野河海の産物のほうは、かつての国造などが、中央の朝廷への服属の証《あかし》として貢納していたミツキの伝統を継承するものであり、純粋に財政的というよりも、儀礼的・象徴的な要素も多分に残すものである。正倉院宝物の一部として伝わった白絁金青袋《しろあしぎぬこんじょうのふくろ》と太狐児面袋白絁裏[11]は、八世紀の甲斐国から納められた調の絁《あしぎぬ》が、たまたま宝物の袋の材料に使われたため、宝物とともに今日まで伝えられた貴重な例で、これも偶然に残った墨書《ぼくしょ》銘の部分から、その輸納《ゆのう》者の本貫《ほんがん》（本籍地）と氏名を知ることができる。

ところで令制では、中男（少丁）は正丁の四分の一の調を納める定めであったが、養老元（七一七）年には正丁の調副物と中男の調を廃止し、かわりに中男の雑徭（後述）を徴発して様々な物資を調達・生産させる中男作物《ちゅうなんさくもつ》の制がとられた。さきにもふれた平城京出土の貢進物付札木簡には「甲斐国山梨郡雑役胡桃子一古」（古は籠《かご》を表す単位か）とあり、「雑役《ぞうやく》」を雑徭とみて、この「胡桃子《くるみ》」を中男作物とする説もあるが、これを『延喜式』に見える年料別貢雑物の先駆的な形態とする説もある。なお、九～一〇世紀ごろの甲斐国の調・庸・中男作物などの品目は、『延喜式』からも知ることができる。

また、律令にはその規定を欠くが、藤原宮・平城宮出土の貢進物付札木簡に、「大贄《おおにえ》」「御贄《みにえ》」などと記したものがあることから、その存在が注目される税目に贄《にえ》がある。魚介・海藻・鳥獣・果実などの食料品が中心で、個人ではなく地域・集団単位で貢納されるのが特色であるが、その起源は神や首長に対する共同体の初物《はつもの》貢納の慣習にあり、それが、大王への服属を示すための貢納制度に転化したものである。律令制の施行とともに、そのかなりの部分は人身賦課の調雑物や調副物に取り込まれたが、残りの部分が、国・郡・里や特定の地域・集団を貢納の主体とする贄として制度化されたと考えられている。甲斐国の贄木簡は今のところ発見されていないが、『延喜式』宮内省の規定では、諸国例貢御贄として青梨子を貢進することとなっている。なお贄とは別の制度であるが、同じく『延喜式』には、甲斐国から大膳職に菓子（果物）として青梨子を、典薬寮に一二種類の雑薬を貢進することも定められていた。

調・庸や贄は都へ貢進されるのが原則であるが、その運搬は民衆の負担で、これを運脚《うんきゃく》といい、郡司などに率いられて都まで上った。また調・庸は課丁《かてい》（正丁・次丁・少丁（中男））に対する人身賦課であるが、宮都出土の調庸付札木簡の研究によって、その調達・生産・集積・点検や荷造りは、個人や家族ではなく、郡や里（郷）などの行政単位ごとに行われていることが明らかにされている。郡家に附属する正倉院の庭は、調・庸の集積・点検の場でもあり、民衆にとっての租税の直接の納入先は、国府ではなく郡家であった。律令国家の民衆支配は「個別人身支配」であるともいわれるが、それは、郡司をはじめとする在地の首長層が、配下の民衆を共同体的に支配していたことを前提としていた。人身賦課とはいっても、実際は、郡司を通じて郡内に何人の課丁がいるかを把握し、その課丁数に見あう貢納を郡司に請け負わせる、という性格も残していたのである。

2　雑徭・仕丁と兵役

生産物を貢納する調・庸や贄とは別に、労働力そのものを提供するものとしては、まず雑徭《ぞうよう》がある。正丁は一年に六〇日以内、次丁・少丁（中男）はそれぞれ三〇日・一五日以内、国郡司に徴発され、地方での雑役《ぞうやく》（土木工事や官衙の雑用、貢進物の調達・製造など）に従事するものである。

仕丁は、五〇戸（里）から成年男子二人を徴発して都に上らせ、中央官司《かんし》での雑役に従事させるもので、実役に従事する立丁《りってい》と、その食事の世話などをする廝丁《してい》の二人一組から成るが、両者の区別は八世紀中ごろにはあいまいとなり、ともに実役に従うようになった。前述のように、その生活費の多くは、出身の郷土から仕送りされるのが原則であった。『正倉院文書』には、甲斐国出身の仕丁関係の史料が多く残されているが、これについては本書第二部第二章でも触れたい。

成年男子は、三～四人に一人の割合で兵士として徴発される。兵士は、諸国に置かれた軍団で部隊に編成され、装備を与えられて軍事教練を受けた。軍団の長官は大毅《だいき》、次官は少毅《しょうき》で、郡司クラスの在地豪族から任命され、事務担当の主帳《しゅちょう》や、校尉《こうい》・旅帥《ろそち》・隊正《たいしょう》（それぞれ兵士を二〇〇人・一〇〇人・五〇人の単位で率いる）を従えていた。軍団は、国ごとに一ないし数団が置かれたが、延暦《えんりゃく》一一（七九二）年に陸奥・出羽・佐渡および西海道を除いて廃止された[19]ので、その全体像については不明の点が多い。甲斐国における軍団の数、名称、所在地についても今のところ確実な手がかりがなく、出土文字資料などの新たな発見が待たれるところである。

なお、軍団兵士の一部は衛士として都に送られ、宮中や官衙の守衛などにあたった。衛士の任期は一年と定められていたが、実際には長期にわたることも多い。またその資養体制には、仕丁と類似する点が多いことが指摘されている。天平勝宝《しょうほう》二（七五〇）年五月二六日付の造東大寺司移《ぞうとうだいじしい》[20]には、造東大寺司に勤務していた諸国の衛士二九三人に対する叙位が行われ、そのうちすでに帰国していた一四二人分の位記《いき》をそれぞれの出身国の朝集使《ちょうしゅうし》に付して届けさせるとの記述が見えるが、そのなかに甲斐国出身の衛門士《えもんし》（衛門府所属の衛士）一名が含まれていた。甲斐国の衛士に関する、現在唯一の史料である。また衛士のほかに、兵士のなかには、防人として西海道（九州）の対外防備にあたる者もあった[21]。

以上、租庸調・雑徭・仕丁など、民衆の基本的負担についてみてきた。これらは基本的に国家に納入されるものであったが、その一部を、貴族や寺院などへの給付として、国家ではなく貴族・寺院などに納入させるのが食封の制度である。これは、一定の位や官職をもつ貴族官人や寺院に、特定の国の特定の戸を封戸として支給し（支給される国は複数にわたり、戸の総数はその貴族の位階・官職や寺院の待遇により決まる）、封戸の納めるべき調・庸の全額、租の半分（天平一一〈七三九〉年以降は全額）、仕丁などを、国司を通じてその被給者（封主《ふうしゅ》）に納入させるものであった。八〜九世紀の甲斐国に置かれていた封戸については、大安寺《だいあんじ》・西大寺《さいだいじ》・東大寺・東寺《とうじ》などの史料[22]が残る。食封制度は一〇世紀には大きく変質するが、中央の貴族・寺院の財源として重要な意味をもちつづけた。

３　公出挙と正税

郡家の正倉に納入された租が、穀《こく》の形で蓄積されたことはさきに述べたが、正倉には、これに加えて、国ごとに数十万束にのぼる膨大な稲が穎稲《えいとう》（稲穂）の形で蓄積されていた。この穀と穎稲を、大宝令の施行当初には大税《たいぜい》とよんだが、穀が不動穀として蓄積され、また必要に応じて消費されたのに対し、穎稲は、公出挙《くすいこ》という形で農民に貸し付けて運用された。公出挙とは、国家が大税などの穎稲を、春または夏に民衆に貸し付けて種籾などに使用させ、秋の収穫時に五割の利息（利稲《りとう》という）とともに返納させるものである。その利稲は、国府や郡家などの主要な財源となったほか、中央への貢納物資の調達や生産のために用いられた。

公出挙に用いられる穎稲は、当初は、国司が管理する大税と、用途に応じて個別の正倉に収納されていた雑官稲《ざつかんとう》の二つに区分されていた。雑官稲には、公用稲《こうようとう》（公用の使人《しじん》や運脚の食料など）、屯田稲《とんでんとう》（屯田《みた》の穫稲《かくとう》）、官奴婢稲《かんぬひとう》（官奴婢の食料）などさまざまなものがあったが、そのもっとも代表的なものが郡稲《ぐんとう》である。郡稲の起源や性格については諸説があるが、その名称からみて、国司ではなく、郡司の強い支配・管理権のもとにあり、郡家の独自財源であったとする研究者が多い。天平六（七三四）年には、これらの雑官稲の大部分と大税が混合のうえ一本化され、正税《しょうぜい》とよばれることとなった。さらに天平一一（七三九）年、さきの官稲混合で正税に統一されなかった駅起稲《えききとう》（駅の運営費）、兵家稲《へいかとう》（武器の保全費）などが正税に混合される。若干の雑官稲は残されるが、地方の財源は正税にほぼ一本化されたのであり、このことは、令制の施行当初には、主として郡司によって、個別の費目ごとに管理・運営されていた地方の稲が、国司の下に一元的に支配されるようになったことを意味している。国司の権限強化はこの後もいっそう進展し、天平一七（七四五）年には、正税のうちの約半分を割いて公廨稲《くがいとう》とよばれる稲を設置し、その出挙利稲を、正税の欠損分の補填と国司の給与にあてることとした。

なお、国司が管理する正税については、毎年、正税帳《しょうぜいちょう》という収支決算報告書を作成して太政官《だいじょうかん》に提出し、民部省主《みんぶしょうしゅ》税寮《ぜいりょう》で勘会《かんかい》（会計監査）を受けることになっていた。甲斐国の正税帳は今日残されていないが、天平一〇（七三八）年の駿河国正税帳[23]には、都との往来のため駿河国を通過した甲斐国の関係者（進上御馬部領使《ことりづかい》、任務を終えた防人、山梨郡散事など）に、駿河国が食料を支給した記録が残されている。

さて、天平一七年の公廨稲の設置以後、律令国家が地方で管理する稲は、正税・公廨・雑稲の三つに分類されることとなり、これが平安時代にも継承された。『延喜式』主税上[24]には諸国出挙正税・公廨・雑稲としてこれらの総額が法定されており、甲斐国は正税・公廨が各二四万束、雑稲一〇万四八〇〇束の計五八万四八〇〇束である。このうち雑稲について見ると、「堤防料二万束」は他国にあまり例のないもので、甲斐国おける治水の重要性を示す一方、他国の多くが計上している「修理池溝《ちこう》料」（農耕用の溜め池や用水路を修理する費用）が見えないこと、「俘囚《ふしゅう》料」（内国に移住させた蝦夷《えみし》である俘囚のための費用）が比較的多い五万束であることなどの特色がある。また「大安寺料」（奈良の大安寺の財源として設定された出挙稲）として一二〇〇〇束が見えるが、これは、天平一九（七四七）年の『大安寺《だいあんじ》伽藍縁起《がらんえんぎ》并《ならびに》流記《るき》資財帳《しざいちょう》』[25]に見える大安寺の論定《ろんてい》出挙稲（遠江・駿河・伊豆・甲斐・相模・常陸で合計三〇万束）の系譜を引くものであろう。

註

（1）『県史資料編3』文献資料二二。『続日本紀』和銅六（七一三）年五月甲子条。

（2）『県史資料編3』文献資料二九、三二、三三、九五、一二一、一二三。『続日本紀』養老五（七二一）年正月戊申朔条、天平三（七三一）年一二月丙子条、乙未条。『類聚国史』巻一六五・祥瑞上・烏、延暦一三（七九四）年五月乙未条。『日本三代実録』元慶八（八八四）年一一月五日条、仁和元（八八五）年正月丁巳朔条。

（3）『県史資料編3』文献資料一四四、一五五。『類聚国史』巻五四・人部・節婦、天長六（八二九）年一〇月乙丑条、『続日本後紀』承和一一（八四四）年五月丙申条。

（4）『県史資料編3』文献資料五四〜五六。『大日本古文書（編年文書）』第一五巻、一七〇〜一七一、二〇六〜二〇七、二一五〜

二一六頁。

(5) 吉田　孝『律令国家と古代の社会』（岩波書店、一九八三年）などを参照。

(6) 石母田正『日本の古代国家』（岩波書店、一九七一年）などを参照。

(7)『県史資料編3』文字資料、木簡三七―一、二。『平城宮木簡』一―一九、二〇。

(8)『県史資料編3』文献資料二七五。『延喜式』巻三三大膳下54貢進菓子条。

(9) 註（4）前掲。

(10)『県史資料編3』文字資料、木簡三七―六。『平城宮木簡』四―四六六二。

(11)『県史資料編3』文字資料、正倉院調庸絁墨書三八―一～二。松嶋順正編『正倉院宝物銘文集成』（吉川弘文館、一九七八年）第三編　調庸関係銘文、甲斐国七三～七四（三二一頁）、図版一五五～一五六。

(12) 註（7）前掲。

(13)『県史資料編3』文献資料二七五。『延喜式』巻二三民部下53年料別貢雑物条。

(14) 早川庄八「律令財政の構造とその変質」（同著『日本古代の財政制度』〔名著刊行会、二〇〇〇年〕所収、初出は一九六五年）。

(15)『県史資料編3』文献資料二七八～二八〇。『延喜式』巻二四主計上5調糸条、6調絹絁条、21甲斐国条。

(16)『県史資料編3』文献資料二九四。『延喜式』巻三一宮内45例貢御贄条。

(17)『県史資料編3』文献資料二九五。『延喜式』巻三三大膳下54貢進菓子条。

(18)『県史資料編3』文献資料二九六。『延喜式』巻三七典薬56甲斐年料雑薬条。

(19)『県史資料編3』文献資料九三。『類聚三代格』巻一八健児事、延暦一一年（七九二）六月一四日太政官符、応差健児事。

(20)『県史資料編3』文献資料四八。『大日本古文書（編年文書）』第三巻、四〇三～四〇四頁。

(21) 佐賀県唐津市字西丸田に所在する中原《なかばる》遺跡で二〇〇〇年九月に出土した八世紀後半の木簡に、「甲斐国□〔津ヵ〕戍□〔人ヵ〕」

との記載のあることが二〇〇五年五月に報告された。甲斐国出身の防人が九州北部に派遣されていたことを具体的に示す初めての資料であり、防人が当地で出身国単位で把握され、「戍人」と呼ばれていたことなども明らかとなった。『木簡研究』二八（二〇〇六年一一月）二一二～二一四頁も参照。

(22)『県史資料編３』文献資料四六、一一二、一四八。『寧楽遺文』中巻、大安寺伽藍縁起并流記資材帳、『新抄格勅符抄』神事諸家封戸、大同元（八〇六）年牒、『続日本後紀』承和二（八三五）年正月壬子条。

(23)『県史資料編３』文献資料三八。『大日本古文書（編年文書）』第二巻、一〇八～一一三頁。

(24)『県史資料編３』文献資料二八一。『延喜式』巻二六主税上５出挙本稲条。

(25)『県史資料編３』文献資料四六。『寧楽遺文』中巻、大安寺伽藍縁起并流記資材帳。

第二部　地域の人々と律令制

第一章　古代甲斐国と渡来人

一　渡来の四つの波

山梨大学の大隅です。本日は、山梨県生涯学習推進センター主催の山梨学講座2「山梨の人と文化」の第一回の講師としてお招きいただき、ありがとうございます。また、後ほどのシンポジウム(1)で、十菱駿武《じゅうびししゅんぶ》、末木《すえき》健《たけし》両先生からコメントをいただきますが、こうした地域史研究の大先輩がいらしているなかで、私のような若輩者が先にお話しをすることになり、恐縮しております。お二方は考古学がご専門ですが、私は主として文献を用いた古代史の研究をしております。文献の方が若干話が込み入っている事情がありますので、私が先にお時間をいただいて、その込み入った史実を解説する役割を与えられたものと理解しております。

私は、一九九七年九月に山梨大学教育学部に赴任し、そ

図1　甲斐国の郡郷配置推定図
(『山梨県史 通史編1 原始・古代』より)

の直後から、山梨県史編纂の仕事に参加させていただきました。原始・古代部会編集の『山梨県史 資料編3 原始・古代3 文献・文字資料』(2)が二〇〇一年二月に刊行され、その後は、二〇〇四年春の発行を目指して、『山梨県史 通史編1 原始・古代』(3)の編集を進めてきました。本日は、この仕事のなかで学ばせていただいたことの一端をお話ししたいと思います。

なお、主催者から当初いただいた演題は、「高句麗人の足跡」というものでした。おそらく古代甲斐国《かいのくに》の巨麻《こま》郡と高句麗との関係を念頭に置いたものであろうと思いますが、実は古代甲斐国ゆかりの渡来人は高句麗人だけではなく、むしろ百済人との関わりの方がより重要であって、それを抜きに、古代の甲斐を論ずることはできないのです。したがって、より広い視点からお話しするために、「古代甲斐国と渡来人」と改題させていただきました。ご了承ください。

さて、主として朝鮮半島から原始・古代の日本列島に渡ってきた人々を、一般に渡来人と呼ぶわけですが、古代における渡来という現象は、長期にわたってだらだらと続いたものではありません。大まかに言いますと、渡来には四つの大きな波があります。

第一の波は弥生時代です。おおよそ紀元前五世紀前後から紀元前三世紀頃にかけて起こった波だといわれています。この時期、中国は春秋戦国時代の末期から、秦漢帝国による大統一に至る直前で、中国全土が戦乱にさらされていました。おそらく、この戦乱から逃れる目的もあって、中国および朝鮮半島で稲作農耕を行っていた人々が九州北部に渡来し、その後日本列島各地に拡散していったのだろうと考えられています。その過程で、水稲耕作文化や鉄器・青銅器の金属文化が伝わることになりました。

ただ、この渡来人は、今でいう難民やボートピープルのような性格が強く、この時渡ってきた人々は、日本列島の先住民であった縄文人と混血してしまい、現在の本土日本人の源流の一つになってしまいます。今日お話しするのは、いわゆる歴史時代の渡来人についてでありますから、彼らは、今日のテーマとは若干性格が異なった渡来人だということになります。

これに対して、大和政権が成立―最近ではその成立年代がどんどん遡って、遅くとも三世紀の後半にはその原形ができあがっていたとする説が有力になっていますーした後でやってきた渡来人は、大和政権を中心としてつくられた国家（倭国《わこく》）と、朝鮮半島にあった高句麗・百済・新羅といった国々との間の政治的関係の中で渡ってきた人々ということになります。第二の波以降は、これに当たるわけです。

ここで、四世紀頃の朝鮮半島の情勢について、少し触れておきます。朝鮮半島の北部、現在北朝鮮がある辺りから、中国の東北地方にかけて、高句麗という強大な国がありました。また半島の南西部に百済、南東部には新羅、そしてこの二つの国に挟まれた位置に伽耶《かや》（加羅）と呼ばれる地域がありました。伽耶を中心とする地域は、『日本書紀』では任那《みまな》と呼ばれていますが、ここでは統一されていない小国群が連合体を作っていました。

渡来の第二の波は、四世紀末から五世紀初めにかけて起こります。この頃倭国は、百済・伽耶の国々と同盟関係を結んで、高句麗と激しい戦争を繰り広げていました。この戦争の過程で、百済や伽耶の国々から多くの人々が倭国にやってきました。戦争に勝つための技術交流という側面が強かったと思われます。高句麗人の捕虜が連れてこられることもあったかと思いますが、この時期の渡来の中心は百済および伽耶諸国です。これが今日のテーマとしての渡来のはじまりになります。

『日本書紀』の応神天皇―伝承では、四世紀末から五世紀初め頃に在位したとされている天皇ですーのところに、西文氏《かわちのふみうじ》の祖先とされる王仁《わに》という人、秦《はた》氏の祖先とされる弓月《ゆづき》の君、東漢氏の祖と言われる阿知使主《あちのおみ》といった人々が倭に渡来してきた、と書いてあります。西《かわち》は現在の大阪府の河内、東《やまと》は奈良県の大和で、彼らが最初に定着したのは、大和・河内を中心とした近畿地方でありました。この時の渡来人は、様々な生産技術や、甲斐国との関係も深い騎馬文化―馬の飼育、馬具の製作、乗馬の技術など―を伝えたと考えられています。これが第二の波です。

次に第三の波に移ります。これは五世紀の後半から六世紀中葉までの時期に当たります。

この時代、朝鮮半島では高句麗がさらに強大化し、領土を南に拡大してゆきました。そして、倭と仲の良かった百済が、現在のソウル辺りにあった首都・漢城を落とされ、やむを得ず都を南に移して国を立て直す、という大事件が五世紀の後半に起こります。追いつめられた百済は、倭の援助を得ようとするわけですが、その見返りとして、国内の技術者集団をたくさん倭に送り込んできました。この渡来人を今来漢人《いまきのあやひと》と呼びます。今来とは「新しくやってきた」という意味です。漢人というのは、後で詳しく説明いたしますが、ここではとりあえず渡来人とお考えください。

この人たちは、製陶・鍛冶・養蚕・機織り・工芸・馬の飼育などについて、それまでの日本列島になかった新しい技術をもたらしました。また儒教や仏教など、大陸の精神文化が伝えられたのもこの時期です。さらに百済の部司《ぶし》制にならった政治制度―様々な職能集団を部《べ》と呼ばれる集団にまとめて管理するしくみ―も、大和政権に導入されます。大和政権は、渡来人を中心とする技術者集団を、馬飼部《うまかいべ》・韓鍛冶部《からかぬちべ》・錦織部《にしごりべ》などの部に編成してゆきます。そしてこれらの部を、東漢氏などの渡来系氏族に一括管理させる体制をつくりました。これが、部民制と呼ばれる制度です。こういう文化や制度が、第三の波によって日本列島にもたらされました。

そして、最後になる第四の波は、七世紀の後半に訪れました。

六世紀の終わりに、それまで南北朝に分裂していた中国が、北朝の隋によって統一されました。こののち隋は三〇年ほどで唐に代わりますが、いずれにしても、長い間分裂していた中国に、隋唐帝国という強大な国家が生まれたことは、当時の東アジアにとって大事件でした。隋と唐は、周辺に軍隊を派遣して領土の拡張戦争を始めますが、極東地域では、高句麗と激しい戦闘を展開してゆきます。この戦争に、朝鮮半島や倭国などの周辺諸国が巻き込まれることになるわけですが、六六〇年に唐・新羅連合軍によって百済が滅亡し、その後に百済の生き残り勢力が国家の復興を図って倭に援助を求め、これに応えた斉明天皇と中大兄が朝鮮半島に出兵して、六六三年には白村江の戦いが起きます。この戦いで倭は、唐・新羅連合軍に大敗し、倭国軍は朝鮮半島から撤退することになります。この時、軍は百済の貴族や一般民衆からなる亡命希望者を大量に引き連れて帰国しました。

また、六六八年には、これも唐・新羅連合軍によって高句麗が滅ぼされます。高句麗と倭は、百済ほどつながりはありませんでしたが、これ以降、高句麗からの亡命者も非常に増えてゆきます。

このように、六六〇年代から七〇年代にかけて、百済と高句麗からたくさんの人々が渡来してくることになったわけですが、当時の日本は、いわゆる大化改新後の政治改革の最中であって、律令に基づく中央集権国家の体制を整えようという段階にありました。この時渡来してきた人々は、この律令国家の形成に大きく貢献することになります。

以上、渡来の四つの波について申し上げましたが、甲斐国に関わりがあるという点で重要な波は、第三、第四の波ではなかろうかと思います。第二の波が甲斐国にも影響したかという問題は微妙でして、今後の検討を要しますが、第三以降の波が甲斐国にも影響を及ぼしたことは、ほぼ間違いないでしょう。

ところで、本来は冒頭で申し上げておくべきだったかもしれませんが、「渡来人とは何か」という命題、つまり「渡来人」の定義は、実はそう簡単なものではないということを、少しご説明しておきたいと思います。

一般に、渡来人とは、古代に朝鮮半島から渡ってきた外国人だと考えられていると思われますが、渡来人イコール外国人かというと、答えはそう単純ではないのです。渡来してきた第一世代は確実に外国人だといえるのでしょうが、日本列島に定住して二世、三世と世代を重ねていきますと、だんだんと質が変わってゆきます。そして完全に定着してしまうと、渡来系氏族という氏《うじ》になってゆく。つまり大和政権内で、一定の地位を認められた政治的な集団に変わってゆくわけですね。そうなりますと、その集団は、母国にいた頃の独自の生活様式や文化、あるいは一族としての結束といったものはある程度維持していたのでしょうが、一方で、すでに大和政権を構成している氏の一つとなっているので、蘇我氏や物部氏といった、日本列島にもともといた氏と本質的な差異はないことになります。日常の会話も、おそらく大和言葉を使うようになっていったはずです。このようなことから、渡来人イコール外国人というとらえ方は、必ずしも実態には即さないことになるわけです。

もう一つ厄介な点は、部民の問題です。たとえば、中央の代表的な渡来系氏族である東漢氏などは、全国のあちこちに多くの領地・領民をもっていました。後ほど述べますが、甲斐国にも漢人部《あやひとべ》が置かれています。この漢人部という集団は、東漢氏の領民、すなわち部民なのですが、中身は日本の一般農民によって構成されていました。渡来系氏族の指揮の下で、渡来系の技術による生産に関わっていた可能性の高い集団という意味で、渡来文化と無関係ではありませんが、部民は渡来人そのものではないわけです。現代社会に置き換えて考えてみますと、外資系の企業で日本人の従業員が働いているような形態ですね。ですから、古代において、ある地域に漢人部がいたとしても、そこに渡来人がいたことの直接の証明にはならない、ということになります。

またこのことに絡んで、ある土地に渡来人がいたということを考古学的に証明することは、想像以上に難しいことなのです。

例えば、現在の朝鮮半島の住宅には、オンドルという伝統的な暖房設備がありますが、古代の朝鮮半島の竪穴式住居には、このオンドルの源流と考えられる仕組みが広く見られます。日本の遺跡でも、近江（現在の滋賀県）などで、これとそっくりの仕組みが発掘されています。そうしますと、その地には、少なくとも渡来人の一世が住んでいたことが実証できるのですが、こうした技術は二世以降には継承されない一代限りのものと考えられています。この例に限らず、渡来人たちは、渡来した直後には母国の文化を保持していたと考えられますが、世代を重ねるにつれて、しだいに日本列島の文化に同化してゆきますので、遺跡や遺物から、それが渡来系の集団に特有のものだということを証明するのが困難になってゆきます。

山梨県内には、積石塚《つみいしづか》と呼ばれる古墳時代後期の古墳が多く残されています。これは渡来人の墓だとする説がある一方で、当時全国で盛んに造られていた群集墳を、たまたま近くにあった石で築いただけだという考え方もあり、学問的に決着しておりません。積石塚一つ取ってみても、これが渡来人の痕跡であることを証明することは、容易ではないのです。

いずれにしても、「渡来人」の定義は簡単ではなく、その場その場で具体的に指し示す内容を補足したり、場合によっては、「渡来系氏族」やその「部民」といった語と使い分けたりしなければならない、ということになります。

二　甲斐国における渡来系氏族とその部民

次に、古代甲斐国にどのような渡来人、ないしは渡来人に関わる集団がいたのか、という話に移ります。甲斐国に渡来人が存在したことを直接証明する文献史料は、今のところ五つしかありません。この五つは、先ほど述べた『山梨県史 資料編3 原始・古代3』に全て収められています。

まず『県史』五三の史料[4]が、一つ目の根拠です。『正倉院文書』の中の七六一年の記載ですが、ここに、甲斐国巨麻郡栗原郷から仕丁《しちょう》として都に送られた「巨麻郡栗原郷漢人部千代」という人物の名前が出てきます。この記載から、奈良時代の巨麻郡栗原郷に、漢人部という集団があったということがわかるわけです。

ところが、この栗原郷というのが、甲斐の古代史において、解釈の難しい厄介な地であることは、ご存知の方もいらっしゃるのではないかと思います。実は、古代の巨麻郡に相当する現在の北巨摩・中巨摩・南巨摩の各地域には、栗原の地名は存在せず、古代では山梨郡にあたる現在の山梨市に、上栗原・下栗原という地名が現存しているのです。これは古代甲斐国の大きな謎の一つになっていまして、いくつかの説明が試みられています。私は、もともと山梨郡の栗原に住んでいた人たちの一部が、七世紀の後半に巨麻郡という行政区域ができた時に、なんらかの事情で巨麻郡域に移住させられて栗原郷という新たな郷を立てたのであり、現在の山梨市の栗原の地は、彼らがそれ以前に住んでいた場所なのではないかと考えています。詳しいことは後でお話ししますが、ここで確認しておきたいことは、漢人部という集団が、かつては巨麻郡だけではなく、山梨郡にも居住していたのではないかという点です。

漢人部については先ほども触れましたが、漢人に領有されている一般の農民のことです。漢人は渡来系氏族の総称であって、「漢」という文字を使っていることからもわかるように、漢の皇帝家から分かれた中国系の出自を自称している一族です。ところが、この出自については怪しい点があります。実は漢人の「漢《あや》」は、中国の古代国家の漢に由来するのではなく、安耶《あや》（安羅《あんら》ともいう）という土地から渡来してきたことによる命名だと考えた方が自然なのです。安耶は、朝鮮半島の南端にあった伽耶と総称される諸国の中の一国で、大和政権は、この安耶を中心とする伽耶諸国から渡ってきた人々のことをアヤヒトとよんでいたのだろうと思われます。

この地域の人たちは、様々な文化を伝えました。代表的なものに綾《あや》織物があります。模様を織り出した美しい絹織物のことですが、これから転じて、美しい模様そのものを綾と言ったり、外国から伝わったものの名前の上にアヤを付けて呼んだりするようになりました。つまり古くは「アヤ」とは「外国の」という意味で使われたということですね。また「アヤヒト」が「外国人」という広い意味で使われた段階もありました。

さて、これらの漢人は、五世紀後半の雄略天皇の時代以降、百済系渡来人である東漢氏の配下に組織されます。そして全国に派遣されて、現地の一般民衆を部民として管理するようになるわけです。この部民が漢人部ですね。先ほど述べましたように、甲斐国の場合は、現在の山梨市栗原の辺りに漢人部が置かれていたのではないか、というのが私の考えです。

では、甲斐国の漢人部を現地で管理していた漢人は、具体的には何氏なのか？　一般には、上村主《かみのすぐり》という氏族ではなかったか、といわれています。

『県史』一四四の史料(5)は、「甲斐国人節婦上村主万女」という女性が、夫の死後再婚をせず貞節を貫いたため、「節婦」

として国家から表彰されたという歴史書の記事ですが、ここから、古代の甲斐国に上村主の一族が住んでいたということがわかります。この上村主という氏族は、東漢氏配下の漢人の一つです。このことから、おそらくこれが、甲斐国の漢人部を管理していた氏族であろうと考えられています。

甲斐国の上村主が、具体的にどこに住んでいたのかという点は、従来、不明とされてきました。史料に郡郷などの地名が出てこないためです。しかし私は、山梨郡加美《かみ》郷—現在の山梨市の北部に比定されています—が彼らの拠点だったのではないかと考えています。といいますのは、上村主の中央における本拠地が、河内国大県《おおあがた》郡賀美《かみ》郷であって、甲斐国の加美郷と、万葉仮名の表記は少しだけ違いますが共通しており、これは、もともと河内国にいた上村主の一部が甲斐国に移住するにあたって、故郷の地名を山梨郡に移したのではないかと考えられるからです。

ところで、東漢氏は巨大な氏族でした。内部の構成も複雑で、本家や分家など、いろいろな血筋に分かれていたり、先ほどの上村主を含む様々な漢人の氏を部下として従えたりしていました。また各地に領地・領民を抱えていたことは、先ほどもお話ししたとおりです。全国に支店や子会社を有している大企業のようなもので、上村主は山梨の支店長として派遣された社員、漢人部は現地採用された従業員というふうに考えていただけば、その構造がつかみやすいのではないかと思います。

話を戻します。では上村主や漢人部は、甲斐国でどういうことを行っていたのでしょうか。仕事は何だったのでしょう？　渡来系の技術による、何らかの生産活動であったことを前提に考えると、甲斐国の自然条件からみて、それは馬の生産だったのではないかと思われます。そうだとすれば、のちに「甲斐の御牧《みまき》」として発展した牧の礎を築いたのが、上村主などの渡来人たちだったということになります。

次に『県史』九〇の史料に移ります。(6)『続日本紀』に記された七八九年の記事です。どういう内容かといいますと、山梨郡に暮らしていた要部《ようほう》・古爾《こに》・鞠部《きくほう》・解礼《げらい》という百済系の四氏族が、居住地の地名である田井・玉井・大井・中井に、それぞれ姓を改めたいと願い出た、というものです。なぜ姓を改めたいと申し出たかということは、後でお話しします。ここでは、古代の山梨郡に百済系の渡来人が住んでいたということだけ、おさえておきたいと思います。

続いて『県史』九八の史料(7)『日本後紀』の七九九年の記事です。甲斐国の人、止弥若虫《とみのわかむし》・久信耳鷹長《くじみみのたかなが》ら一九〇人が、石川・広石野といった日本風の姓に改めたい旨、願い出たところ許可された、という意味のことが書かれています。さらにここには、この人たちの祖先はもと百済人であって、丙寅歳《へいいんのとし》（六六六年）に摂津国から甲斐国に遷されたとも書いてあります。丙寅歳といいますと、百済滅亡の六年後に当たります。したがって、これら百済系の人たちの祖先は、渡来の第四の波の際、倭国に亡命してきたことが推測できます。

最後に『県史』一四(8)、『日本書紀』の六八八年の記事ですが、ここには、百済の敬須徳那利《きょうすのとくなり》という人が、甲斐国に移されたとあります。どういう事情で移住させられたのかは分かりませんが、時期から見て、やはり渡来の第四段階で亡命してきた百済人だと考えられます。

以上、五つの史料を『県史』から拾って見て参りましたが、これらが、古代の甲斐国に渡来人が居住していたことの根拠となる文献史料の全てです。数は少ないものの、特徴として挙げられることが二点あると思います。

第一点は、すべて百済人、ないしは百済系の人々に関する記事であるという点です。第二点は、記録されている範囲で見ると、渡来人の分布が、山梨郡に集中しているという点です。巨麻郡ではなく、山梨郡なのです。このことも特徴として指摘できる事象です。

三　奈良時代の甲斐国司と渡来系氏族

渡来人・渡来系氏族と甲斐国の関係で、もう一つ興味深い事象があります。奈良時代の甲斐国司、とりわけその長官である甲斐守《かいのかみ》に任命された人物に、渡来系氏族が非常に多いという点です。これは全国的に見ても、かなり際立った特徴だといえます。

国司として、どのような人物が甲斐にやってきたのか、順番にみていきたいと思います。[9]

まず『県史』三二、[10]『続日本紀』の七三一年の記事に登場する田辺史広足《たなべのふひとひろたり》という人物です。記事の内容は、甲斐国で身が黒く尾が白いという毛並みの珍しい馬が産出されたので、広足はその馬を神馬《じんめ》と称し、祥瑞《しょうずい》（天が帝王の治世を讃えて出現させるとされた特異な動植物や自然現象）として都に献上した、というものです。

田辺史という氏は、古墳時代から続く百済系の渡来氏族で、本拠地は河内国安宿《あすかべ》郡（現・大阪府柏原市周辺）です。広足の先祖に伯孫《はくそん》という人がいるのですが、『日本書紀』の雄略天皇九年七月壬辰朔《じんしんついたち》の条に、この伯孫のことが出てきます。話の概要は、ある月の夜、伯孫が、誉田陵《ほんだのみささぎ》（現在の応神天皇陵）の傍らで駿馬に乗った見知らぬ人とお互いの馬を交換し、新しい馬を厩につないでおいたところ、翌朝起きてみると、その馬が埴輪になっており、自分の馬を探してみると、陵の埴輪の馬の間にいたというものです。これ自体は史実とは考えられない空想的な伝承ですが、こうした話が語り継がれていたことからもうかがえるように、田辺史は、馬の生産や飼育と深い関わりのある氏族だったと考えられます。

次に馬史比奈麻呂《うまのふひとひなまろ》という人です。この人はその名のとおり、馬の生産・飼育に関わっていた氏族の出なのですが、この氏族は、先に申しました王仁の子孫を自称していまして、西文氏の配下にありました。本拠地は河内国古市《ふるいち》郡（現・大阪府羽曳野市周辺）です。さらに山口忌寸沙弥麻呂《やまぐちのいみきさみまろ》という人物が出てきますが、山口忌寸は東漢氏系の氏族で、大和国城上《しきのかみ》郡（現・奈良県桜井市周辺）に本拠地を置いていました。

奈良時代の終わり頃の国司に、坂上忌寸刈田麻呂《さかのうえのいみきかりたまろ》という人が現れます。平安時代初めの征夷大将軍として名高い坂上田村麻呂の父にあたる人物ですが、この氏族も東漢氏系で、本拠地は大和国添上郡（現・奈良県奈良市南部および大和郡山市周辺）です。

最後に、葛井連道依《ふじいのむらじみちより》という国司が甲斐にやってきていますが、これも百済系渡来氏族で、河内国志紀《しき》郡（現・大阪府藤井寺市周辺）を本拠地にしていました。

以上、甲斐国司として派遣された渡来系氏族を五人挙げましたが、これらの国司には、次のような特徴がみられます。まず、百済系の氏族が多いということですね。また、馬の生産に関わりがあるということも共通しています。それから、すべてではありませんが、河内国を本拠地とする氏族が多いという点も特徴的です。

大和政権時代に、馬を飼う集団は馬飼部と呼ばれ、それを管理するのが馬飼造《うまかいのみやつこ》という役職でした。この集団は河内と大和に多かったのですが、どちらかというと、河内の方に多く分布していました。したがってこの時代、中央で馬の生産に最も深く関わっていたのは、現在の大阪府の中心部に当たる河内地方だったわけです。「河内の馬飼部」という言葉も残っているほどです。

大和政権時代の甲斐で馬の生産に携わった人たちは、おそらく河内の馬飼集団に関係があったのだと思います。百済系の河内の馬飼の人たちが、何らかの事情で甲斐に入ってきたのでしょう。時代は異なりますが、甲斐国司に、河内を本拠地にする百済系渡来氏族が多かったことには、こうした背景があったと考えられます。

四　甲斐における馬生産と盆地北部の開発

それでは、甲斐における馬の生産が始まったのは、いつ頃からなのでしょう。実をいいますと、この点はまだよくわかっていないのです。

甲府市（旧中道町）下向山町の東山北《ひがしやまきた》遺跡、同じく甲府市の塩部《しおべ》遺跡―いずれも四世紀後半から五世紀初めにかけての遺跡ですが―、ここから馬の歯が出土しています。また、五世紀後半の中道町かんかん塚古墳からは、県内の出土例としては最も古い馬具が見つかっています。五世紀後半といいますと、『日本書紀』の雄略天皇の一三年九月の

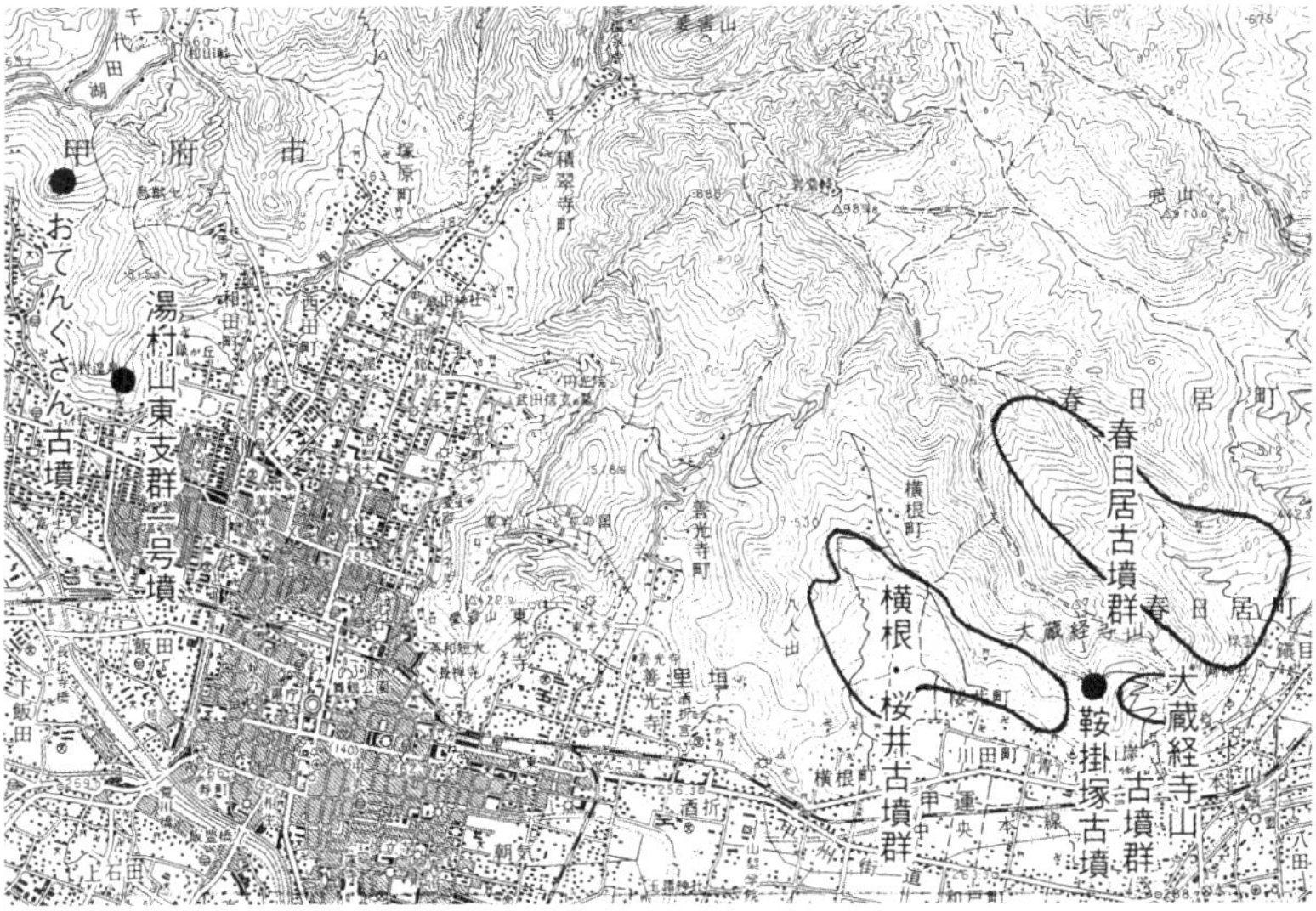

図2　積石塚分布概要図（『山梨県史 通史編1 原始・古代』より）

条に、有名な「甲斐の黒駒」の伝承が載っていますが、この頃から甲斐国が馬の生産地として全国に知られるようになってきたことがうかがえます。しかし、その実態など詳しいことはよくわかりません。その一方、六世紀になりますと、古墳の分布が、それまでの甲府盆地の南部から盆地全域に拡散していくようになります。特に盆地北部―具体的には山梨郡の西部、巨麻郡の東部です―に多く築かれるようになり、この地域の開発が急速に進んでいった様子がうかがえます。

なぜ六世紀に盆地北部の開発が進んだのか。この点について少し考えてみたいと思います。

この地域には、いろいろな特色があります。まず積石塚古墳の存在です。図2をご覧下さい。現在の笛吹市春日居町と石和町の北部から甲府市の北東部にかけて、積石塚が集中していることがわかります。積石塚とは、土を盛って造る普通の塚とは異なり、人間の頭ほどの大きさの石を積んで築いた墳墓のことです。これがなぜ注目されるのかといいますと、朝鮮半島北部の高句麗で、四世紀の末頃まで盛んに造られていたのがこの積石塚であって、甲府盆地北部の積石塚も石で築かれたものであるために、これが高句麗の影響を受けているのではないかという説があるからです。

かつて、積石塚は、甲府盆地全体に広く分布していると漠然と考えられていたのですが、一九七〇年代以降、詳しい調査が行われて、分布域は相当に限定されているということがわかってきました。それが図2に示されている地域なのです。ここに示されている地域に限って、積石塚が集中的に確認されるわけです。なぜこういう偏りが生ずるのかについては、また後ほど触れます。

それから、山梨郡の西部を中心とする地域には、古い神社が多く存在しています。たとえば春日居町には山梨岡神社、石和町には物部神社という古社があります。これらの神社は中央豪族の物部氏との関係が深いということが、かつて静岡大学におられた原秀三郎《ひでさぶろう》先生によって指摘されています[11]。私も物部氏と関係があるという点に関して、原先生の説に賛成です。

そもそも「山梨」という地名が、物部氏に関係している、と原先生はおっしゃっています。「山梨」ないしそれに類する地名は、甲斐国に限らず、東国のいくつかの地域にみられます。実は、物部氏の先祖に物部山無媛《もののべのやまなしひめ》という伝説上の女性がいまして、「山梨」という地名は、この人物の伝承に関連するものである可能性があるのです。現に、東国で「山梨」と関連する地名のある地域には、物部氏となんらかの関わりがあることが多く、甲斐国の「山梨」の地名も、ある段階で、物部氏が外部から持ち込んだものだろうというのが、原先生のお考えです。

また山梨郡には、後の文献から、大伴直《おおとものあたい》という氏族がいたことが確認されています。大伴直がいたということから、さらにここに、大伴氏の部民である大伴部があったことも推定できます。中央豪族として有名な大伴氏も、やはり山梨郡に進出していた可能性があるわけですね。

これらのことから、六世紀の段階で、中央豪族が山梨郡域―当時、まだ「郡」は置かれていませんが―に進出してきて、後の時代に濃密にみられる百済系渡来氏族もそれに伴って配置されることになったのではないか。そしてその目的は、おそらく馬の生産ではなかったか、ということが推察されるのです。

ちなみに物部氏も大伴氏も、渡来人に関わりの深い氏族です。皆さんのなかには、蘇我氏の方が渡来人との結び付きが強いと認識されている方もいらっしゃると思いますが、古い段階では、物部氏が百済系の渡来人をおさえています。大伴氏も同様に百済系渡来人と密接な関係をもっており、両氏とも甲斐国に進出する過程で、渡来系の集団を連れてきたのだろうと、私は考えています。

では、なぜその拠点が山梨郡の西部だったのか、という問題に触れてみたいと思います。端的に申しますと、実はこの地域、あるいは甲府盆地の北縁部は、列島規模の内陸交通の要衝なのです（図3）。山梨郡の西部から東に向かって、いわゆる秩父街道、現在の国道一四〇号線が延びています。雁坂峠を越えて武蔵や上野へ抜ける道ですね。また西の方面では逸見路と連絡しています。諏訪口を通って信濃へ抜ける道です。

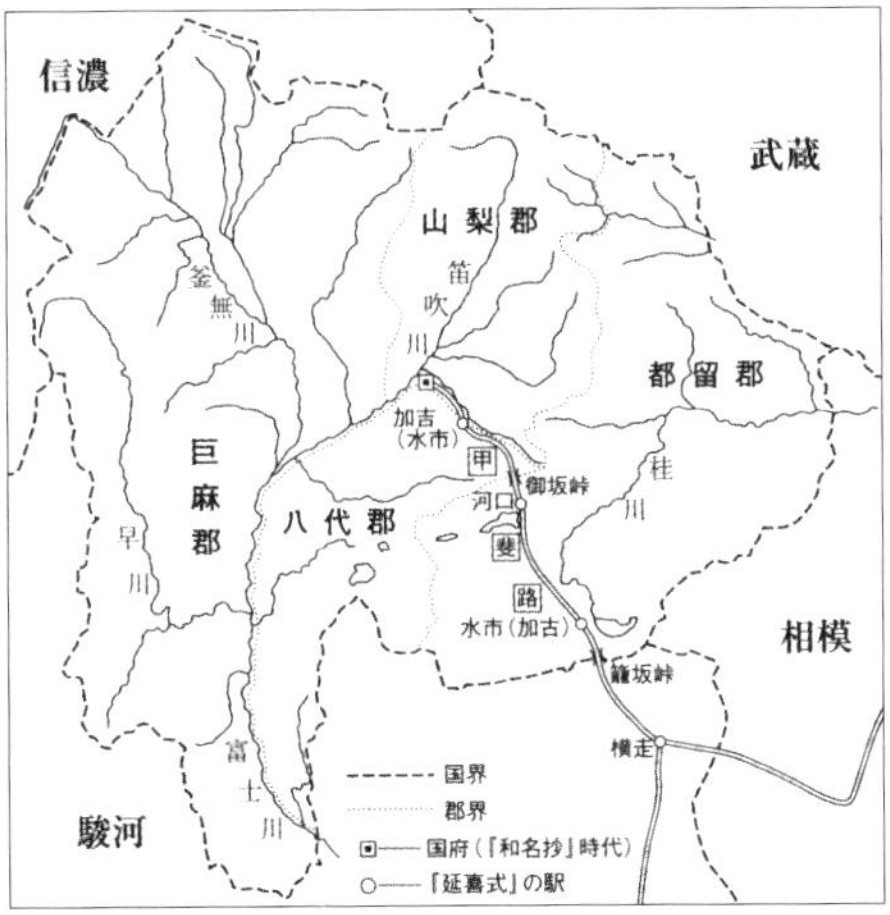

図3　甲斐国府と駅路
（『山梨県史 概説編 山梨県のあゆみ』より）

甲斐は、行政区分としては東海道の国の一つではあるのですが、地理的には東山道の諸国にも隣接している。要するに、東海道と東山道を結ぶ位置にあるのです。こういう観点からみると、この地域は、東山道の信濃・武蔵・上野を東西に結ぶ重要な道路が通っている—ただしこれは、国家が七道として管理している官道ではありませんから、図には載っていません—ことになるわけです。注目されるのは、信濃・武蔵・上野・甲斐、これらはいずれも九世紀に、国家的な良馬の生産拠点としての御牧が設置された国々であって、それらをすべて結ぶ道がこの地域を通っているという点です。それから東海道とのアクセスという点では、東海道の支路である御坂路がこの地域でつながる、つまりここが二つの道の結節点になっているわけです。この地域は、東山道の信濃・武蔵・上野を東西に結ぶ内陸交通と、太平洋沿いの東海道とを結節する、交通の要衝であったといえるのです。

　さて、先ほどの積石塚に戻りますが、この交通の要衝一帯に積石塚が多く築かれているという事実。これは何を意味するのでしょうか。もう一度、図2を見てみましょう。図のように分布している積石塚は、渡来人が築いたものであるという説と、たまたま周囲に石が多かったために、土の代わりに石を積んだに過ぎないとする環境自生説とがあって、決着が付いていません。

　ここでは、仮に渡来人説をとった場合の話をいたします。一般に積石塚は、高句麗系の渡来人の墓であるといわれます。ところが積石塚が造られた地域には、文献上、高句麗系渡来人の痕跡は一切ありません。積石塚が盛んに造られていた六世紀の段階では、百済の史料しかないのです。それならば、高句麗ではなく、百済系の渡来人が積石塚を造ったのでしょうか？　私は、その可能性は検討に値すると思っています。信濃の積石塚などにも百済系の人が関わっていることがうかがえますので、この推測が成り立つ余地があるのです。またこの墓制の流入ルートは、東山道から信濃経由で持ち込まれたとも考えられますし、物部氏や大伴氏はおそらく東海道方面から進出してきたはずですから、御坂路を通じてもたらされたとも考えられます。いずれのルートであっても、この地域が交通の要衝に当たっていたために、積石塚が多く造られたことの説明はつくわけです。

　しかし全体として、山梨県内の積石塚については、渡来人説・環境自生説、また高句麗人説・百済人説など諸説が提起されているものの、いずれも決め手に乏しく、その実態解明は簡単なことではないのが、現段階の状況です。

　それから、この地域の開発に関わる問題として、渡来系文化の一つである仏教があります。

春日居古墳群の麓に、今日、寺本廃寺《てらもとはいじ》と呼ばれている古代寺院の遺跡が残されています。七世紀の第4四半期に造られたいわゆる白鳳《はくほう》寺院《じいん》の一つで、おそらく山梨評（後の山梨郡）の立評に関わって、地元の豪族が築いたものと考えられます。この寺の瓦は、現在の甲府市川田で発見された川田瓦窯《がよう》で焼かれたものであることがわかっています。この瓦窯跡から出土した瓦は、本日お越しの十菱駿武先生の説によれば、百済系のものであるとのことです[(12)]。そうしますと、この地域には百済系の人々がいて瓦を焼いており、それが寺本廃寺の屋根に葺かれたということになります。こうした点から考えて、積石塚が集中する春日居古墳群も、高句麗ではなく百済との関係が深い、と私は思います。

このように、古代の山梨郡は、百済系の渡来人・渡来文化との関わりが非常に濃厚な地域だったと考えられるのです。

五　巨麻郡をめぐる謎

巨麻郡の名は、甲斐国が馬の産地であったことから、かつては、馬を意味する「駒《こま》」に由来するのだろうと考えられていました。江戸時代に書かれた地誌である『甲斐国志』もこの説をとっています。ところが近代になって、上代特殊仮名遣《じょうだいとくしゅかなづかい》の研究が進み、この考えが覆されたことはご存知の方も多いかと思います。簡単に説明しますと、奈良時代以前の日本語は、現在よりも音の種類が多く、それを万葉仮名の漢字で表す時に、漢字の種類によって使い分けていたのです。そうした使い分けの例の一つとして、現在の「コ」の音には、奈良時代以前には二通りの発音があって、それぞれを甲類と乙類と呼ばれる二種類の漢字のグループで書き分けていました。そして、駒の「コ」は甲類であるのに対し、巨麻の「コ」は、高句麗の別称である高麗《こま》の「コ」と同じ乙類であり、駒と巨麻は、古代においては、発音の異なる別の言葉であったことがわかったのです。その結果、巨麻は、発音の一致する高麗に由来すると考えられるようになりました。

ところが、それに伴って、大きな謎が生じてきたわけです。つまり、高句麗人がどういう経緯で巨麻郡に入ってきて、この地域とどういう関わりをもっていたのかという点です。

七世紀前半までの巨麻郡東部―現在の甲府市西部や甲斐市南東部（旧敷島町）辺りの地域―の状況について簡単にみてみましょう。図3には湯村山東支群として記されていますが、この地域にも積石塚が存在し、湯村古墳群ともいいます。後の文献から、この辺りに壬生直《みぶのあたい》という豪族がいたことがわかっています。この豪族は、壬生部という部民を管理していました。この壬生部は、聖徳太子と関係の深い部民でして、聖徳太子とその一族をさす上宮王家が領有する部民なのです。

なぜ聖徳太子の上宮王家がここに部民を置いたのか？　考えられることは、やはり馬の生産の問題です。馬の生産を行い、都に馬を送らせるため、この地に壬生部を置いたのではないか、ということが推察されるのです。場所はおそらく、湯村古墳群の辺りだったのではないでしょうか。

聖徳太子が甲斐の烏駒に乗って富士山の上を飛行したという伝承は、一〇世紀以降に創作された比較的新しいものだということが文献から推測できるのですが(13)、この伝承とは別に、現実の聖徳太子・上宮王家と甲斐国の巨麻郡が、壬生部を通じて関係をもっていたのです。ただし壬生部は、初めは山梨郡の西部にあったと考えられます。それがなぜ巨麻郡に編入されることになったのか？　その理由は、巨麻郡がどのような経緯を経てできたのか、という事情に関係します。

「郡」という行政単位は、七〇一年の大宝律令の施行によって改められた名称で、大化改新で定められた時点では「評」と呼ばれていました。六四九年に、全国一斉に「評制《ひょうせい》」が敷かれましたが、以後、地域ごとに手直しが行われまして、分割や再編―現在の市町村合併と似ていますね―が進められていきます。甲斐国の国中地方の場合、最初にできたのは、盆地南部の八代評と北部の山梨評の二つでした。ですからこの時の山梨評は、湯村古墳群や壬生部など、のちの巨麻評の東部になる地域も含んでいたと思われます。

その後、朝鮮半島では六六〇年に百済が滅亡し、六六三年には白村江の戦いがあり、六六八年に高句麗が滅ぶという事件が続き、大和政権は、百済・高句麗の故地から、大量の亡命者を受け入れることになります。冒頭でも述べました渡来の第四の波ですね。そして大和政権は、この渡来人たちを東国に移住させて、その開発に当たらせるわけです。この時、甲斐国へも高句麗人が移住してきました。『県史』二五の史料[14]に、駿河・甲斐・相模・上総・下総・常陸・上野の七ヶ国の高麗人一七九九人を、武蔵国に移して新たに高麗郡を置く、という記事が掲載されています。『続日本紀』に見える七一六年の有名な記事ですね。この高麗の名は、現在も埼玉県日高市周辺の高麗神社や高麗川、西武鉄道池袋線の駅名などとして残っています。

高句麗人が、甲斐から武蔵へ移住していった時期はこの記事によってわかるのですが、いつ頃から甲斐国に居住していたかということは文献には出てきませんから、はっきりしません。高句麗が六六八年に滅亡したことを考慮すると、おそらく六七〇年代以降に甲斐に移住してきて、四、五〇年間ここに住んだのち、武蔵国に出ていったのではないかと推定されます。では、なぜ高句麗人たちは、一時的ではあるにせよ甲斐国に移住してきたのか―正確にいうと移住させられたのか？　おそらく、のちに巨麻郡となる行政区画を立てるため、つまり巨麻評の立評のためではなかったかと思われます。巨麻の名は、高麗人たちが大勢移されてきた評だったことから、結果的に成立した名称だったのではないでしょうか。

この移住も、やはり馬の生産に関わるものだったと思います。奈良時代から平安時代にかけて、現在の北巨摩郡の地域には、大規模な牧がいくつも造られていくわけですが、そうした開発を見通して、いわばその基盤整備のために、高句麗人の大量移住が実施されたのでしょう。

この巨麻評を立てる時、中心になったのはどういう人たちだったのでしょうか。今回のシンポジウムのコーディネーターを務められる末木健先生は、この地域に勢力をもっていたのは壬生直であったことから、この豪族が中心の一つになったのではないかと推測しておられます[15]。それから高句麗系の渡来人も、評の名称にもなったことから、やはり中心勢力であったでしょう。また、もともと甲斐国に住んでいた百済系渡来人—渡来の第三・四の波でやってきた人たちですね—も、すでに馬の生産を行っていたことから、協力させられたのではないかと思います。

ここであらためて、巨麻郡栗原《くりはら》郷・等々力《とどろき》郷の問題に触れておかなければなりません。

古代の巨麻郡に、栗原郷と等々力郷という二つの郷があったということが、一〇世紀初頭に書かれた『倭名類聚抄《わみょうるいじゅしょう》』という辞書の記載からわかります。ところが先ほど申したように、現在の旧巨摩郡域には、栗原・等々力の地名は残っていません。その代わり、全く離れた旧山梨郡域の山梨市に栗原、甲州市勝沼町に等々力の地名があるのです。これどう理解するかが、甲斐古代史の大きな課題の一つです。

一つの考え方は、巨麻郡の郷が山梨郡の中に飛び地としてあったというもので、これは山梨大学名誉教授でいらした磯貝正義先生らの説です。現在残っている地名を重視しますと、確かにこういうことになるのですが、古代史の常識から考えますと、郡は民衆支配の基本となる大変重要な行政区画であるのに対し、郷は戸籍・計帳の作成や租税の徴収のために、郡によって行政的に編成されたものとしての性格が強いので、ある郡の中によその郡の管下の郷があるというのはきわめて不自然で、私はまずあり得ないと思います。

先ほど述べた漢人部など、巨麻郡栗原郷の住民は、もとは山梨評にいたのだが、巨麻評立評の際、行政的に巨麻に移住させたれたのではないか。その結果、移住前の土地に郷名のもととなった地名は残ったものの、移住先の郷名の方は、なんらかの理由で後世に伝わらなかったのではないか、と私は考えています。等々力の方は史料が乏しいものですからなんともいえませんが、同じような経緯が考えられます。このように、巨麻評を開発するにあたって、山梨評にいた住民の一部—百済系渡来人も含んだ住民です—が移住させられたのではないか、と思われます。

それから、当然のことながら、新しく出来た巨麻評の東の縁の部分は、それまでの山梨評だったわけですから、どこかに境界線を引かなければなりません。どこに引かれたかといいますと、現在の甲府の市街地の真ん中です。平地のど真ん中を突っ切る境界線を、南北に引くというきわめて人工的な地割りが行われたのです。その両側にあたるのが、山梨郡表門郷と巨麻郡青沼郷で、現在でもその一部が、甲府市の和戸町と青沼という地名に残っています。こうして、それまでの山梨評を東西に分割して巨麻評を立て、山梨評よりの地域を拠点にして北巨摩方面の開発を進めていったのではないかと思います。

このように、巨麻評を立てるにあたって、山梨評は相当な援助をしたと考えられます。つまり、高句麗人だけでは無理だったために、百済系の人たちを含めた山梨評の人が多く送り込まれて開発に当たった、そういう過程を経て巨麻評ができていったのではないかと考えられるわけです。

また、巨麻評の成立の問題に関わって、甲斐市天狗沢《てんぐさわ》にある天狗沢瓦窯《がよう》についてお話しておきたいと思います。この瓦窯跡は現在の敷島団地の南側の畑の中にあります。先ほどの川田瓦窯より若干時期が古く、いわゆる白鳳時代、七世紀の第４四半期のものです。ここから瓦を供給されて造られた、寺本廃寺のような白鳳寺院がこの近くのどこかにあったはずなのですが、未だに発見されていません。末木先生の説によりますと、ここから出土する瓦は高句麗系のものだということです。近江などから出土する同時期の瓦と、非常によく似ているのだそうです。この説に立ちますと、川田瓦窯は百済系、こちらは高句麗系だということになります。

一般に、白鳳寺院は、立評の過程に大きく関わっているというのが通説なのですが、この場合も、巨麻評の立評に伴って、その中心となった豪族によって寺院が造営されたことが、瓦窯跡の存在から推察できるわけです。そして、その造営の中心になったのは壬生直であり、高句麗系渡来人がそれに協力したために高句麗系の瓦が焼かれたのではないか、というのが末木先生のお考えです。

このように考えた場合、甲府盆地に高句麗人が入ってくるのは七世紀の終わりであり、六世紀を中心とする積石塚の問題とは関係しないことになります。以上のような経緯で、巨麻評、後の巨麻郡が成立していったと考えられます

図4　馬遺体分布図（末木健2004「『研究レポート』馬遺体の出土状況から」『山梨考古学論集』Ⅴより）

が、高句麗人たちは、四、五〇年後に武蔵国に移住していったと『続日本紀』に出てきますから、文字通りに解釈すると、高句麗人たちは甲斐国には定着しなかったことになります。ただ、その間に巨麻郡の発展の基盤が築かれたわけですから、その意味で、高句麗人の足跡は、かの地に明瞭に刻まれたといえるのではないでしょうか。

たとえば、牧の展開への寄与です。図4をご覧下さい。奈良・平安時代の馬の骨の出土場所を表した図ですが、これを見ますと、山梨郡に何ヶ所かある以外、そのほとんどが巨麻郡―現在の北巨摩・中巨摩地域です―に集中していることがわかります。また図5は、九世紀の甲斐の御牧の推定位置図です。よく知られているように、甲斐国の三つの御牧は、すべて現在の北巨摩郡にありました。このうち柏前牧《かしわざきのまき》は山梨郡にあったという説もありますが、現在この説をとる方はあまりいません。このように、巨麻郡、特に北巨摩の地域は、牧の一大拠点として発展したわけですが、この基礎が七世紀の終わりから八世紀初頭に築かれ、それに高句麗人たちが深く関わったということが想定されるのです。

なお、図4にある山梨郡域での馬の骨の出土は、当時ここが甲斐国の政治の中心地であり、馬の大消費地であったことによるものではないかと思われます。

六　渡来人が残したもの

七世紀末に倭国に亡命してきた高句麗人たちは、このように数奇な運命をたどったわけですが、一方、山梨郡にいた百済系の人々はどうなったのでしょう。

図5　甲斐御牧位置推定図(『図説 山梨県の歴史』より)

先に紹介した『県史』九〇・九八の史料に見られるように、奈良時代の終わりから平安時代の初めにかけて、甲斐国の百済系の人たちが、相次いで日本風の姓に改める願いを出して政府の許可を得ています。これは全国的な現象でありまして、九世紀には、中央・地方を問わず、渡来系氏族が一斉に改姓してゆく動きがみられます。おそらく、古墳時代以来、日本列島に導入された渡来系の技術が普及・定着したこと、また渡来人と日本人の同化が進んだことによって、渡来系の出自を明らかにする意味がなくなったのだと思われます。むしろ外国風の姓を名乗ることによって差別を受けるなどのマイナス面の方が大きくなって、それならいっそ、日本風の姓に改めようという機運が高まったのではないでしょうか。甲斐国の改姓請願も、同様の理由によるものだと思います。

改姓の動きにもみられるように、四つの波を経て日本列島にやってきた渡来人たちの血は、その後、日本列島の倭人の血と混じり合ってゆきました。現在の私たちの血は、そうやってできあがったのであり、このことがまず、渡来人の残した大きな痕跡であると思います。

文化面で考えますと、渡来人が甲斐国に残したものの第一に挙げられるのは、やはり馬の生産に関わる文化でしょう。古代から中世にかけての甲斐国において、馬の生産を抜きに歴史を語ることはできません。次回の講座(16)のなかで話に出てくると思いますが、甲斐源氏が、なぜこの地に土着し、隆盛をみたかというと、ここが良馬の産地であり、中央直轄の牧がいくつもあったということと密接な関係があります。その基盤作りに、百済や高句麗の人たちが関与していたということになるわけです。

また甲斐国には渡来系の人がたくさんいたり、国司にも渡来系氏族が多かったりした関係からか、この国のことを都や他国に紹介するときに、中国的な教養を踏まえた渡来人好みの紹介の仕方が行われることもありました。たとえば『県史』二三・二四(17)の、『甲斐国風土記』の都留郡条の逸文では、同郡にある菊花山という山の谷から流れる水を飲む人は、鶴のように長命となることから、ツルという郡名が生まれたと述べていますが、これはある意味で、現実から遊離した知識人好みの紹介の仕方―甲斐国は仙人が住んでいる神仙郷だというイメージを抱かせるような説明―をしているのです。あるいは、『万葉集』巻第三・雑歌の三二一番に収める高橋虫麻呂の長歌―「なまよみ（半黄泉）の甲斐の国……」という書き出しで有名です―に詠まれた富士山のイメージなども同様でしょう。こうしたイメージは、中近世以降、地域の知識人たちによって地元にフィードバックされて、甲斐国の郷土文化にも様々な影響を与えているように思われます。

最後に、これは学問的な話ではありませんので、眉に唾を付けてお聞きいただければと思います。実は、かつて渡来人が濃密に分布していた地域では、うどんの類いが非常においしいことが多いのです。大阪や香川（讃岐）がそうですし、北関東などにも粉食の文化圏があります。山梨でいえば、うどんではなくて「ほうとう」や「みみ」ですね。「ほうとう」は武田信玄が考案した陣中食である、などと地元ではいわれることもありますが[18]、実際はもっと古い時代まで、その起源は遡るのです。甲斐の「ほうとう」も、小麦粉をこねてスープに入れた餺飥《はくたく》という中国料理の名称がなまったものともいわれており、もともとは、渡来系の粉食文化になんらかのつながりがあったと考えることもできます。学問的に証明することはなかなか難しいのですが、一つの問題意識としては成り立つのではないかと思っています。

註

（1）山梨県生涯学習センター主催、二〇〇三年八月三〇日、於山梨県民文化ホール会議室。討論の記録は山梨県生涯学習センター編『山梨学講座2 山梨の人と文化―政 まつりごと―』（山梨ふるさと文庫、二〇〇四年）一 渡来人 シンポジウム「渡来人のもたらしたもの」に収録。

（2）『山梨県史 資料編3 原始・古代3 文献・文字資料』（山梨県、二〇〇一年）。

（3）『山梨県史 通史編1 原始・古代』（山梨県、二〇〇四年）。

（4）『正倉院文書』正集第一八巻第一六紙、甲斐国司解。『大日本古文書（編年文書）』第四巻、五二三～五二四頁にも所収。

（5）『類聚国史』巻五四人部・節婦、天長六（八二九）年一〇月一九日条。

（6）『続日本紀』延暦八（七八九）年六月庚辰条。

（7）『日本後紀』延暦一八（七九九）年一二月甲戌条。

（8）『日本書紀』持統天皇二（六八八）年五月乙丑条。

（9）以下、各国司の詳細については、註（3）前掲『山梨県史　通史編1　原始・古代』第五章第四節「奈良時代の甲斐国司」（原正人執筆）を参照。

（10）『続日本紀』天平三（七三一）年一二月乙未条。

（11）原秀三郎『地域と王権の古代史学』（塙書房、二〇〇二年）、第一部　総論　第一章〜第三章、第二部　各論　第一〜第三。
（12）十菱駿武「山梨県寺本廃寺」（『日本考古学年報』三九、一九八八年四月）。
（13）本書第一部第一章第三節を参照。
（14）『続日本紀』霊亀二（七一六）年五月辛卯条。
（15）末木　健「甲斐国巨麻郡の成立と展開」（『山梨県立考古博物館・山梨県埋蔵文化財センター研究紀要』三、一九八七年）。
（16）註（1）書、二　甲斐源氏。
（17）『夫木和歌抄』巻第一四・秋部五、『和歌童蒙抄』第四・人体部。『日本古典文学大系２風土記』（岩波書店、一九五八年）逸文、四五〇頁にも収録。
（18）ほうとうの由来を武田信玄に結びつける信玄起源説は、今日、県内を中心に広く流布しているが、山梨県史編さん委員会・民俗部会の影山正美の研究によって、この所説は一九五〇年代以前の資料には確認できず、一九六〇年代以降にほうとうが山梨の「郷土料理」として認知されてゆく過程で新たに形成されたものであることが明らかとなっている。特に中央自動車道が開通した一九八〇年代以降には、ほうとうを観光客に提供する専門店や土産物店の宣伝を通じて、「野戦食」や伝家の「宝刀」と結びつける説明も行われるようになったという。『山梨県史　民俗編』（山梨県、二〇〇三年）第三編第三章第三節「観光食ホウトウの誕生」（影山正美執筆）を参照。

第二章　甲斐国出身の仕丁関係史料について

―『山梨県史　資料編3 原始・古代3（文献・文字資料）』補足と考察―

はじめに

平成一三（二〇〇一）年二月に山梨県が刊行した『山梨県史 資料編3 原始・古代3（文献・文字資料）』（以下、『県史・資料編3』と略称）の巻頭口絵に掲げられた、天平宝字五（七六一）年一二月二三日付けの「甲斐国司解《かいこくしげ》」は、奈良時代における国司解正文《しょうもん》の希有な実例として、また、諸国による仕丁《しちょう》貢上の実態を示す貴重な史料として、広く世に知られている。

『県史・資料編3』は、古代における甲斐国関係史料を集成するという方針から、『大日本古文書（編年文書）』所収の正倉院文書からも、この甲斐国司解を史料五三として収録するほか、この解によって甲斐国巨麻郡栗原郷から坤宮《こんぐう》官《かん》廝丁として貢上された漢人部千代に関わる文書四点（史料五四〜五七）を収録している。甲斐国司解に見える漢人部千代は、上京後に配属された石山院奉写大般若経所では漢部千代と表記されているが、これらの文書に見えるその姓名には、全て「甲斐国巨麻郡栗原郷」という本貫地が付記されている。

これは前述のように、『県史・資料編3』が、『大日本古文書（編年文書）』から古代甲斐国に関連する史料を採択するとの方針をとったことによるが、刊行後、筆者が別の機会に関係史料を再検討したところ、①岸俊男が翻刻した[1]『大日本古文書（編年文書）』未収の正倉院文書（但波《たんばの》吉備《きび》麻呂《まろ》計帳《けいちょう》手実《しゅじつ》〔続修第九巻〕紙背）に甲斐国の本貫地を記載した漢部千代の関連文書が一点（後掲〔史料ウ〕）あることに加え、②本貫地としての甲斐国の地名は見られないものの、「漢部千代」ないし「千代」の人名記載が見える文書三点（後掲〔史料ア・イ・エ〕）のほか、③地名・人名等の記載はないものの、その内容から、漢部千代を含む奉写大般若経所配属の仕丁の逃亡に関連する可能性のある文書一点（後掲〔［参考］史料オ〕）が存在することに気づいた。

これらのうち、特に①は、史料採択の対象を、刊本である『大日本古文書（編年文書）』に限定したために生じた見落としであり、当該部分の執筆担当者の一人として、この場を借りてお詫び申し上げたい。また②は、甲斐国の地名は記載されていないものの、甲斐国出身の仕丁として唯一名前の知られる漢部千代の関連史料として、本来は『県史・資料編3』所収の史料五三〜五七と一体とみなすべきものであった。ただ、いささか弁解めくが、正倉院文書のなかから、漢部千代に関連する全ての史料を遺漏なく検出することは、研究の現状においては必ずしも容易なことではない。今回筆者は、このような観点から正倉院文書を通覧し、前記三点の史料を一応検出したが、そのうちの一点（後掲〔史料イ〕）は、「千代」とのみ見えることもあって、正倉院文書の人名索引としても今日広く用いられている『日本古代人名辞典』の「漢部千代」の項にも採られていない。[2]この「千代」の姓が漢部であると推定するためには、この文書（「造石山寺所雑物用帳」）全体の性格と内容を踏まえる必要があり、やや大げさな言い方をすれば、問題は、現在の正倉院文書のうちの一部を構成する、造石山寺所関係文書の復元的研究とも関わることになる。

この点は、文書自体の中には甲斐国の地名も漢部千代の人名も一切見えない前記③（後掲〔［参考］史料オ〕）の場合において顕著であり、この史料が甲斐国出身の仕丁に関係することを確定するためには、正倉院文書を用いた寺院造営や写経事業に関する最近の研究成果に学ぶことが必要不可欠なのである。近年における正倉院文書研究の進展はめざましく、文書・断簡の接続や、帳簿の復元など基礎的事実の解明が進んでいるが、そうした研究の進展によって、甲斐国仕丁関係の史料が、今後新たに見出される可能性も皆無とはいえないであろう。

本章では、こうした観点から、『県史・資料編3』の遺漏を補うとともに、近年の正倉院文書研究の成果に学びつつ、現時点において、甲斐国出身の仕丁に関係すると考えられる史料を整理し、その簡単な紹介を行っておきたい。『県史・資料編3』の読者の利用に資するとともに、今後の甲斐古代史研究のみならず、広く仕丁制を検討するための基礎的な作業となれば幸いである。

一　漢部千代関係史料の補遺

本節では、「はじめに」で述べた観点から、甲斐国巨麻郡栗原郷出身の仕丁である漢部（漢人部）千代関係の史料のうち、『県史・資料編3』に未収のものを掲げる。史料掲出の体裁等は『県史・資料編3』に準じた。

天平宝字六年　壬寅（七六二年）

四月六日、石山院奉写大般若経所が、漢部千代ら仕丁五人にかわり、仁部省（民部省）に、二月、三月分の月養物を請求する。

史料ア〔**正倉院文書**〕**続々修一八帙第三巻**（『大日本古文書（編年文書）』第一五巻、一八一頁）

（第十七紙）石山寺写経所解　申請仕丁等去二月并三月養物事
合仕丁伍人矢作真足　占部小足　漢部（漢人部）千代　久須波良部広嶋　多米牛手
右件《仕丁》等、二箇月々養物所レ請如レ件、以解。
天平宝字六年四月六日案主散位従八位下上村主（馬養）
別当造東大寺司主典正八位上安都（雄足）宿祢

七月一六日、漢部千代ら仕丁四人が、禅衣（浄衣）を支給される。

史料イ〔正倉院文書〕続々修四四帙第六巻（『大日本古文書（編年文書）』第一五巻、三三八頁）

（第十七紙）
十六日下（中略）
又下祖布禅衣肆領
右経所仕丁　広嶋（久須原部）、牛手（多米）、真足（矢作）、千代（漢人部）并四人給料。
主典安都宿祢（雄足）　領下道主

九月一日、石山院奉写大般若経所が、漢部千代ら仕丁二人にかわり、仁部省（民部省）に正月から八月までの八ヶ月分の月養物を請求する。

史料ウ〔正倉院文書〕続修第九巻（『大日本古文書（編年文書）』未収）**、続修第二六巻**（『大日本古文書（編年文書）』第一六巻、一頁）

（続修第九巻第九紙裏）
石山院奉写大般若経所解　申請仕丁等月養物事
応請月養仕丁廝貳人
合仕丁貳人廝丁
久須波原部広嶋下総国相馬郡邑郷
漢部（漢人部）千代甲斐国巨麻郡栗原郷
応給綿八屯　去正月八月并二箇月料人別二屯
庸布十二段　自去二月迄七月并六箇月料人別一段

（続修第二六巻第一六紙裏）

以前、従二去正月一迄二八月一、仕丁（廝）等月々養物所レ請如レ件、謹解。

天平宝字六年九月一日主典正八位上安都（雄足）宿（宿祢）

○『正倉院文書目録』二によると、両断簡は接続ス。なお本史料の前半部（続修第九巻第九紙裏）は『大日本古文書（編年文書）』未収で、岸俊男により翻刻されている（同著『日本古代籍帳の研究』〔塙書房、一九七三年〕二一二〜三頁）。

九月一一日、仕丁漢部千代が、石山院奉写大般若経所より逃亡する。

九月一四日、石山院奉写大般若経所が、造東大寺司に仕丁漢部千代の逃亡を報告する。

史料エ〔正倉院文書〕続々修一八帙第三巻（『大日本古文書（編年文書）』第一五巻、二四三頁）

（第三十六紙）石山院奉写経所解　申消息事

（中略）

一、仕丁漢部（漢人部）千代

右人、以二今月十一日一、逃亡之。

（中略）

六年九月十四日上（馬養）

○『県史・資料編３』史料五七は、漢人部千代の逃亡を九月一三日とし、本史料と日付が異なる。

［参考］**史料オ**〔**正倉院文書**〕**続々修一八帙第四巻**（『大日本古文書（編年文書）』第一五巻、二五七～二五八頁）

（第六紙裏）
一、応レ返二向仕丁六人一
　見令レ向三人
　依二炭令レ持逃走三人
右今自以後、又可レ然事有、此逃走不勘給者、必可レ闕二公事一、乞察二此状一、到必可給勘加二決罰一。
右件條事、附二采女山守一、申送如レ件、今具レ状、以解。

○『県史・資料編３』史料五七によると、石山院奉写大般若経所が、天平宝字六（七六二）年一二月二四日に、事業の終了に伴い仕丁を返上した際、本来返上すべきであった仕丁五名のうち、実際に返上した仕丁は矢作真足《やはぎのまたり》、久須波良部広嶋《くすはらべのひろしま》、多米牛手《ためのうして》の三名で、占部小足、漢部千代の二名は、それぞれ五月七日、九月一三日に逃亡していた。また、同年二月一四日付けの奉写大般若経所解（続々修一八帙第三巻第四紙、『大日本古文書（編年文書）』第一五巻、一五二頁）によれば、これに先立つ二月一三日に、丈部高虫《たかむし》が逃亡している。福山敏男は、史料オとして右に掲出した史料を、奉写大般若経所関係のものと推定しているが（同著『日本建築史の研究』〔綜芸舎、一九八〇年、初版は一九四三年〕三九一頁）、その推定が正しいとすれば、「依二炭令レ持逃走三人（炭を持たしむるに依りて逃走せし三人）」とあるのは、具体的には、丈部高虫、占部小足、漢部千代をさすことになり、漢部千代の労働の内容や、逃亡の背景を知るうえでも興味深い史料となる。ただし、この史料が奉写大般若経所関連であることを示す決定的な根拠はなく、『県史・資料編３』史料五七では、進返すべき仕丁の総数を五人としていることとも矛盾が生ずるため、ここでは参考史料として掲げるにとどめておく。

二　漢部千代逃亡後の他の仕丁の動向

『県史・資料編3』史料五七および本稿前掲の史料エに見えるように、漢部千代は、天平宝字六（七六二）年九月に石山院奉写大般若経所から逃亡したのを最後に消息を絶つが、写経事業自体が終了したことによって、逃亡しなかった他の仕丁三名が返上されたのは同年一二月二四日のことであった。正倉院文書には、漢部千代が逃亡した九月以降の、奉写大般若経所所属の仕丁の動向に関する史料も残されている。『県史・資料編3』の補足としての趣旨からは外れるが、度重なる請求にも拘わらず、漢部千代には結局支給されなかった月養物が、その後どうなったかにも関連するので、以下、第一節に準ずる形で、史料を掲出しておくこととしたい。なお、内容については第三節でも後述する。

一〇月三日、石山院奉写大般若経所が、矢作真足ら仕丁三人の、正月から九月までの九ヶ月分の月養物を請求する。

史料カ〔正倉院文書〕続々修一八帙第三巻（『大日本古文書（編年文書）』第一五巻、二四六頁）

（第三十七紙）
石山院奉写大般若経所
　　　　立丁二人（並廝丁一）
合請月養仕丁参人　　廝二人
立丁　矢作真足下総国相馬郡大井郷
廝丁　久須波良部広嶋同国郡邑保郷
　　　多米牛手出雲国秋鹿郡大野郷

応給綿廿（ママ）四（十八）屯正月八月（九月）并三箇月料人別二屯
庸布十八段自二二月一迄二七月一并六箇月料人別一段
以前、従二去正月一迄二九月一、仕丁廝等月々養物、所レ請如レ件。
天平宝字六年十月三日主典正八位上安都宿祢（雄足）

一一月三〇日、石山院奉写大般若経所が、矢作真足ら仕丁三人の、正月から一一月までの一一ヶ月分の月養物を請求する。

史料キ〔正倉院文書〕続修第四四巻（『大日本古文書（編年文書）』第一五巻、二四八頁）

（第四紙裏）
石院務所解　申応二月養一仕丁事
合応レ請二月養一仕丁三人並廝
矢作真足下総国相馬郡大井郷
久須波良部広嶋同国郡邑保郷
多米牛手出雲国秋鹿郡大野（郷脱カ）
応レ給二綿参拾屯一正月八月九月十月十一月并五月レ箇料人別二屯
庸布壱拾捌段自二二月一迄二七月一并六箇月料人別一段
以前、従二去正月一迄二十一月一、仕丁等月々養物、所レ請如レ件、以解。
天平宝字六年十一月卅日主典正八位上安都宿祢（雄足）

三　関連史料と若干の考察

1　関連史料の整理と研究史

漢部千代が配属された石山院奉写大般若経所は、天平宝字五（七六一）年末から翌年にかけて近江国石山寺《いしやまでら》の造営を行った造石山寺所《ぞういしやまでらしょ》（造東大寺司の現地出先機関）の下部組織で、大般若経一部六〇〇巻をはじめとする経典の書写を行っていた。この写経事業を含む石山寺造営の全体像については、戦前の福山敏男による先駆的な研究(3)があり、一九六〇年代になって、造石山寺所の経済活動を分析した吉田孝の業績(4)もあらわれた。また、正倉院文書の一部をなす造石山寺所関係文書（石山院奉写大般若経所関係文書も含む）を『大日本古文書（編年文書）』から抽出して整理・分類し、その本来の形を復元する作業は、福山によって先鞭が付けられ、一九八〇年代には、岡藤良敬による専著も公刊され(5)ている。ここでは、主として福山・岡藤の研究によりながら、『県史・資料編3』および本稿に掲載した奉写大般若経所の仕丁関係史料の性格を、簡単に整理しておきたい。

岡藤が復元した造石山寺所関係文書は、氏の分類で一八種類にのぼるが、そのうち、『県史・資料編3』および本章に掲載した史料を含むのは、「造石山寺所解移牒符案《げいちょうふあん》」(6)および「雑物用帳《ぞうもつようちょう》」(7)（『大日本古文書（編年文書）』は「造石山寺所雑物用帳」とする）である。「造石山寺所解移牒符案」は、造石山寺所および石山院奉写大般若経所などが発給した解《げ》・移《い》・牒《ちょう》・符《ふ》などの公文《くもん》の案文《あんもん》を、原則として日付順に列記したもので、『県史・資料編3』所収の史料五四〜五七と本章第一節に掲載した史料ア、ウ、エ、第二節のカ、キといった、関係史料の大部分を含んでいる。また「雑物用帳」は、天平宝字六（七六二）年正月一六日から七月二七日までの、釘・藁・黒葛・食器・布・鉄物・墨などの日々の支給数量と用途などを記録したもので、本章第一節掲載の史料イ（漢部千代への浄衣《じょうえ》支給）がこれにあたる。

『県史・資料編3』史料五三の「甲斐国司解」については、他の文書との接続関係等は不明で(8)、福山・岡藤の整理した史料との関係も未詳であるが、文書末尾の追筆部分の内容からみても、広い意味では、石山院奉写大般若経所関係の文書に含まれることは間違いない。この文書が、現在の正集第一八巻に成巻される以前、どのような形で伝来したのかを明らかにするのは今後の課題である。

また、本章第一節の［参考］史料オとして掲げた文書については、宮内庁作成のマイクロフィルムを見ると、その前半部分が、同じ紙の紙背に書かれていることがわかる。これは、『大日本古文書（編年文書）』第一五巻、四五六頁に「石山院解案」として載せる次のようなものである。

〔正倉院文書〕（続々修第一八帙第四巻）

（第六紙）
石山院申　解削（消カ）息事

一、山堂事者、内裏奏已訖、但未二返事出一、仍不レ得二申上一、又大主申緒追将二申上一、大徳宣。

一、右中山寺者、被二大徳宣一云、彼所者、輙非レ可レ壊二遷所一暫止訖（宜可）。

一、紙切端、今間太少、又加作追進上。

一、被二大彼（大徳カ）宣一云、依二内裏宣一、早速応レ奉レ構二立大千手菩薩像一、宜急令彼居士大床（令）石作敷者、乞察状、可二施行一。

又後在レ文、末可二返見一。

文末の注記「又後在レ文、末可二返見一。（また後に文在り。末を返り見る可し。）」からも、これが裏面の史料オへと続くことがわかり、この史料が広義の造石山寺所関係文書の一つであることは間違いない。ただ、その内容には写経に直接関わるものがなく、史料オに付した按文で紹介した福山の見解のように、これが石山院奉写大般若経所関係の文書であるかどうかについては、より一層の検討が必要である。後考を俟ちたい。

さて、その石山院奉写大般若経所関係の史料としては、岡藤が、「充本経帳」「米売価銭用帳」「食物下帳」という三つの帳簿を復元している。[9] このうち、「充本経帳」は、写経の本経（原本）を経師（写経生）に充本（割り当て）した日付と用紙数を記したものであり、それによると、この写経事業は二期に分けて進められたことがわかる。すなわち、最初の充本は天平宝字六（七六二）年二月一一日から三月二四日までであり、その後、八月五日から一一月一九日にかけて、後半の充本が行われた。漢部千代が石山院奉写大般若経所に配属されたのは、最初の充本がまさに始まった頃であり、またその逃亡は、後半の充本後しばらくして、書写作業が再び本格化していた頃であることが知られよう。なお、福山によれば、写経の中断期にあたる八月下旬から九月上旬にかけては、観世音菩薩像などの彩色作業が行われていた。[10] 後掲の表に見るように、漢部千代の同僚であった矢作真足は、この期間、この彩色作業に関連して、彩色所での雑務に従事していた可能性が高い。

2　仕丁の労働と待遇

古代の仕丁については、彌永貞三の古典的論文[11]が知られ、近年では、国家による労働力編成のあり方や、役丁への資養制度に注目した櫛木謙周の研究[12]も発表されている。古代における仕丁全般については、これら先学の研究を参照していただくことにして、ここでは、仕丁としての漢部千代の周辺について、基礎的な事実を確認しておきたい。

一般農民出身である仕丁は、主として技術を必要としない力役に充てられた。その内容については彌永の論文に詳しいが、[13] 本稿に関わるものとしては、漢部千代の同僚であった矢作真足、久須波良部広嶋、多米牛手らの具体的な労働の一端が、正倉院文書から知ることができる。福山の研究[14]も参考にして表1にまとめたので参照されたい。漢部千代自身の労働内容を直接示す史料は今のところ確認できないが、おそらくこれに類する雑務に従事したものと思われる。

仕丁に対しては、庸米を主たる財源として、毎日の食料が官給されたほか、仕丁個人に対する資養物資として、出身国の郡郷（郷里制施行下においては出身の房戸）から中央に送られた養物が、民部省を通して支給される。養物には国養物（銭六〇〇文）と月養物（綿二屯または庸布一段）の別があった。両者の性格については諸説があるが、櫛木は、国養物は、雑徭を免除された房戸が、そこから出身した仕丁のために中央に送った資養物に由来し、月養物は、本来は廝丁に支給されていた庸綿・庸布の系譜を引くものとしている(15)。漢部千代を含む石山院奉写大般若経所の仕丁の場合、『県史・資料編3』史料五四に見えるように、国養物は三月という比較的早い時期に支給されている（各人にまず三〇〇文のみを給し、残りは追って給するという支給方法も興味深いが）のに対し、月養物の支給は、度重なる請求にもかかわらず極端に遅れていることが注目されよう。本章第二節に掲げた史料カ、キからもわかるように、こうした状況は漢部千代の逃亡後にも変わらず、写経事業自体が終了に近づいた一一月末の段階でも支給は滞ったままであっ

表1　仕丁の労働内容

仕丁名	労働内容	日　付	出　典※※
矢作真足	和炭の焼進	6月6日～9日	15ノ287～288
		6月12日	15ノ288
	彩色所の食料の受け取り	7月7日～16日	15ノ424～430
		7月18日～27日	15ノ431～436
		(7月28日～8月11日)※	15ノ436、5ノ29～30、5ノ25～29
	経所の食料の受け取り	8月12日～9月23日	15ノ471～482、5ノ33
		9月25日～10月3日	15ノ483～485
		10月5日～10月26日	15ノ485～490、5ノ23～24
		10月28日～11月15日	15ノ490～495
		11月17日～21日	15ノ495、5ノ30～32
		11月23日～24日	5ノ32、15ノ496
		11月29日～12月7日	15ノ497～500
久須波良部広嶋	経所の食料の受け取り	9月24日	15ノ483
		10月27日	15ノ590
		11月16日	15ノ495
		11月22日	5ノ32
		11月25日～26日	15ノ496
多米牛手	奈良へ使い	9月14日	15ノ481
		11月15日	15ノ495

※（　）内は、7/28, 29, 8/1, 2, 5～11の各日に従事。
※※出典は、『大日本古文書（編年文書）』による。第15巻288頁は15ノ288と表記した。

た。こうした現象が、石山院奉写大般若経所の固有の事情によるのか、国養物と月養物とのなんらかの性格の違いによるのかは、今後検討に値する問題と思われる。

仕丁に対する被服の支給については、養物の外に、必要経費として官給されたことが彌永により明らかにされている[16]。本章第一節に掲げた史料イで、（漢部）千代らに支給された「浄衣」はこれにあたるが、第三節の1でふれたように、これが「雑物用帳」に記載されていることは、この「浄衣」が、仕丁への給与ではなく、造石山寺所の会計から支出された必要経費であることを示している。

ともあれ漢部千代には、三月の段階で、故郷の甲斐国巨麻郡栗原郷から送られてきた国養物（銭六〇〇文）が分割払いで手渡されたし、毎日の食料は庸米から支給され、衣類も必要経費から支弁されていた。月養物の支給が滞っていたのは問題であったが、千代の同僚の仕丁三名は、その支給をうけないまま、逃亡もせずに写経事業の終了まで石山にとどまっており、月養物の未支給が、千代の逃亡の主な理由であったとは考えにくい。当時の仕丁の生活苦はどの程度のものであったか、また、逃亡した仕丁と、逃亡しなかった仕丁との運命の分かれ目はどこにあったのかを明らかにすることは、困難ではあるが、興味深い検討課題であろう。

おわりに

本章の趣旨から外れるため特に論及しなかったが、「造石山寺所解移牒符案」には、石山寺の造営に関わっていた仕丁が、石山院奉写大般若経所以外の部署においても、しばしば逃亡していたこと、また、彼らに対する国養物・月養物も未支給であったことを示す史料が散見する。漢部千代が置かれていた環境を理解するためには、こうした史料と合わせた総合的検討も望まれるところである。

正倉院文書中の造石山寺所関係史料は、奈良時代において、一つの寺院造営事業の開始から終了までを一括して把握できる希有の史料であるが、その中の漢部千代関係史料もまた、点数は少ないものの、諸国から仕丁が貢上され、逃亡するまでを追うことのできる貴重な史料である。その検討は、甲斐の古代史だけでなく、古代の仕丁制度全般の解明にとっても、未だに多くの可能性をもっていよう。本章が、今後のそうした検討のための捨て石となれば、望外の幸せである。

註

（1）岸　俊男「但波吉備麻呂の計帳手実をめぐって」（同著『日本古代籍帳の研究』塙書房、一九七三年、初出は一九六五年）。

（2）竹内理三・山田英雄・平野邦雄編『日本古代人名辞典』第一巻〔あ・え〕（吉川弘文館、一九五八年）、一〇六頁。

（3）福山敏男「奈良時代に於ける石山寺の造営」（同著『日本建築史の研究』〔綜芸舎、一九八〇年、初版は一九四三年〕所収、初出は一九三三〜一九三五年）。

（4）吉田　孝「律令時代の交易」（同著『律令国家と古代の社会』〔岩波書店、一九八三年〕所収、初出は一九六五年）。

（5）岡藤良敬『日本古代造営史料の復元研究』（法政大学出版局、一九八五年）。

（6）註（5）岡藤著書、第七章。なお、岡藤はこの史料を「公文案帳」と命名しているが、ここでは東京大学史料編纂所編『正倉院文書目録』（東京大学出版会、一九八七年〜）での呼称にしたがった。この史料の復元に関する専論としては、西洋子「造石山寺所解移牒符案の復元について―近江国愛智郡司東大寺封租米進上解案をめぐって―」（関晃先生古稀記念会編『律令国家の構造』〔吉川弘文館、一九八九年〕所収）がある。

（7）註（5）岡藤著書、第一三章。

（8）東京大学史料編纂所編『正倉院文書目録』一（東京大学出版会、一九八七年）三五二〜三頁。

（9）註（5）岡藤著書、第一八章。

(10) 註(3)福山論文、三三八〜四〇頁。
(11) 彌永貞三「仕丁の研究」(同著『日本古代社会経済史研究』(岩波書店、一九八〇年)所収、初出は一九五一年)。
(12) 櫛木謙周『日本古代労働力編成の研究』(塙書房、一九九六年)第一章、第二章。
(13) 註(11)彌永論文、四四〇頁。
(14) 註(3)福山論文、三八九〜三九一頁。
(15) 註(12)櫛木著書、八六〜九二頁。
(16) 註(11)彌永論文、四四五〜六頁。

第三章　延喜式内社穂見神社について

はじめに

山梨県韮崎市旭町上条南割に鎮座する苗敷山は、甲府盆地湖水伝説と結びついた稲作農耕の神として古来より地域の信仰を集め、山麓の四地区からなる苗敷山穂見神社氏子総代会などの地元の人々によって、周辺の文化財や祭礼が今日まで守り伝えられている。平成一三（二〇〇一）年、山頂付近の林道建設に伴う発掘調査により、平安時代の遺物を伴う竪穴建物跡が検出され、なんらかの宗教的施設と推定されたことから、苗敷山への信仰も古代に遡る可能性が改めて指摘されるようになった。このようななか、韮崎市教育委員会は、地元の氏子総代、文化庁および県教委とも協議を進め、平成一九（二〇〇七）年からの四年間にわたり、考古学、文献史学、建築学、美術史学、民俗学等を専門とする調査員からなる「苗敷山総合学術調査研究会」（会長・清雲俊元）にその研究を委託することになった（1）。本章は、筆者がこの共同研究に、文献史学の立場から参加したことによる研究成果の一部である。

苗敷山に関するこうした総合的な学術調査に、文献古代史の立場から寄与しようとする場合、何よりも問題となるのは、その山上に奥宮、東麓に里宮を有する現在の穂見神社が、『延喜式』巻九神名上の甲斐国条、巨麻郡五座の二番目に挙げられた延喜式内社「穂見神社」の論社の一つとされていることである。結論を先に述べれば、筆者は、苗敷山穂見神社が、古代の延喜式内社穂見神社を継承するものである可能性は大いにあると考えているが、式内社の現地比定は、学問的にみても必ずしも容易なことではなく、蓋然性の優劣を相対的に論ずる他ない場合が多いのも事実である。そこで本章では、穂見神社に関する論社について、苗敷山穂見神社以外のそれも含めて総合的な検討を行うだけでなく、九世紀の甲斐国内における神階奉授の動向や、式内社＝官社とそれ以外の非官社（いわゆる国史見在社）の分布や地域的展開にも留意することによって、苗敷山穂見神社が、延喜式内社穂見神社である可能性について検討することとしたい。

一　社殿の成立と神社の立地

現代人の感覚からすると、日本の神々を祀る宗教的施設として、地域社会に「神社」が存在することは、半ば自明のことのように思われるだろうが、いわゆる「神社」は歴史的な経緯のなかで形成されたものであり、それ自体、歴史的な検討の対象である。「神社」が形づくられた古墳時代後期から奈良時代ごろにかけての古代の人々の「神」の観念について、岡田精司は、第一に、あらゆるもの（物体でも生物でも）に神霊が宿ると考えられており、多様な神格が存在したこと、第二に、神は平常は人里ではなく遠方の清浄の地（山の奥や海の彼方など）に住み、祭りの日にだけ人間界にやって来るものであること、第三に、神は目に見えず、それゆえ神の形（神像彫刻など）は本来は作られなかったこと、などの諸点を挙げている(2)。また直木孝次郎は、「村落や氏族などの公共の神は、（中略）多く野外において祭祀され、その原初の形態においては、社殿の儲けはなかったものと推定してよいであろう。そして社会生活の発展とともに祭祀の儀礼に変化が生じ、その結果、社殿が作られるようになった」と述べるとともに、社殿の存在しない「もり」から、次第に社殿の存在する「やしろ」に転換したとし、その背景に、自然崇拝から人格神へと神観念自体が変化したことがあったとしている(3)。

それでは、どのような条件がそろった時に「神社」が成立したといえるのか。岡田は、第一に、一定の祭場と祭祀対象が存在すること、第二に、祭る人が神職などの形で組織化されていること、第三に、祭りのための常設の建造物が存在すること、の三点を挙げ、そのうち決定的な要因は三番目の建造物の成立であるとする。[4] 文献史学の通説では、常設神殿の建設は、おおむね七世紀以後の律令制形成期に始まるとされており、七世紀に、伊勢神宮や石上神宮などの、王権と関係の深い神社（神宮）で大神殿が造営されるようになるのに続き、八〜九世紀にかけて、いわゆる官社（＝後の延喜式内社）の制度が展開するのに伴って、全国に広がっていったと考えられている。[5]

神社の立地について総合的に検討した研究は少ないが、近年では小倉慈司が、古代における神社の立地の主要因として、

a 信仰対象地そのもの
b 信仰対象に臨んで選地された場所
c 他の要因に規制された場所（一義的な理由がaまたはbでないもの）

という三つの分類を提唱している。[6] 小倉によれば、多くの神社は自然的要因に基づいて立地されたと考えられ、具体的には山や川、巨石など、a信仰対象地そのものが神社とされる場合と、bそれら信仰対象を臨む場所が選地された場合があると考えられる。cについては、具体的には（イ）官司・邸宅・荘園等の内部に祀られた地主神・守護神、内神や宅神等、（ロ）境内社、（ハ）総社、の三パターンが想定されているが、八〜九世紀の甲斐における官社（＝延喜式内社）の立地を考察する本章では、さしあたり（ロ）と（ハ）のケースは除いてよいと思われる。（イ）については、郡家を中心とする官衙のほか、駅路・伝路などの交通路や、特に北巨摩地域においては、牧の設置に伴う開発の進展の問題を考慮する必要があるだろう。

甲斐における神社の立地を考察する場合、今一つさけて通れないのは、今回の総合学術調査の対象である苗敷山穂見神社をはじめとして、多くの神社に見られる「山宮」と「里宮」のセット関係である。『国史大辞典』[7] によれば、山宮とは、山頂や山中に神霊を祀る神社・祠・祭場などをさし、麓の村里の「里宮」と対をなす。前述のように、山

を神霊の宿る神聖な場所とする信仰は古代からみられるが、古くは、山そのものは畏敬の対象として入山を禁じ、山容を拝するに都合のよい麓の浄地（前述の小倉の分類のbに当たる）を祭場として神を迎え祀っていたが、やがてそこに社殿が設けられるようになる。ところが平安時代前期ごろから、山岳仏教の盛行に伴い、修験者らの登拝修行の対象として霊山が選ばれ、頂上に祠宇を建てて奥宮などと称したので、かえって山頂の社が元で、麓の里宮は後世の遷祀であるかのごとく説く例も生じてくるという。山国である甲斐国の古社には、「山宮」と「里宮」の対からなるものが多く、また社伝等によるその起源も、本来は「山宮」であったとする場合が多いが、前述のように、これは本来のものではないことに注意する必要がある。しかしその一方、山を神体山として信仰の対象とすること自体は神社成立以前から行われており、その神体山を、山容によって浅間型と神南備型に分類することも、大場磐雄の研究以来広く行われている。[8] 甲斐国の式内社の場合、山梨郡の山梨岡神社（論社がいくつかあるが、通常説かれるように、笛吹市春日居町鎮目に鎮座するそれに比定して問題ないであろう）が、典型的な神南備である御室《みむろ》山（大蔵経寺山）を神体山とし、その麓に位置すること、また御室山を山宮とする伝承をもつことが注目されよう。つまり、「山宮」と「里宮」のセット関係をもつ神社であることは、その立地が小倉の分類b「信仰対象に臨んで選地された場所」に相当する可能性を示しており、それは、式内社の比定にとっても有力な手がかりとなりうるということである。ただしその場合、古代の神社の所在地として想定できるのは、山宮ではなく里宮で、むしろ里宮の地理的環境の検討こそが重要となる。苗敷山穂見神社の場合も、古代の延喜式内社の候補地となりうるのは、苗敷山（旭山）山上の奥宮（山宮）ではなく、その東麓の、韮崎市旭町上条南割に鎮座する里宮であることを確認しておきたい

二　官社制・神階社制の地域的展開

前述のように、地方における常設の神社社殿の成立の大きな契機となったのは、八～九世紀における官社制の展開

であった。官社とは、毎年二月四日、神祇官が天皇の名のもとに行う稲作の予祝儀礼である祈年祭などの国家祭祀に際し、国家から幣帛を班賜される神社のことで、『延喜式』巻九・一〇神名式（「延喜式神名帳」ともいう）にまとめて記載されていることから、延喜式内社ともいう。官社制の成立は天武四（六七五）年ごろと考えられているが、[9]天武・持統朝には畿内を中心とし、延喜式に見られるような全国的な体制は八世紀中ごろの天平年間（七二九～七四九年）に確立したらしい。しかし、官社の認定は九世紀まで継続して行われ、また延暦一七（七九七）年には、多くの外国の官社には国司が神祇官に代わって班幣することになり、神祇官による官幣と、国司による国幣の区別も生じた。

川原秀夫によれば、官社に認定された地域の神には、中央の神祇官から、以下の四点を受け入れることが要請された。[10]

①祈年祭における国家祭祀時の班幣（大社は大嘗祭と二度の月次祭時の班幣も加わる）
②司祭者の国家による選任
③社殿の造営
④社殿の清浄状態の維持

特に③は、地域における常設神殿の成立にとって、官社制が重要な役割を果たしたことを示していよう。

甲斐国における官社の認定状況[11]については、『続日本紀』慶雲三（七〇六）年二月庚子条に「甲斐・信濃・越中・但馬・土佐等の国の一一九社、始めて祈年の幣帛の例に入る。〈その神名は神祇官記に具《つぶさ》なり。〉」とあり、大宝令の施行後間もない時期に、すでに甲斐に官社が存在していたことがわかる。また、『日本後紀』延暦二四（八〇五）年一二月乙卯条には「甲斐国巨麻郡の弓削社を官社に預けしむ。霊験有るを以てなり。」とある。

この弓削社は、『延喜式』巻九・神名上において、八代郡六座のうちの二番目に見える弓削神社と同一とされ（市川三郷町弓削に鎮座する弓削神社が、他に論社もなく比定地として適切と考えられる）、延暦から延喜の間に、巨麻郡と八代郡の郡界になんらかの変更があったために、『延喜式』では巨麻郡ではなく八代郡の所在となっていると考えられているが、少なくとも官社の認定が、九世紀にも継続していたことがわかる事例である。

しかし、官社制による地域祭祀の統制は、その認定に地域的な偏りが著しかったことや、神職が中央の神祇官や地方の国庁に自ら出頭して幣帛を受け取ることを一方的に強制していたこともあって、九世紀後半には衰退してゆく。これに代わって、地方の神社を統制する機能を果たしたのが、神に対する位階授与制度である神階社制である。[12]神階の授与は八世紀中ごろの天平年間より見えはじめ、奈良時代後半から増加し、九世紀中ごろの嘉祥年間に官社を包含した形で制度化され、九世紀後半の貞観年間に確立する。当初は官社・非官社の別を意識して運用されていたが、やがて両者の区別は無くなり、一〇世紀に諸国の神の大半が神階の対象となるに及んで、祭祀統制策としては形骸化した。川原によれば、神階社となることにより地域の神に求められるのは、

①神階による昇叙

②司祭者の国家による選任

③社殿の造営

④社殿の清浄な状態の維持

であり、神階社制が官社制を継承する制度であったことが知られる。神階を授与される神は、それまでの官社よりもはるかに多く、神階社制の展開は、地域における社殿造営の浸透に大きな役割を果たしたと考えられよう。

官社以外の神階社をはじめ、祭祀・霊験・奉幣などの記事が正史にみえる神社を、国史見（現）在社や式外社という。甲斐国における国史見在社には、山梨郡の浅間明神、美和神、巨麻郡の比志神のほか、郡名未詳のものとして、檜岑神、船形神、建岡・藤建神、金神、膝上神、白根神、在樹神、広神などがある。[13]これら全ての鎮座地を比定するのは難しいが、ここでは、原正人がほぼ特定できるとした比志神（貞観五年〔八六三〕六月八日に正六位上から従五位下に昇叙）と

檜岑神（貞観一〇年〔八六八〕九月一七日に無位から従五位下に叙爵）の二例(14)について、その性格を整理しておきたい。

比志神に比定される北杜市須玉町比志に鎮座する比志神社は、大永八（一五二八）年の棟札銘をもつ本殿が現存する巨摩地域で最古の古社である。県内に比志の地名は他に存在せず、金峰山西麓の支脈に囲まれた山間地域ではあるが、縄文中期の遺跡である郷蔵地《ごうぞうち》遺跡や、縄文から近世に至る集落跡である塩川遺跡が存在する。特にこの地が、信濃との遠距離交通路の一つである穂坂路の道筋の一つ（近世の小尾街道）に位置することは注目される。

檜岑神は、笛吹市御坂町上黒駒に鎮座する檜岑神社が、同名の社が他に無いことからも鎮座地と考えられる。釈迦ヶ岳と神座山の間の標高九〇〇メートルの高所に位置するが、神社前を水源とする神座川は、上黒駒の戸倉の集落で金川に合流しており、原は、当該地域の水源神の性格をもつとする。上黒駒は、隣接する駒留、下黒駒と並んで、東海道支路としての甲斐路（御坂路）に置かれた駅（近年の平川南の説(15)によれば加吉駅）の所在地とされている。

比志神、檜岑神ともに、単なる山岳信仰の展開により神階が授与されたのではなく、国家による遠距離交通路の掌握という背景ももつことは注目されよう。また、比志神の場合は、九世紀の北巨摩地域で急速に展開する、御牧をはじめとする牧の開発との関連も考慮されなければならないだろう。これに対し、九世紀初頭に官社に列した巨麻郡（延喜式の段階では八代郡）弓削神社は、前述のように、現在の市川三郷町弓削の同名の神社に比定されるが、当該地は芦川が笛吹川に合流する地点の沖積地に立地し、山間部ではない。少ない事例のみから即断することはできないが、式内社＝官社の認定が進んだ九世紀前半には、その認定は、比較的新しく開発され生産基盤となった平野部を中心とし、神階社制に重点が移る九世紀後半になると、特に巨麻郡内では、大規模な牧開発などを背景に、主要な交通路に沿った山間部において、在地の信仰の掌握が進んでゆく、という傾向が読み取れるのではあるまいか。これは、延喜式内社である巨麻郡穂見神社の比定を行ううえでも配慮すべき点であると思われる。

式内社に関する論点整理の最後に、穂見神社の「穂見」という神名の性格についても触れておきたい。甲斐国の式内社の名称には、山梨郡物部《もののべ》神社、松尾《まつのお》神社、巨麻郡倭文《しとり》神社、八代郡佐久《さく》神社、弓削《ゆげ》神社、浅間《あさま》神社など、他国と共通する名称をもつものがある一方、山梨郡甲斐奈《かいな》神社、黒戸奈《くろとな》神社、金桜《かなさくら》神社、玉諸《たまもろ》神社、大井俣《おおいまた》神社、山梨《やまなし》岡《のおか》神社、巨麻郡宇波刀《うわと》神社、笠屋《かさや》神社、八代郡表門《うわと》神社、中尾《なかお》神社、桙衝《ほこつき》神社など、甲斐国固有の神名をもつものも多く、巨麻郡穂見神社もその一つである。[16]「穂見」の「穂」は稲・すすきなどの穂をさし、「見」はミの甲類で、ワタツミ（海神）・ヤマツミ（山神）のミのように、神霊をさす語として接尾語的に用いられる。[17]したがって、「穂見」とは「稲穂の神霊」という明快な語義となり、稲作を中心とする農業神であったと理解できよう。近世の苗敷山信仰とも共通する点があり興味深いが、第一節でも述べた古代における信仰の形態を考慮すれば、その祭祀のための社殿は、山間部ではなく、日常的な生産の場（この場合は水田の展開する地）の近くに求めるべきであることを確認しておく。

三　穂見神社の論社と式内社の比定

『延喜式』巻九神名上は、甲斐国巨麻郡の官社として、記載順に、①神部神社、②穂見神社、③宇波刀神社、④倭文神社、⑤笠屋神社の五座を挙げる。以下では、このうちの穂見神社の論社について、『山梨県の地名』[18]を中心に、『甲斐国社記・寺記』[19]、『甲斐国志』[20]、『式内社調査報告』[21]などに見える基本的なデータを整理したうえで、その鎮座地の比定を試みることとしたい。[22]

A　穂見神社

所　在：南アルプス市（旧櫛形町）高尾。高尾集落の西方に位置する。

例祭日：一一月朔日（『社記』）

祭　神：倉稲魂尊・稚産霊神・保食大神・天照皇大御神・天村雲命・級長津彦命・級長津姫神・句々廼知神・草

野媛神

由　緒：旧郷社。通称高尾さん。あるいは北鷹尾として知られる。『甲斐国志』では御崎明神と記され、慶応四（一八四八）年に当社が寺社役所に提出した社記・由緒書では穂見神社と称している。社蔵の天福元（一二三三）年一二月一五日の紀年銘のある懸仏には「三躰王子　甲斐国八田御牧北鷹尾」と刻され、当社は八田御牧内にあったとされる。三躰王子とは大福王子、大寿命王子、大智徳王子をさし、俗に文殊と称されたという。摂社末社は合わせて七五社あったとされる。

B　穂見神社

所　在：韮崎市旭町

祭　神：天之底立命・国之常立命・豊受姫命

例祭日：一月九日　一一月一〇日　六月一三日一三日　八月一三日一三日（『甲斐国志』）

由　緒：苗敷山（旭山）の山上に本宮、東麓に里宮がある。旧村社。かつては壮大な神域を誇ったが、天正壬午（一五八二年）の戦いで兵火にかかり、以後旧観に復することはなかったと伝える。古くは苗敷山権現と称し、真言宗苗敷山宝生寺（現在は廃寺）が神宮寺であった。近世には、山上境内に本地仏の虚空蔵を安置する虚空蔵堂があった。本地虚空蔵菩薩には同菩薩が湖底であった甲府盆地を干拓し、苗を敷植えして人々に稲作を教えたという開闢伝説があり、社名および苗敷の山名はこの伝説に由来する。社領は合わせて七石七斗余。

C　**穂見神社**

所　在：韮崎市穴山町。穴山町の南東端、字稲倉にある。
祭　神：建御名方命・倉稲魂命・素盞嗚命
例祭日：九月一九日（『山梨県の地名』）　二月一七日　一二月二三日（『式内社調査報告』）
由　緒：旧郷社。祭神のうち、素盞嗚命は社地にある根の神石と呼ぶ霊石を祀ったものといい、倉稲魂神は古代巨麻郡速見郷の正倉の鎮守であったとされる。また建御名方神は天文年中（一五三二〜一五五五年）に上手村（現北杜市明野）の諏訪社（宇波刀神社）の分霊を勧請したものという。中世には稲蔵（稲倉）大明神、近世には諏訪大明神と称された。社領は七石六斗余。

D　**八幡宮穂見神社**

所　在：中央市（旧田富町）布施
祭　神：誉田別命・倉稲魂命
例祭日：一月一七日　七月二三日　八月一八日　一一月朔日（『社記』）
由　緒：旧郷社。慶長一三（一六〇八）年の番帳の四一番に見える祢宜両人のうち一人は当社のそれで、八幡宮とある。『社記』にも八幡宮とあり、相殿として穂見神社が見える。古くは布施郷六ヶ村（布施・上三条・下三条・河西・山神・臼井阿原）の惣鎮守であった。社領は布施村、上三条村合わせて五石四斗余。

E　**穂見諏訪十五所神社**

所　在：北杜市長坂町長坂上条

祭　神：建御名方命・保食神・天地神五行神
例祭日：一月一四日　八月四日　九月八日（『社記』）
由　緒：『甲斐国志』によると、当社は江戸時代には諏訪明神と称して、一五所明神を祀り、長坂上条村、長坂下条村、渋沢村の鎮守となっている。『社記』に末社として三ヶ村合わせて一七社の記載があるが、穂見社は見えない。朱印地は四石七斗余。

これらのうち、Dは本来は八幡宮、Eは諏訪明神であったとみられ、穂見の神名は後次的な勧請により加わったものと考えられるので、考察の対象からひとまず除外してよいであろう。

A穂見神社（南アルプス市高尾）は、倉稲魂命・稚産霊神・保食大神という稲作に関わる農業神を祀っており、現在でも五穀豊穣の神として例祭への参詣者も多い。しかし、『式内社調査報告』が指摘するように、その鎮座地が人里を三・五キロメートルも離れた山中であることは、古代の式内社の立地としては不自然といわざるを得ない。同書はまた、甲斐における式内社が、おおよそ甲府盆地の周辺、盆地平坦部より丘陵部にかかる地か、またはその丘陵台地上に存在するのを通例とする。また、甲斐国の古社には山宮のあるものが多いが、一般に、その本拠は山宮ではなく里宮と見るべきことも指摘する。これに対し、A穂見神社の場合は、里宮との関係が明確ではなく、白山権現・三躰王子を祭神とすることなどからも、古代以来の鎮座というよりは、修験的な信仰の展開によって当地に鎮座した社である可能性も考慮すべきとしており[22]、支持すべき見解であろう。

B穂見神社（韮崎市旭町）が、前述のように山宮と里宮のセット関係を有し、苗を敷植えして人々に稲作を教えたという農業神であることは、古代の式内社の比定地としては有利な点である。鎮座地は御勅使川の形成した扇状地と旭山山塊との境界上にあり、現在も水田が広がる稲作地帯で、古代巨麻郡余戸郷（後の甘利庄）の中心部に属する。

また、里宮の前を南北に通る道は、県道一二号線旭バイパスの旧道であるが、この道は、近世の駿信往還以前の西郡路として、百々村（南アルプス市〔旧白根町〕百々）で韮崎へ向かう道と分岐し、若尾村・武田村（韮崎市）を経て下円井村（同上）で甲州道中に合流する中世以前の要路であった。(24)

C穂見神社（韮崎市穴山町）は、こうした重要な交通路上には位置しないが、倉稲魂神という農業神を祀ることは古代の神名の性格と一致する。鎮座地は、八世紀以後急速に開発が進み、現在でも県内有数の穀倉地帯である藤井平の北縁部にあたり、古代の生産基盤との関係からみても不自然な点はない。『式内社調査報告』は、当社を最も難の少ないものとして、式内社に比定している。しかし、本稿で述べたところからすれば、山宮と里宮のセット関係を有しない点、主要な交通路に接しない点に関して、B穂見神社（韮崎市旭町）に劣っている。

紙数の関係で、詳細は別の機会に譲るが、(25)巨麻郡における式内社を、

①神部神社→南アルプス市（旧甲西町）下宮地
②穂見神社→韮崎市旭町
③宇波戸神社→北杜市明野町上手
④倭文神社→韮崎市穂坂町宮久保
⑤笠屋神社→竜王市（旧敷島町）中下条

と比定することができるなら、①は駿信往還、②はそれから分岐した西郡路、③は塩川を挟んで逸見路の対岸、④と⑤はいずれも穂坂路といった中世以前の主要交通路に接していることが注目される。またその配列は、①を起点として釜無川右岸を北上した後、同左岸に移って今度は南下する形となり、全体として見ると、ほぼ時計回りに配列されることになる。(26)韮崎市穴山の穂見神社が、その配列の場合の塩川の渡河点付近にあたると考えれば、この原則とは矛盾しないが、穂見神社を穴山に比定した場合には、釜無川右岸の式内社が、①神部神社のみとなってしまい、また、

②穂見神社と③宇波戸神社の二社が近接しすぎることになって、全体のバランスを欠く点が問題と思われる。

おわりに

きわめて雑駁な議論に終始してしまったが、本章の結論を示せば、延喜式名社穂見神社の比定地としては、A穂見神社（南アルプス市高尾）の可能性は低く、今回の総合学術調査の対象でもある苗敷山のB穂見神社（韮崎市旭町）の里宮が最も有力と考えられるが、C穂見神社（韮崎市穴山町）の可能性も全くは排除できない、ということになろう。もっとも、『苗敷山の総合的研究』所収の諸論考でも論じられているように、中世から近代にかけての苗敷山信仰は、今回検討した式内社穂見神社の複数の論社を含む広大な信仰圏を有し、個々の穂見神社への信仰圏とも重なりながら、複雑な構造と展開を示していた。八～九世紀の地域社会において、官社制や神階社制によって統制されていた律令制期の神祇信仰は、どのような変遷をへて、こうした信仰の世界へと変質を遂げていったのか。そのミッシングリングを探す作業は、史料的な制約もあって容易ではなく、ある意味で、古代・中世宗教史全体の研究課題でもあるが、古代の地域史研究にとっても重要な問題であることを確認して、章を終えたい。

註

（1）研究の成果は、苗敷山総合学術調査研究会編『苗敷山総合学術調査報告書 苗敷山の総合研究』（韮崎市教育委員会、二〇一一年三月）に収録されている。
（2）岡田精司『神社の古代史』（大阪書籍、一九八五年）八頁。
（3）直木孝次郎「森と社と宮―神観念の変遷と社殿の形成」（同著『古代史の窓』〔学生社、一九八二年〕所収、初出は一九五八年）。
（4）註（2）岡田著書、一七～二四頁。

（5）三宅和朗『古代の神社と祭り』（吉川弘文館、二〇〇一年）、同『古代の王権祭祀と自然』（吉川弘文館、二〇〇八年）終章、川原秀夫「社殿造営政策と地域社会」（『延喜式研究』二五、二〇〇九年）、有富純也『日本古代国家と支配理念』（東京大学出版会、二〇〇九年）第一部第三章、神社社殿の成立と律令国家、など参照。
（6）小倉慈司「古代在地社会における「神社」の存在形態と青木遺跡」（『国史学』一九四、二〇〇八年）四〇～四五頁。
（7）『国史大辞典』一四（吉川弘文館、一九九三年）「里宮」の項（平井直房氏執筆）参照。
（8）大場磐雄『祭祀遺跡　神道考古学の基礎的研究』（角川書店、一九七〇年）。
（9）中村英重『古代祭祀論』（吉川弘文館、一九九九年）。
（10）註（5）川原論文のほか、同「律令官社制の成立過程とその特質」（『日本古代の政治と制度』〔続群書類従完成会、一九八五年〕所収）。
（11）原　正人「神階授与と在地社会」（『山梨県史 通史編1 原始・古代』〔山梨県、二〇〇四年〕第六章第三節二）も参照。
（12）以下、神階社制については、註（5）川原論文のほか、同「神階社考」（『古代文化』四九―二、一九九七年）、小倉慈司「八・九世紀における地方神社行政の展開」（『史学雑誌』一〇三―三、一九九四年）を参照。
（13）註（11）原論文のほか、岡田莊司編『古代諸国神社神階制の研究』（岩田書院、二〇〇二年）一五九～一六二頁も参照。
（14）註（11）原論文、六七九～六八一頁。
（15）平川　南「甲斐の交通」（『山梨県史 通史編1 原始・古代』〔山梨県、二〇〇四年〕第五章第七節）。
（16）註（11）原論文、六七四頁。
（17）上代語辞典編修委員会編『時代別国語大辞典　上代編』（三省堂、一九九四年）。
（18）磯貝正義編『山梨県の地名 日本歴史地名大系19』（平凡社、一九九五年）。
（19）山梨県立図書館編『山梨県史料9 甲斐国社記・寺記』第一巻・神社編（山梨県立図書館、一九六七年）。
（20）佐藤八郎・佐藤森三校訂『大日本地誌大系　甲斐国志』第三巻・神社部（雄山閣、一九七一年）。

（21）式内社研究会編纂『式内社調査報告』第一〇巻・東海道5（皇學館大学出版部、一九八一年）。
（22）論社に関するデータの整理、および鎮座地の比定作業にあたっては、守屋秀亮「古代甲斐国における神社の研究」（山梨大学教育人間科学部卒業論文、二〇〇九年）の成果を利用した。
（23）註（21）書、五四〇～五四四頁。
（24）『山梨県の地名』（註〔18〕前掲）四八頁。
（25）註（22）守屋論文も参照。
（26）延喜式神名帳における郡別の式内社の配列については、『倭名類聚抄』における郷の配列とならんで、現状では規則性が見出せないことも多い。しかし、例えば相模国高座郡の場合、相模川の下流から上流の順になっていると考えられるなど、大河川などによる地理的条件や、国府や郡家との関係、交通路との関係などから、一定の規則性が想定できる場合もある。

補　論　儀礼空間としての国庁・郡庁

―儀制令18元日国司条の周辺―

はじめに

一九八〇年代以降、考古学の山中敏史らによって開拓された古代の地方官衙研究は、文献史学にも大きな影響を及ぼし、現在、考古・文献の別を問わず、古代史の重要な研究テーマの一つとなっている。その過程で、全国の国庁の整備が、主として大宝元（七〇一）年の大宝令施行後の八世紀第1四半期以降に行われた一方で、地方の郡家の整備はそれに先行していたことが明らかとなり、七世紀の評制段階の事例が全国で報告されるようになってきた。国府・国庁と評家・郡家の整備におけるこの時間差をどのように理解するかは、律令制的な国郡制の形成過程と密接にかかわっており、孝徳朝（七世紀中葉）の天下立評以後、地方行政の中核であった「評」制の上に、後の令制「国」がどのような形で覆い被さり、整備されていったのかを問うことにもなる。本論は、文献史学の立場から、八世紀の国庁・郡庁で行われる儀礼―特に、養老儀制令18元日国司条に規定された、いわゆる「国司朝拝《こくしちょうはい》」―を素材として、この課題に関する若干の問題提起を試みるものである。

一　国司制度の成立過程

律令制的な国郡制の成立過程は、大化改新以後の律令国家の形成過程を解明する重要な論点であり、特に地方における国司制度の成立は、中央の太政官制と並んで、中央集権的な政治機構の成立を解くための鍵として重視されてきた。ここでは、八世紀における国庁と郡庁の関係を考察するための前提として、主として黛弘道(1)、早川庄八(2)らの見解に拠りつつ、基本的な事実を整理しておく。

大化元（六四五）年八月に発遣された「東国等国司」は、八グループに分けられて東国に派遣され、国造の地域支配を調査し、天下立評のための基礎作業を進めたものであるが、その任務内容からして、広域を巡回する使者としての性格が強かったとみられ、後の令制国司のように、管轄地域の特定の場所に常時駐在していたとは考えにくい。ただし、八世紀成立の『常陸国風土記』には「坂より以東の国を惣領」とあり、また大化五（六四九）年と白雉四（六五三）年に同一人の在任が確認され、機関としてのある程度の継続性がうかがえ、また後述の「惣領」と同一視されていることもわかる。

一方、大宝・養老令制においては、西海道にのみ、諸国を統括する地方政府として大宰府が置かれているが、七世紀以前には、これに類するものが、「惣領」「大宰」等の名称で、他の地域にも存在したことが知られている。このうち、大宰府の前身である筑紫惣領または筑紫大宰は、推古朝以来の常設の官であったと考えられるが、他は基本的に、天智朝末年の状況を示す『日本書紀』の壬申紀以降、『続日本紀』の文武紀以前にみられるものである。例えば、天武元（六七二）年の壬申紀には「筑紫大宰」と「吉備国守」が見えるが、後者は天武八（六九七）年三月紀には同一人が「吉備大宰」とあり、実際は「国守」ではなく「大宰」であった可能性が高い。また、天武一四（六八五）年三月紀に「周防惣領所」、持統三（六八九）年八月紀に「伊予惣領」が見え、さらに飛鳥浄御原令の施行に伴う最初の地方官人事を示す持統四（六九〇）年七月紀には「大宰・国司皆遷任」とあって、浄御原令官制においても大宰と国司が併存していたことがわかる。『続日本紀』文武紀でも同様で、大宝令施行直前の文武四（七〇〇）年六月紀に「竺志惣領」、同一〇月紀に「筑紫惣領・大弐」「周防惣領」「吉備惣領」と見えている。

惣領の設置が史料から確認されるのは、吉備・周防・伊予・筑紫のみで、これが全国に設置されていたのかについては見解が分かれる。早川庄八は、大化以降文武朝までの惣領は、大化の東国国司以来の評官人の銓擬権を独自の機能として有しており、本来は全国にあまねく設置されたもので、国宰（国司）制の整備とともに順次削減・縮小されて、大宝令では筑紫にのみ残ったと考えている。

令制国司の前身とされる「国宰」については、『播磨国風土記』讃容《さよ》郡船引《ふなびき》山条に「近江天皇之世、道守臣為〔二〕此国之宰〔一〕（近江《おうみ》の天皇《すめらみこと》のみ世、道守臣《ちもりのおみ》、此の国の宰《みこともち》と為《な》り）」とあり、また壬申紀には伊勢・美濃・尾張・河内等の「国司」が見えるので、遅くとも天智朝末年までには成立していたと考えられる。また『日本書紀』天武四（六七五）年二月癸未条には「大倭・河内・摂津・山背・播磨・淡路・丹波・但馬・近江・若狭・伊勢・美濃・尾張等国……」とあり、相当数の「国」が成立していたことがうかがえるが、播磨以下の国の配列は後の七道制に拠っておらず、大化年間の四至畿内制に対応しており、広域行政区画としての七道が成立する以前の状況を示している。

前掲の『播磨国風土記』の記事を重視する早川は、令制につながる「国」と「国宰」の成立を斉明朝または天智朝の初期に置き、六六〇年の百済滅亡後に緊迫した国際情勢への対応をその主たる目的とした。またそうした設置の背景から、壬申の乱までの国宰は、天武朝以後のそれとは異なり、兵力動員権を含む強大な権限をもっていたと考え、後の国宰と区別するために、特に「初期国宰」と呼んでいる。

天武元（六七二）年の壬申の乱の終結の後、中央政府は初期国宰の官鑰・駅鈴・伝印を没収したため、天武・持統朝から飛鳥浄御原令施行期までの国宰の権限は大幅に縮小される。この段階の国宰は、正倉管理権や兵器管理権をもたず、例えば屯倉の田租・正倉なども、中央から派遣される田領《たつかい》・税司が管理していた。黛弘道によれば、この時期の国宰の職掌は、祥瑞・珍物の貢上、調庸の運送、役の差発、戸口調査、放生、神社修理、蕃客送京などで、基本的に民政を中心とする行政官であることがうかがえる。また早川によれば、国宰に兵器管理権をはじめとする軍事権が再び委譲されるのは、天武一二（六八二）年一二月紀や同一四（六八四）年一一月紀に見られるように、天武朝末年のことであった。早川は指摘していないが、実は、天武一二（六八二）年から同一四（六八四）年という期間は、全国に使節を派遣し、七道制の施行と令制国境の最終的な確定が行われた時期と重なっている(3)。次節でも触れるように、都から全国へ放射状に延びる官道としての七道は、国司と郡司など在地勢力との身分的な関係を確認する一つの儀礼空間でもあり(4)、また官道の維持や、それに沿って置かれることになる駅家の運営は、後の駅起稲の運用などの財政面も含めて、国司と評官人との政治的な関係に、様々な影響を及ぼしたと推測される。

大宝元（七〇一）年の大宝令施行によって、国司は一国全域に対する軍事・財政・裁判権と一般行政権を与えられることとなる。特に、大税の管理権に代表される国司の財政権が、大宝令で初めて確立する点については、前掲の黛をはじめとして、主に財政史の分野で膨大な研究史があり、ここでは深く立ち入らないこととしたい。ただし、地方財政によって確保される種々の財源は、日常の官衙運営のみでなく、地方社会の政治的な秩序を、非日常的な場で可視化し確認するために行われる国家的な儀礼にも用いられ、その支出のありかたは、現実の政治秩序を端的に示す場合がある。次節でとりあげる国司朝拝は、そうした儀礼の一つであり、その財源とされる「官物」や「正倉」の性格も、以上のような観点から検討されるべきであるが、それについては、節を改めて論じることとしたい。

二　国司朝拝の諸問題

八世紀以後の律令制下において、毎年元日に全国の国庁で行われ、今日一般に国司朝拝とよばれる儀礼は、養老儀制令18元日朝拝条に、以下のように規定されるものである。

凡元日、国司皆率二僚属郡司等一、向レ庁朝拝。訖長官受レ賀。設レ宴者聴。〈其食、以二当処官物及正倉一充。所レ須多少、従二別式一。〉

（凡そ元日には、国司皆僚属《りょうぞく》郡司等を率いて、庁に向いて朝拝《ちょうばい》せよ。訖《おわ》りなば長官賀《が》を受けよ。宴設《もう》くることは聴せ。〈其れ

食《じき》には、当処の官物《かんもつ》及び正倉《しょうそう》を以て充てよ。須《もち》いん所の多少は、別式に従えよ。〉）

この儀礼は、以下の①～③の三つの部分から構成されているが、ここでは筆者の別稿(5)での分析に基づき、その内容を概観しつつ、そこから派生するいくつかの論点を整理してみたい。

① 国司が僚属郡司等を率い、誰もいない庁に向かって「朝拝」をする。

養老令の本文自体には古訓は付されていないが、天武・持統紀における中央の朝賀の表記が「拝朝」「拝朝庭」であり、その古訓がいずれも「ミカドヲガミ」であることから、本条の「朝拝」もまた、本来は「ミカドヲガミ」と訓じた可能性が高い。この儀礼が地方で行われる元日には、都でも、宮城の大極殿・朝堂院を用いて、文武百官が天皇を拝賀する元日朝賀《ちょうが》が行われていた。中央の元日朝賀と地方の国司朝拝は、その行われる場は遠く離れているが、儀礼としては本来一体のもので、中央の朝賀と（少なくとも観念的には）同時に行われる国司朝拝は、国司以下の地方官人による、中央の天皇ないし朝廷（＝ミカド）への遙拝を意味したと考えられる。また、その行われる「庁」は、通常は国庁であると理解されるが、国庁の整備がまだ始まっていなかった大宝令の施行当初には、郡庁が用いられた可能性もあろう。この点については後述したい。

② 長官（国守）が庁に着座し、僚属郡司等の賀を受ける。

この部分の「賀」とは、『令集解』本条の古記に「受㆑賀、謂受㆑拝也。（賀を受く、謂《いうこころ》は拝を受く也。）」とあるように、国司長官に対する僚属郡司の拝礼をさす。また、『令義解』本条に「若无㆓長官㆒者、次官受㆑賀。其六位長官者、止㆑受㆓郡司賀㆒。上条云、若応㆓致敬㆒者、准㆓下馬礼㆒故也。（若《も》し長官无ければ、次官賀を受く。其れ六位の長官は、郡司の賀を受くるに止《とど》む。上条に云わく、若し致敬《ちけい》すべきは、下馬《げば》の礼に准《なぞら》うの故也《ゆえなり》。）」とあるように、国司長官が六位以下の場合（官位相当制の上では中国・下国の守の場合）は、国司僚属の賀は受けず、郡司の賀のみを受けることになっていた。義解のいう「上条」とは、養老儀制令9元日条の、

凡元日、不レ得レ拝二親王以下一。唯親戚及家令以下、不レ在二禁限一。若非二元日一、有レ応二致敬一者、四位拝二一位一、五位拝二三位一、六位拝二四位一、七位拝二五位一。以外任随二私礼一。

（凡そ元日には、親王以下を拝すること得じ。唯《ただ》し親戚及び家令《けりょう》以下は、禁《いさ》むる限《かぎり》に在らず。若《も》し元日に非ずして、致敬《ちけい》すべきこと有らば、四位は一位を拝せよ。五位は三位を拝せよ。六位は四位を拝せよ。七位は五位を拝せよ。以外は任《ほしいまま》に私礼に随え。）

と、養老儀制令11遇本国司条の、

凡郡司遇二本国司一者、皆下レ馬。唯五位、非二同位以上一者、不レ下。若官人就二本国一見者、同位即下。〈若応二致敬一者、並准二下馬礼一。〉

（凡そ郡司、本国《ほんごく》の司《し》に遇わば、皆《みな》馬より下りよ。唯《ただ》し五位、同位以上に非ずは、下りず。若《も》し官人本国に就きて見えば、同位は即《すなわ》ち下りよ。〈若し致敬《ちけい》すべくは、並《ならび》に下馬《げば》の礼に准《なずら》えよ。〉）

とあるものをさしている。第9条で、中央出身の京官・国司において五位以上が拝礼の対象となることを示す一方で、第11条では、郡司は中央派遣官である国司に一方的に下馬することを定めている。五位郡司の六位以下国司への下馬免除も規定されているが、下位者を致敬する必要のないことは、京官・国司にとっては自明のことであり、同じ五位でも、国司と郡司とでは大きな相違があることがわかる。六位の国守は郡司の賀のみを受けるという『令義解』の解釈（ここでの郡司には、論理的に五位郡司も含まれるであろう）は、第18条における「賀」が、郡司による国司への致敬をその本質とし、それが、畿内出身の中央派遣官に対する、在地任用の郡司による服属儀礼であることを示していると考えられよう。

③その国の「官物《かんもつ》」および「正倉《しょうそう》」により宴を設ける。

『令集解』本条古記には、「受レ賀設レ宴聴、謂饌具用二官物一。兼受二郡司等相餉食物一也。〈賀を受くるに宴を設くることを聴《ゆる》せ、謂《いうこころ》は饌具《せんぐ》は官物《かんもつ》を用い、兼ねて郡司等の相餉《あいおく》る食物を受くる也。）」とあり、養老令文に付された本注は大宝令にはなく、養老令編纂時に追加された部分であることがわかるが、古記の内容からみて、実態に相違はなかったと思われる。「官物《かんもつ》」および「正倉《しょうそう》」については、前者を郡稲《ぐんとう》、後者を正税《しょうぜい》とする薗田香融の見解(6)が至当であろう。また郡稲の性格については、竹内理三が、大化前代の国造が、中央から派遣されたクニノミコトモチに交通手段としての馬を献上したり、食料を提供して饗応を行ったりした服属儀礼としての供給（タテマツリモノ）の伝統を継承し、それを律令制下で維持するために正税から別置された郡司独自の財源としている(7)ことが注目される。本条古記の「兼ねて郡司等の相餉《あいおく》る食物を受くる也」との表現は、まさにこうした供給（タテマツリモノ）を受けることに対応しよう。

このように、儀制令18条における「官物」（古記によれば「饌具」の支出に用いられた）が、在地側の財源としての郡稲であるとすれば、正税としての「正倉」は、中央側の国司の支出に対応する。国司朝拝の後に行われる「宴」は、国司が設定した国庁という会場において、郡司が提供した「饌具」と「食物」により行われたのである。そうだとすれば、この儀礼は、大宝令施行当初の国庁整備以前の段階には、どこで、どのように行われていたかがやはり問題となるだろう。

それでは、以上の①~③の要素からなる国司朝拝は、いつごろ成立したと考えられるのだろうか。中央における朝賀の初見は孝徳朝の大化二（六四六）年であるが、天武・持統朝では「拝朝」「拝朝庭」と表記され、ミカドヲガミと訓まれていたことは前述した。また、これも前述した養老儀制令11遇本国司条に規定された地方での下馬礼については、天智九（六七〇）年正月紀に「宣二朝庭之礼儀与行路之相避一。（朝庭の礼儀と行路の相避《あい》くるを宣す。）」とあり、天智朝に整備されはじめた可能性がある。近年の交通史研究において、官道の整備開始を天智朝に置く見解が出されている(8)こととあわせ注目されよう。しかし、都での朝賀が行われる朝堂院に対応して、地方のミニ朝堂院としての国庁が整備されるのは大宝令の施行後であるから、国庁における国司朝拝は、大宝令の編纂時に初めて構想された可能性が高い。また、国司朝拝とその後の宴との関係については、両者が大宝令の時点で同時に成立したか、宴のみが先行して行われていたかのいずれかであろう。屯倉における中央派遣官への饗応は大化以前に遡るので、後者の可能性が高いようにも思われるが、いずれにせよ、国司朝拝および宴の成立の問題は、国庁または郡庁の成立の問題に、密接に関連していることは間違いない。

一方、養老儀制令18元日国司条に見える「官物」をめぐっては、その一つ前の条である第17五行条に見える「五《ご》行器《ぎょうき》」の語が注目される。これは当該条に、

凡国郡、皆造二五行器一。有レ事即用之。並用二官物一。
（凡そ国郡は、皆《みな》五行の器造れ。事有らむとき即ち用いよ。並《ならび》に官物を用いよ。）

と規定されるものである。この「五行器」とは、『令集解』本条の諸説によれば、官衙の付帯施設や備品全般をさすようであるが、特に古記と令釈が、その用途の一つに「伝送公使《でんそうこうし》」を挙げていることが注目されよう。この用途に用いられる場合、「五行器」とは、郡による中央派遣官への供給のための器物であったことになる。

さらに注目されるのは、古記に見える「問、国郡各具以不。答、国謂二大郡一耳。（問う、国郡各《おのおの》具《ぐ》すやいなや。答う、国とは大郡を謂《い》うのみ。）」という問答である。令文で五行器を造る主体とされている「国郡」について、古記は実質的には郡のみとし、令に見える「国」とは「大郡」のことを謂うのであると、かなり強引な解釈を行っている。唐代の法制用語としての「五行」は、『通典《つてん》』職官五・工部侍郎《こうぶじろう》条に「掌興造、工匠、諸公廨屋宇、五行並紙筆墨事。（掌《つかさど》らんこと、興造《こうぞう》、工匠、諸《もろもろ》の公廨《くがい》の屋宇《おくう》、五行並《ならび》に紙筆墨の事。）」とあり、役所の屋宇（建物）や紙筆墨などと並ぶ備品一般をさすことがわかり、また二〇〇六年に中国で公刊された北宋天聖雑令の宋39条に「財物五行見在帳《げんざいちょう》」の語が見える（9）ことから、唐宋時代の律令用語であることも明らかとなった。つまり、「五行」の語は、本来は地方の郡の備品に限定されないのであり、このことは、『延喜式』巻三〇大蔵省102五行器条に、「五行器」が中央の大蔵省における倉

庫の備品として見えることからも確認される。

しかしその一方、一二世紀初め成立の『朝野群載』巻二二国務条々事の「択二吉日一、可レ度二雑公文一由、牒二送前司一事（吉日を択《えら》び、雑公文《ぞうくもん》を度《わた》す可き由を、前司に牒送《ちょうそう》する事）」は、新任の国司が国衙で雑公文の引き継ぎをした後、「次巡二検諸郡糒鹽穀穎、及雑官舎、五行器等一。（次で諸郡の糒塩穀穎《びえんこくえい》、及び雑官舎《ぞうかんしゃ》、五行器等を巡検す。）」という内容の郡の巡検を行うと述べており、地方においては、平安後期に至るまで、五行器は郡のみの備品とされていたことが明らかとなる。このことは、儀制令17五行条において、五行器を造る財源が官物＝郡稲とされていることとあわせて、古代の地方社会において、郡による国司への供給＝タテマツリモノの機能がいかに重要であったかを端的に示していよう。そして、国司（国宰）独自の儀礼空間としての国庁が存在しなかった七世紀までは、こうした供給の場は評家以外に考えられず、五行器が郡のみの備品とされるのは、この時期からの伝統によるとも考えられる。令文の「国郡」に対し、古記が「国謂二大郡一耳。」という、ある意味で令文を無視したかのような解釈を行っている背景には、国庁成立以前の段階において、国内の特定の「大郡」が、そうした国司への供給や儀礼の場として機能していたことが想定できるのではないだろうか。

むすびにかえて

八世紀以後の地方官衙で行われていた儀礼には、他にも様々なものがあり、例えば郡司による告朔などの実態も、近年では、八幡林遺跡出土木簡をはじめとする出土文字史料によって明らかになりつつある。中央による告朔は養老儀制令5文武官条に規定され、その創始は天武朝とされているが、地方における告朔の起源と、それが行われる場についても検討が必要であろう。また、八世紀以降の国庁は、中央の大極殿と同様に、仏事の場としても機能した。鬼頭清明によると、地方の国庁における仏事は、八世紀後半に始まり、九世紀に制度化されてゆくが[10]、九世紀における国庁整備の動向との関連も、改めて問われなければならない。

郡庁の構造について検討した山中敏史は、それをⅠ～Ⅶの類型に分類したうえで、初期郡庁の段階でみられるⅠ類（正殿・両脇殿など数棟の殿舎が方形に配置されている郡庁で、左右対称形を意識し、整然とした計画性の高い建物配置をとる）とⅡ類（数棟の殿舎が、冂の字の形のように並べられたり塀によって結ばれたりして、左右対称の方形の一院を形成している）について、郡や郡司の独自性を示すものではなく、むしろ郡を越えた郡庁としての共通性を反映するものとしている(11)。初期郡庁の性格については、郡司の権力の独自性・自立性を示し、それがしだいに失われてゆくとする議論も多く、こうした見方は、現在の文献史学にも、様々な影響を及ぼしているように思われる。しかし本論では、山中の見解を敷衍し、国庁整備以前の初期郡庁には、後の国庁の機能をもつものがあり、八世紀を通じて行われた国庁の本格的整備に伴って、そうした機能が国庁に移される一方、郡庁の機能は郡独自のものに純化していったという見通しを提示してみたい。第二節において、『令集解』儀制令17五行条古記の「国謂二大郡一耳。」という解釈に、特に注目したゆえんである。このことは、少なくとも八世紀前半までの郡庁遺構のなかには、郡家としての機能だけでなく、国レベルの行政や儀礼の場としての機能をもつものがある可能性を示唆しており、こうした観点から、遺構・遺物の再検討を進める必要もあるのではないだろうか。

大宝令施行前後の国郡関係の実態と、それが八世紀を通じてどのように展開してゆくのかという問題は、評家・初期郡家と国府との関係、あるいは初期国府の存在形態のほか、天武朝以後、しばしば諸国に命ぜられている写経・造仏や仏事の催行が、具体的にはどこで行われたのかという問題にも直結する。またそれは、いわゆる白鳳寺院や「郡寺」の性格をはじめ、角田文衛が国府寺と呼び(12)、木下良が国府付属寺院と称する寺院や(13)、国分寺先行寺院の存否の問題とも関連するだろう。フィールドを山梨県下に限定した場合、それは、笛吹市（旧春日居町）の寺本《てらもと》廃寺の性格や、それに隣接する国府《こう》遺跡の性格をどのように理解するかという問題にも通ずるが、それらの検討は全て今後の課題とし、論を閉じることとしたい。

註

（1）黛　弘道「国司制の成立」（『律令国家成立史の研究』〔吉川弘文館、一九八二年〕所収、初出は一九六〇年）。
（2）早川庄八「律令制の形成」（『岩波講座日本歴史2 古代2』〔岩波書店、一九七五年〕所収、後に同『天皇と古代国家』〔講談社学術文庫、二〇〇〇年〕に収録）。
（3）鐘江宏之「「国」制の成立―令制国・七道の形成過程―」（笹山晴生先生還暦記念会編『日本律令制論集』上〔吉川弘文館、一九九三年〕所収）。
（4）大隅清陽「礼と儒教思想」（『律令官制と礼秩序の研究』〔吉川弘文館、二〇一一年〕所収、初出は二〇〇六年）。
（5）大隅清陽「儀制令と律令国家」（註（4）大隅著書所収、初出は一九九二年）。
（6）薗田香融「郡稲の起源」（岸俊男教授退官記念会編『日本政治社会史研究』中〔塙書房、一九八四年〕所収）。
（7）竹内理三「「郡稲」考」（『竹内理三著作集』四〔角川書店、二〇〇〇年〕所収、初出は一九七四年）。
（8）中村太一「日本古代国家形成期の都鄙間交通」（『歴史学研究』八二〇、二〇〇六年）。
（9）天一閣博物館・中国社会科学院歴史研究所天聖令整理課題組校證『天一閣蔵明鈔本天聖令校證』（中華書局、二〇〇六年）。
（10）鬼頭清明「国府・国庁と仏教」（『国立歴史民俗博物館研究報告』二〇、一九八九年）。
（11）山中敏史『古代地方官衙遺跡の研究』（塙書房、一九九四年）。
（12）角田文衛「国分寺の創設」（『新修国分寺の研究』六、総括〔吉川弘文館、一九九六年〕）。
（13）木下　良「国府付属寺院について―角田博士の「国府寺」説を承けて―」（『角田文衛博士古稀記念・古代学叢論』〔角田文衛先生古稀記念事業会、一九八三年〕所収）、「国府と国分寺の関係について」（水津一郎先生退官記念事業会編『人文地理学の視圏』〔大明堂、一九八六年〕所収）。

第三部

古代甲斐国の地域と交通

第一章　ヤマトタケル酒折宮伝承の再検討
―遠距離交通体系の視角から―

はじめに

『古事記』『日本書紀』にみえるヤマトタケルと酒折宮の伝承は、現在の甲府市に酒折の地名が残り、近世には連歌発祥の地として顕彰されたことなどによって、地元でも広く知られている。また、古代史や考古学の研究においても、磯貝正義や原秀三郎の見解をうけ、四世紀後半における甲斐銚子塚古墳の築造と酒折宮伝承とを関連づけて、古代の甲斐が、四世紀という比較的古い段階で、ヤマト政権に服属したことを物語るとされることが多い。

記紀に見える神話・伝承については、津田左右吉による批判的な研究を先鞭とし、特に戦後においては、その信憑性や史料的価値を低く評価するのが一般的であったが、近年では、伝承のなかに何らかの史実の反映を読みとろうとする傾向も強まっている。しかし、特に酒折宮伝承のような地域的なトピックの場合、問題がある程度の具体性をもつだけに、ややもすれば断片的、恣意的な史料の引用や解釈に陥る危険もある。それを避けるためには、他県の事例を含む全国的な動向や、考古・文献の協業により構築される地域史像を踏まえた、より整合的な解釈をめざす必要があるだろう。

以下に述べるように、筆者は、酒折宮伝承から四世紀段階の甲斐の状況を説明することには疑問をもち、むしろ、六世紀以後の比較的新しい段階に対応するものと考えており、その一端は、『山梨県史 通史編1』でも述べたことがある。(1) 私見によれば、酒折宮伝承は、ヤマト政権による全国平定にまつわる軍事的な性格のものではなく、むしろ、六世紀以後における列島規模の内陸交通に関わる、より平和的・日常的な視点から理解すべきものであった。本章は、その見通しを、記紀における伝承の内容そのものを分析することを通じて再論しようとするものである。

一　磯貝正義説・原秀三郎説の概要とその問題

磯貝正義は、古代の甲斐国のヤマト王権への服属の画期として、①四世紀後半、②雄略朝にあたる五世紀後半、③大化改新の行われた七世紀中葉、の三つをあげ、①の段階を代表するものとして甲斐銚子塚古墳とヤマトタケルの伝承を、②に対応するものとして、県内最古の馬具を出土したかんかん塚古墳と雄略紀の甲斐黒駒伝承を指摘したうえで、酒折宮伝承については、次のように述べている。(2)

（前略）そして甲斐は『宋書』にいう毛人の国五十五国の一つであったであろうが、いつの時にかヤマトの大王の征服を受けて、その配下に服するに至ったのであろう。記紀の酒折宮伝説はそうした服属の事実を反映しているものと解することができるかも知れない。ただ酒折宮伝説はミコトの東征伝説の中では極めて平和的な部分であるが、それは甲斐については、荒ぶる神やまつろわぬ人どもの伝承がなかったためだけではないであろう。あるいは甲斐の王権への帰服の時期をより一層古い時代に想定する伝承があったためかもしれない。酒折宮伝説は、この宮がミコトの東征以前に王権の前進基地としてすでに設置され、ミコトは東征の帰途ここに凱旋し、戦備を整えたと解し得るような構成になっているからである。その酒折宮がほかならぬ甲斐に置かれたとするのは、甲斐が早い時期にヤマトの王権に帰属し、その東方への前進基地としての役割を果たしていた事実があって、右の伝承が生まれたと解することができるかもしれない。

磯貝は、ヤマトタケルの東国平定伝承を、五世紀後半の『宋書』倭国伝に見える毛人の国五五国の平定に対応するものとしたうえで、甲斐のヤマト王権への服属は、甲斐銚子塚古墳が築造された四世紀後半には完了していたため、ヤマトタケルの伝承における甲斐の地は、遠征の対象ではなく、その前進基地として位置づけられたとしている。その一方、甲府市酒折に所在する酒折宮については、単なる伝承地の一つとして扱い、史実を反映するものとしては評価していない。

これに対し、甲府市酒折の地を、その東方に位置する延喜式内社の物部神社（笛吹市石和町松本）や山梨岡神社（笛吹市春日居町鎮目）と関連づけ、さらに、甲斐銚子塚古墳とも一体のものとして理解するのが原秀三郎である。(3) 原は、『日本書紀』崇神天皇一〇年に見える四道将軍の派遣記事が三世紀の史実を反映し、ヤマトタケル東征伝承も四世紀の史実を反映するとの独自の記紀理解に基づいて、酒折宮伝承に登場する御火焼老人《みひたきのおきな》も、『古事記』に見える「東国造《あずまのくにのみやつこ》」の地位が示すように、東方を従えて帰還したヤマトタケルが、征服地の統治を論功としてゆだねた実在の人物で、具体的には甲斐銚子塚古墳の被葬者であり、物部氏系の人物であったとする。また、甲斐銚子塚古墳と同じく畿内型の古墳である遠江の松林山古墳（静岡県磐田市）の近隣には「山梨」の地名（袋井市）が残っているが、原によれば、地方におけるヤマナシ地名の存在は、古代において、その地域に物部氏が進出したことを示すものであり、遠江の事例のほかに、甲斐国山梨郡山梨郷（近辺に山梨岡神社、物部神社、酒折宮が所在）、下総国千葉郡の山梨郷（近隣に物部郷も所在）などを挙げることができる。このことから原は、甲斐を、遠江を当初の拠点とした物部氏が、より東方へ進出する際に前進基地とした地であったとする。また、これまで『古事記』開化天皇段や『先代旧事本紀《せんだいくじほんぎ》』国造本紀の記載から、開化天皇の孫の沙本毗古王（狭穂彦王）の子孫とされてきた甲斐国造の日下部氏も、実は物部系の日下部であったとしている。

原のこの見解は、山梨県内の考古学研究においては、特に甲斐銚子塚古墳の位置づけをめぐって論及されることが多いが、ヤマトタケルの東征をはじめとする伝承の大枠を史実とみる独自の記紀理解には、一般的な文献史学の立場からみて問題が少なくない。(4) 一例を挙げれば、原が、物部氏関係史料としての『先代旧事本紀』の価値を高く評価する一方で、甲斐国造の系譜に関しては、『古事記』と『先代旧事本紀』がともに開化天皇系とするにもかかわらず、それらを後世の改竄とみて、本来は物部系であったと断定した点などは、一貫性を欠く恣意的な解釈といわざるを得ないであろう。また原は、甲斐銚子塚古墳と酒折宮を一体のものとするが、甲斐銚子塚古墳の築造が四世紀後半であるのに対し、酒折宮や山梨岡神社、物部神社等を含む山梨郡西部（甲府盆地中央北縁）の開発が進むのは主に六世紀以後であり、考古学的にみても年代が全く異なる。さらに、甲斐銚子塚古墳が古代の八代郡に所在するのに対して、酒折宮は山梨郡と巨麻郡のほぼ郡界にあたるように、両者は甲府盆地の南北端に離れて位置している。また、その間には大河川である笛吹川が流れ、相互の交通は、決して容易であったとは考えられない。所在郡が異なることが端的に示すように、甲斐銚子塚古墳と酒折の地を地域的に一体のものとすることにはやはり無理がある。このように、原の所説には、考古的な年代観のうえでも、地理的にみた甲府盆地の地域区分や交通体系のうえでも、きわめて問題が多いといわざるを得ないのである。

二　『山梨県史 通史編1』での筆者の見解

原説や、その前提ともなっている磯貝説の問題点を踏まえたうえで、筆者は、『山梨県史 通史編1』（以下、旧稿と略称）において、次のような新解釈を提示した。(5)

まず、磯貝が単なる伝承地の一つとした甲府市酒折の地名については、永禄四（一五六一）年の番帳に「坂よりの禰《ね》き」、天正一〇（一五八二）年の北条氏印判状に甲州の「酒寄」の記載があり、慶長六（一六〇一）年の坂折村検地帳が存在することから、(6)少なくとも一六世紀中頃までは遡り、後述のように、古代におけるこの周辺の状況からみて、この地名は、古代まで遡る可能性が考えられる。現在の酒折をはじめ、物部神社や山梨岡神社を擁する山梨郡西端の地域は、背後の山沿いに、春日居、大蔵経寺山、桜井、横根といった積石塚を含む古墳群が展開するように、主として六世紀以後に開発が進んだ地域であり、その背景には、大蔵経寺古墳群に近接して物部神社が鎮座することなどから、物部氏や大伴氏といった中央豪族の進出が想定される。原秀三郎説のうち、山梨という地名が、外来の物部氏によって甲斐に持ち込まれたとの主張は傾聴に値するが、その時期は、甲府盆地の南部に甲斐銚子塚古墳が築造された四世紀後半ではなく、盆地北部の開発が進んだ六世紀以後に求めるべきであろう。

また、甲府市酒折の地名については、『甲斐国志』巻一提要・道路関梁に「本州九筋ヨリ他州ニ達スル路九条アリ、皆ナ路首ヲ酒折ニ起ス」とある記述があらためて注目される。この所説自体がどの時代まで遡りうるかについては、いわゆる甲斐九筋の起源の問題とも関わり、別途考察を要するが、現在の山梨岡神社・物部神社・酒折を含む山梨郡西端の地域は、古代においても、後の秩父往還や青梅往還、穂坂路、逸見路など、甲府盆地北部を東西に横断する交通路と、後の御坂路、若彦路、中道など、盆地を南北に縦断する交通路の結節点にあたる要衝であったと考えられる。六世紀以降、この地域に物部氏などの中央豪族が進出し、群集墳の著しい展開が見られるのも、この点と無関係とは思われない。

サカオリという地名についても、『古事記伝』の「若は坂折の意か」との見解を敷衍すれば[7]、サカとは本来は境界としての坂・界・境をさし、またオリはツヅラオリなどのオリと同義とすれば、サカオリとは、複数の境界が重なり合うといった意味になる。「酒を醸す」の意ともされる「酒折」の表記は、発音の一致から二次的に派生したもので、坂折の方が原義に対応した表記と考えられる。

むしろ、境界の地を意味するサカオリ地名から、酒を醸す意味の酒折の語が連想され、そこから、この地で酒を醸し、遠来の神や貴人を饗応したとの地名説明が派生した可能性もある。記紀や風土記等に見られる地名起源説話の多くが、こうした同音異義語による付会であることはいうまでもない。『常陸国風土記』筑波郡条の「神祖の尊」への饗応説話のように、酒折宮伝承も、本来は、マレビトとしての無名の神や、中央から訪れた伝説上のオオキミや貴人（景行天皇やヤマトタケルといった固有名をもたなくともよい）に対する饗応説話で、それがある段階で、中央のヤマトタケル伝承の一部として組み込まれたと考えることもできよう。

酒折の地にこうした伝承が生まれた背景には、甲府盆地と東海道との接続ルートの変動の問題が深く関わっていたものと思われる。四世紀後半に甲斐銚子塚古墳が築造された甲府市下曽根町（旧中道町）は、中道往還の終点であり、ヤマト政権が足柄坂周辺の交通路を完全に掌握していなかった（海岸沿いの海道がメインルートであった）段階においては、中道の勢力は、この中道往還を通じて東海道や畿内の諸勢力との関係をほぼ独占できた。しかし、五世紀から六世紀にかけて、ヤマト政権が足柄坂周辺の交通ルートを掌握すると、東国経営のフロンティアはより東へと移動し、中道の勢力も中央から切り捨てられることによって、当該地域の大型古墳は衰退する。東海道との主たる接続ルートは、遅くとも六世紀までには御坂路へと移動するが、このことは、御坂路の終点であると同時に、東山道方面への起点でもある山梨郡西端地域の重要性が増すことを意味していた。

このように、記紀に見える酒折の地が、現在の甲府市酒折付近を指すとの前提に立てば、酒折宮伝承は、磯貝・原説のように、甲斐銚子塚古墳が築造された四世紀頃の甲斐の状況を示すのではなく、甲府盆地北部の開発が進み、甲斐が信濃など東山道の諸国とならぶ馬の生産地として位置づけられ、盆地北部を東西に横断して東山道諸国と結ぶ交通路の重要性が増した、六世紀（早くとも五世紀後半）以後の状況を反映するものと考えられるのである。

三　記紀の酒折宮伝承の再検討

以上に要約したように、旧稿では、主として酒折宮伝承の地域史的な背景について考察したのであるが、中央のヤマト朝廷に伝わり、最終的に記紀の形にまとめられたこの伝承自体のもつ意味、具体的には、御火焼老人との歌問答の意味や、『古事記』において御火焼老人が賜ったとされる「東国造」の性格などについては、原秀三郎説に対する代案を示していなかった。そこで以下では、記紀の酒折宮伝承そのものについて、より踏み込んだ考察を行うこととしたい。

旧稿において筆者は、酒折宮伝承の原型を、サカオリという地名から派生した貴人饗応説話と推定したが、『甲斐国風土記』が伝存しない現在では、その内容を知る手がかりは存在しない。そこで試みに、『常陸国風土記』の倭武天皇説話の内容と記紀の伝承を比較してみよう。三浦佑之の整理によると、『常陸国風土記』における倭武天皇の説話は一一例あり、その内容は、後世の弘法大師に相当するような井戸を掘る聖者としての事績、抵抗する原住民を殺戮する征服者としての事績のほか、総記部分の新治地名の説明に見られる、地名の命名者としての事績などに分類される(8)。酒折宮伝承を含む記紀の所伝と比較すると、新治を通過したこと以外はほとんど重ならない。このことから、記紀に見られる酒折宮伝承には地方色が薄く、中央の宮廷でまとめられた、一英雄の東国平定をめぐる歌物語の一つとみるべきで、地元の伝承は、それとはかなり異なっていた可能性が大きいであろう。

記紀の酒折宮伝承が、基本的に中央の宮廷に伝わった物語であったとした場合、その中核をなす御火焼老人との歌問答の意味はどう理解できるだろうか。まず、「御火焼老人」の性格から考えてみよう。記における「御火焼の老人」は、紀では「秉燭《ひとも》せる者」「秉燭人《ひともしひと》」と表記され、それぞれ、清寧記の「火焼の少子」と、顕宗即位前紀の「秉燭せる者」とに表記上の対応がみられる。原秀三郎は、後者が実は市辺押磐皇子の遺児で、後に即位して顕宗・仁賢天皇となるオケ王・ヲケ王であることから、御火焼老人を実は高貴な人物であったとし(9)、吉田孝も、「御火」を出雲国造の火継の儀式などと関連づけ、この人物が国造クラスの在地首長層である可能性を示唆している(10)。しかし、これらの物語の主眼は、火焼を役とする卑賤の者が、実は高貴な人物であったり、とっさの機転を利かせたという意外性に求めるべきである。記における御火焼老人の名は最後まで明かされないし、例えば甲斐国造といった特定の氏族の始祖となったとの記載もない。記に見える他の例として、「淡海国なる賤しき老媼」「置目の老媼」(顕宗記)、「面黥の老人」

（雄略記）、「猪甘の老人」（顕宗記）などがあり、これらはいずれも貴人ではないことからすれば、「御火焼の老人」も、やはり単純に卑賤の者とせざるを得ないであろう。

それでは、ヤマトタケルと御火焼老人との間で交わされた歌からは、どのようなことが読み取れるだろうか。ミコトの問いかけの歌は、「新治　筑波を過ぎて……」という常陸の具体的な地名から始まっているが、この二つは、『常陸国風土記』総記にも、建郡以前の国造のクニの名として見えるものである。その記載順は、新治、筑波、茨城（以下略）であり、後に国府所在郡となった茨城よりも前に位置づけられているように、新治、筑波の地名は、地元の人々のみならず、ヤマトの人々からも、常陸を代表する地名と認識されていたと考えられる。『延喜式』巻二二民部上や『倭名類聚抄』国郡部における郡の配列は、新治、真壁、筑波、河内、信太、茨城（以下略）で、新治と筑波の間に、新治のクニから分置されたと考えられる真壁（白壁）郡が入り、また筑波郡と茨城郡の間に、筑波のクニから分置された河内、信太両郡が入っているが、後の律令制下においても、新治国造と筑波国造の旧支配領域に由来するこの二地域が筆頭であることに変わりはなかった。一方、律令制下で常陸国府が所在した茨城郡では、東海道が曾禰駅から北東に進路を変え、那賀郡、久慈郡を経て陸奥方面へ向かう官道が縦断しており、国府もこの官道上に立地しているが、東海道が陸奥へと向かうルートの一つとして確定する以前の常陸の中心地は、茨城ではなく、新治、筑波であった可能性が高い。律令制下においても、新治、真壁、筑波は、前述の東海道曾禰駅から北西方向に分岐して上野方面へ向かう伝路の通る地域であって、関東平野における本来の地域交通においては、茨城よりも重要性の高い要衝であったといえよう。また新治・筑波が、東海道の常陸と東山道の上野を結ぶ中継点にあたることは、甲斐の酒折が、東海道の駿河と東山道の武蔵ないし信濃とを結ぶ中継点であることに対応しており注目される。

ヤマトタケルの問いかけに対し、老人の答えた歌である「日日なべて　夜には九夜　日には十日を」が、なぜ賞賛の対象となったのかについては、収穫祭の民俗である「トオカンヤ」（十日夜）の祭日を言い当てたためとする吉井巌説[13]、ツクハの「ハ」を八にかけ、八を過ぎて九夜、十日と続く言葉遊びとする川添武胤説[13]などの諸説がある。また西郷信綱は、「かがなべて」のカと「ひには十日を」のヒで甲斐（カヒ）の語を詠み込んだとする説を提起したが[15]、後に、上代特殊仮名遣いのうえで問題があるとして撤回し、新たに、『古事記伝』に「夜庭に伺候て仕奉ること九夜、昼庭に伺候て仕奉ること十日と云るなり」とある説を採って、火焼の老人の燭とする篝火は庭火でもあるから、「夜には九夜」に「夜庭九夜」をかけ、ニハ＝庭としたある種の駄洒落であるとした[16]。現時点では、この西郷の新説が最も穏当なものであろう。

以上の検討をふまえて、あらためて『古事記』と『日本書紀』の伝承の相違を比較してみよう。ヤマトタケルの巡行コースから見て、蝦夷征討を含む『日本書紀』の伝承は『古事記』より新しいもので、『古事記』の方がより古い形を残していることは従来から指摘されているが[17]、この点を踏まえて『古事記』の物語の構成を見ると、

相模での野火の受難（ツマをかばう）↓走水の海で妻（アヅマ）を失う（弟橘比売の相模の野火の歌）↓足柄坂の神の殺害（坂東を完全に征服する）↓坂東をアヅマと名付ける↓酒折宮の歌問答↓御火焼の老人に東（アヅマ）の国造を賜る

となり、基本的に坂東＝アヅマの命名をめぐる一続きの歌物語であることがわかる。

前述のように、御火焼の老人が無名の賤者であるとすれば、『古事記伝』が「東国造」を実質を伴わない「称名（タヘナ）」とするように、これもまた実質を伴わないある種の言葉遊びであって、古代の人々にとっても、「アヅマの国造」が荒唐無稽なものであることは自明であったと思われる。卑賤の者が、宴席での言葉遊びで機転を利かしたことに対する褒美として、その場限りの荒唐無稽な称号を賜ったことに、ある種のおかしみがあったのではないか。アヅマという語をめぐり、夫婦の死別という悲劇を軸に展開した物語が、アヅマの語を含む荒唐無稽な称号の賜与で終わることには、物語の構成上の意味しか無かったと考えられよう。それは、聴衆の涙をさそうかたちで展開した夫婦の

愛の物語の後日談として置かれた「落ち」であり、語りとしては、ある種の哄笑をさそうものでもあったはずである。[18]

これに対し『日本書紀』では、アヅマの名付けの場を東海道足柄坂から東山道碓日坂に変更したため、アヅマの命名をめぐる物語本来の流れは分断され、馳水の海における弟橘媛の歌も削除されてしまった。酒折宮も単なる中継点に過ぎなくなり、アヅマをめぐる物語の「落ち」をつけることができなくなった結果、「東国造」の一件も削除され、代わりに、本来は無関係であった、大伴連の遠祖武日への靫部の賜与が挿入されたのであろう。

ところで、以上述べたように、『古事記』における酒折宮伝承が、宮中で語られていた歌物語に由来するとすれば、甲斐の酒折という地名は、常陸の新治、筑波などと同様に、都でもある程度知られた地名であったことになろう。また新治、筑波が、東海道と東山道をつなぐ交通の要衝であったとすれば、酒折の地もまた、中央の人々から、列島規模の遠距離交通の要衝として認識されていた可能性が指摘できるのである。[19]

四　サカオリ＝衢の可能性

このように考えた場合、あらためて注目されるのが、『古事記』崇神天皇段に「又是の御世に、依網池を作り、軽の酒折池を作りき」、『日本書紀』崇神天皇六二年一一月条に「苅坂池・反折池を作る」とあるように、甲斐だけでなく、大和の軽周辺にもサカオリ（酒折・反折）という地名を見出せることである。『日本霊異記』巻頭話に「軽の諸越《もろこし》の衢」とあるように、軽に衢（チマタ・道股）があったことは広く知られている。また、「軽の境岡宮」（懿徳記）、「軽の堺原宮」（孝元記）、「軽の坂上の厩」「厩坂道」（応神紀）など、軽周辺には「境」「堺」「坂」を含む地名が多い。甲斐のサカオリが、境界の重なる交通の結節点と理解できることは前述したが、大和の軽もまた、境界としてのサカが重なり合う交通の結節点であり、文字通り「諸越の衢」であった。軽周辺にサカオリの地名が残るのも偶然とは思われず、サカオリ地名は、衢などの交通の結節点と関係すると理解できよう。

前田晴人は、古代の大和における衢として、この軽衢のほか、石上衢、海石榴市衢、当麻衢などにまつわる史料を検討し、その特色として、①陸上交通と河川交通（当麻衢は除く）の結節点としての要衝であること、②王宮の所在伝承をもつこと、③池溝開発が行われることが多いこと、④近隣に古墳が存在し、他界との接点・祭祀の場としての性格をもつこと、⑤石上の衢など、郡界に位置することがあること、⑥市の立つ交易の場であること、などを挙げている。また、古代の衢が儀礼の場でもあることを重視し、衢は、⑦マレヒトとしての神の来訪する場であるとともに、誄儀礼や市・歌垣・相撲の場でもあり、裁判と断罪、地域の共同体的祭祀、首長会議なども行われ、アジールとしての性格ももつとしている[20]。

これらのうち、②と⑦は、酒折宮伝承が本来は貴人饗応譚に由来するとの筆者の見解と付合し、①については、酒折付近が、後の甲州道中と濁川・十郎川による河川交通の接点にあたること、④については、背後に積石塚を含む群集墳があり、近隣に大蔵経寺前遺跡などの祭祀関連遺跡が存在すること、⑤についても、酒折は、山梨郡と巨麻郡の郡界付近にあたることなどが注目される。このことは、前田が挙げた衢の他の特色もまた、甲斐の酒折周辺に当てはまる可能性を示唆していよう。

前田はまた、大和盆地について、これらの衢に囲まれた空間の外側を、盆地の境界としての坂に囲まれた空間が同心円状に取り囲む構造として復元しているが、甲府盆地についても、足柄坂、御坂、雁坂といった甲府盆地の外縁と、盆地内部の衢（酒折のみでなく複数存在したはずである）のネットワークの様相を検討する必要がある。このように、甲斐の酒折を含む山梨郡西端地域を一つの衢としてとらえることによって、様々な検討課題を設定することができるのである。

むすびにかえて

以上述べたように、『古事記』のヤマトタケル東征伝承は、ヤマト政権による全国征服の過程を示すものというよりは、ある段階における列島規模の遠距離交通体系の一端を示すものとして理解した方がよい。走水の海、新治、筑波、足柄坂、酒折などは、その交通体系の構成要素に他ならないが、この体系には、『日本書紀』におけるそれとはなんらかの段階差が想定される。

もっともそれは、酒折付近の開発が六世紀以後のことであることからみて、原秀三郎の主張するように、甲斐銚子塚古墳の築造された四世紀後半まで遡らせることは難しい。銚子塚と同じ畿内型古墳である松林山古墳を擁する遠江との往還は、この段階では、東海道の本線から中道往還を経て行われたはずである。それでは、同じく畿内型古墳である森将軍塚古墳が築かれた信濃方面との往還はどうであろうか。この段階では、政治の道としての海道と山道はそれぞれ別個の道であり、相互の交渉は必ずしも盛んでなかったとみることも可能であろうが、少なくとも、四世紀段階では、酒折を含むのちの山梨郡西端を経由したとは考えにくい。釜無川右岸の中巨摩、北巨摩を経由した可能性も含め、今後の検討が必要であろう。

四世紀段階の交通体系は、どのようにして『古事記』の交通体系となり、『日本書紀』の交通体系を経て、律令制段階の交通体系へと展開してゆくのだろうか。本章で垣間見たように、甲府盆地内のローカルな交通体系は、同時に全国的な交通体系の一部でもあって、その歴史的変遷は、両者をともに追究しなければ理解できない。ヤマトタケル東征伝承における酒折宮の意味もまた、そうした検討によって、はじめて明らかになると考えられるのである。

註

（1）大隅清陽「ヤマトタケルと酒折宮の伝承」（『山梨県史 通史編1 原始・古代』第四章第六節二、山梨県、二〇〇四年）。改稿のうえ、本書第一部第一章に収録。
（2）磯貝正義「ヤマト王権への服属過程」（『甲府市史 通史編第一巻 原始・古代・中世』〔甲府市、一九九一年〕第一編第四章第一節一）。なお、磯貝の構想の概要は、講演の記録であるが、同「古代甲斐国と畿内王権」（『第四回企画展　古代甲斐国と畿内王権』山梨県立考古博物館、一九八六年）ですでに述べられている。
（3）原秀三郎『地域と王権の古代史学』（塙書房、二〇〇二年）。
（4）原の研究の方法論的な問題点については、さしあたり、小林昌二「書評・原秀三郎著『地域と王権の古代史学』」（『史林』九〇—五、二〇〇七年）を参照。
（5）註（1）大隅論文。
（6）『山梨県の地名 日本歴史地名大系19』（平凡社、一九九五年）「酒折村（甲府市）」の項を参照。
（7）『古事記伝』二七之巻日代宮二之巻（『本居宣長全集第一一巻 古事記伝三』、筑摩書房、一九六三年）二四五頁。
（8）三浦佑之「倭武天皇の巡行する東国」（仁藤敦史編『歴史研究の最前線 Vol.5 歴史と文学のあいだ』〔吉川弘文館、二〇〇六年〕所収）九～一八頁。
（9）註（3）原著書。
（10）吉田　孝「酒折宮の説話の背景」（磯貝正義先生古稀記念論文集編纂委員会編『甲斐の地域史的展開』〔雄山閣、一九八二年〕所収）四〇～四二頁。
（11）鎌田元一「評の成立と国造」（同著『律令公民制の研究』塙書房、二〇〇一年）。
（12）古代交通研究会編『日本古代道路事典』（八木書店、二〇〇四年）、「常陸国」の項（川井正一執筆）を参照。
（13）吉井　巌『ヤマトタケル』（学生社、一九七七年）二〇六～二〇七頁。

（14）川添武胤「甲斐の酒折宮の歌」（『山形大学史学論集』一、一九八一年）。
（15）西郷信綱「ヤマトタケルの物語」（同著『古事記研究』〈未来社、一九七三年〉所収、初出は一九六九年）。
（16）西郷信綱『古事記註釈』三（平凡社、一九八八年）第二七景行天皇（続）八　筑波問答、三二九〜三三一頁。
（17）上田正昭『日本武尊』（吉川弘文館、一九六〇年）など参照。
（18）なお、『古事記』におけるアヅマは、足柄坂がその命名の場となっていることが示すように、厳密に坂東アヅマである。荒井秀規の検討によれば、本来は漠然と東方をさしたアヅマの語が、いわゆる坂東アヅマに限定されてくるのは七世紀前半であり（同「「東国」とアヅマ」〈関和彦編『古代王権と交流2　古代東国の民衆と社会』名著出版、一九九四年〉所収）、このことは、『古事記』の当該伝承が現在の形にまとめられたのが、七世紀前半より遡らないことを示唆していよう。なお、『古事記』における野火の難の舞台である焼遣が、『日本書紀』の駿河と異なり相模とされているのも、物語りの舞台を基本的に坂東アヅマに収めようとしたことによる改変であろう。その場合、焼津の所在地については、『古事記』よりも『日本書紀』の方が本来の伝承に近いことになる。
（19）古代の甲斐が、列島規模の内陸交通の結節点として機能し、甲斐の語源である「交ひ」とも関連することについては、平川南「古代「東国」論」（仁藤敦史編『歴史研究の最前線 Vol.5 歴史と文学のあいだ』吉川弘文館、二〇〇六年）も参照。
（20）前田晴人『日本古代の道と衢』（吉川弘文館、一九九六年）。

第二章　文献からみた古代甲斐国都留郡の諸問題

はじめに

山梨県内の考古学・文献史学の研究者が中心となり、二〇〇三年五月に設立された古代甲斐国官衙研究会では、当初の研究課題として、大月市大月に所在する大月遺跡（従来は縄文の遺跡として知られてきた）が、古代の官衙遺跡、具体的には都留郡家（衙）である可能性について検討してきたが、その成果の一部は、すでに室伏徹・平野修の両氏によって公表されている(1)。筆者もまた、文献史学の立場から古代都留郡の性格について検討を進め、研究会の場において、「文献からみた古代甲斐国都留郡の諸問題」（第六回研究例会、二〇〇三年一〇月一二日）、「文献からみた甲斐国都留郡と相模国—延暦国境論争の歴史的背景—」（オータムセミナー in 上野原、二〇〇四年九月一一日）などの関連報告を行ってきた。特に後者のセミナーには、神奈川県の研究団体である相模の古代を考える会から多数の参加をいただき、討論を通じて貴重な教示を得ることができた。与えられた課題の大きさに比べ、筆者自身の研究は遅々として進まないが、今回、『山梨県考古学協会誌』(2)の特集という執筆の場を与えていただいたことにより、現時点での筆者の見解と今後の検討課題をまとめ、読者諸賢のご批判を仰ぎたいと思う。

一　研究史と基本的な着想

古代の都留郡にほぼ相当する今日の郡内《ぐんない》地域が、国中《くになか》を中心とする甲斐ではなく、むしろ相模の文化圏に属していたことを、文献史学の立場から早くに指摘したのは、磯貝正義であった。(3)磯貝は、大化前代の郡内地域に存在したことが確認される部民の矢作部、丈部、当麻部のうち、相模ではその全てが確認されるのに対し、国中には丈部しか見出せないことに着目し、大化前代の都留郡域は、国中を支配していた甲斐国造ではなく、後の相模国の東部を拠点とした相武国造の支配領域であったとしたのである。

この磯貝の見解は、後に坂本美夫により考古学的に補強された。(4)坂本は、郡内地方の古墳が大月市大月以東の桂川下流域に集中することから、古墳時代後期の当該地域が桂川＝相模川水系にそって、相模地域の強い影響下にあったことを示唆し、古墳石室の極端な胴張には武蔵系の影響がみられること、また土器については、八世紀前半までは相模・武蔵など周辺地域の影響が強く、甲府盆地側の影響が強まるのは八世紀第3四半期以降であることから、考古学的にみて、郡内地域と国中地域との一体化が始まるのは、律令国家成立後の八世紀中葉の段階であることを指摘している。

しかし文献のうえでは、八世紀中葉に都留郡が甲斐国に編入されたという史実は確認されず、都留郡域が行政的に甲斐国に編入されたのはいつなのかが問題となる。有泉武士は、天武朝末年の天武一二〜一四（六八三〜六八五）年にかけて行われた令制国の国境確定作業が、主要官道にそった広域行政ブロックである七道制の施行と不可分であったとする鐘江宏之の見解(5)を援用し、当該期に御坂路が東海道支路（甲斐路）としての官道に設定されたことにより、甲斐国が東海道ブロックに編入されたこと、またそれに伴い、御坂路が郡内を通過する都留評もまた、相模ではなく甲斐国に編入されることになったとしている。(6)

七世紀末の段階で都留評（郡）が甲斐国に編入された契機は、このように、律令国家による全国支配システムの整備と密接に関わっており、古墳時代以来の地域の伝統や生活体系を無視した、お上《かみ》の都合による半ば強引なものであったから、国中との本格的な交流が始まる八世紀中葉までに数十年のタイムラグが生じたのは、ある意味で当然ともいえる。筆者は、『山梨県史 通史編1』において、この問題を都留郡家の移転問題と関わらせて論じた。(7)都留郡古郡郷の郷名は、かつてそこに郡家が存在したことに由来し、またその所在地は、『甲斐国志』以来の通説に従って現在の上野原市上野原付近に求めるのが妥当であるが、その場合、郡家が郡の東辺に偏って相模との国境にほぼ接してしまい、国中の国府からみても、最も遠い立地になってしまうという問題が生ずる。筆者は、この古郡は、七世紀中葉の孝徳朝の立評段階での評家所在地であり、前述のように、七世紀末に都留評が甲斐国に編入されたことに伴い、八世紀のある段階で、郡のより中央へと郡家が移転したと考えた。その移転先としては、『県史』執筆段階では、都留郡都留郷を現在の都留市古川渡に比定したうえで郡家所在地とする八巻与志夫の説の再評価を提唱したが、その後、室伏徹と平野修によって、大月市大月遺跡が八世紀後半以降の郡家関連施設である可能性が指摘されたことにより、現時点では、この大月遺跡が新たな郡家の所在地であると推定している。(8)(9)

孝徳朝の天下立評に先立ち、その準備のため、大化元（六四五）年八月に「東方八道」に派遣されたのが、いわゆる大化の「東国国司」である（『日本書紀』には「国司」とあるが、実質的には天皇のミコトモチとしての使者をさす）。この「東方」がどの範囲をさすかについては、①東海道三河以東と東山道信濃以東とする、②東海道尾張以東と東山道美濃以東とする、③上記に越（北陸道）を含めるなどの諸説があり、また彼らが甲斐へ来ているかも文献に明証がないが、八組の「国司」のうち、第三組が朝倉君（上毛野君の一族）と接触し、第五組が菟礪（駿河国有度郡？）人と接触したことが確認されるので、上野・駿河に隣接する甲斐にも、いずれかの「国司」が至った可能性は高いであろう。また、荒井秀規によるこの「八道」の比定案によれば、遠江と駿河（伊豆）、甲斐と信濃、相模を含む坂東が、それぞれ一道を成したとみられ、これと前述の私見を組み合わせれば、国中地域には信濃経由で、郡内地域には相模経由で、それぞれ別の組の「国司」が派遣されたと考えられる。律令制的な国司の成立過程については、早川庄八が、天智朝以前の初期国宰が、天武・持統朝の国宰を経て、大宝令制の国司に発展するとしている。「東国国司」の派遣単位は、後の国宰の管轄地域にも影響したと考えられるので、天武朝末年に甲斐国に編入される以前の都留評は、甲斐ではな(10)(11)

く、相模国宰の管轄下にあった可能性が高い。

前述のように、鐘江宏之によれば、後の令制国の国境確定は、天武一二〜一四（六八三〜六八五）年にかけて、七道制の施行とセットで行われたが、それは、各国を主要官道にそって上・下、前・中・後などに区分してゆくものでもあった。[12] ここにおける「道」とは、単なる交通路ではない広域行政ブロックであり、律令制下においては、巡察使などの中央からの使者の派遣単位や、公文書の下達・上申、国司の赴任や往来の単位などとして機能していた。道制・官道と、それに付随する駅制は、きわめて中央集権的かつ政治的な制度であり、自然発生的な交通体系とは異なる側面をもつことには十分留意しなければならない。

さて、こうした広域行政ブロックとしての道制を施行し、全国の諸国を、官道にそった放射状の指揮命令系統に編成してゆくにあたって、自然発生的な交通路であったそれまでの海道（ウミノミチ）、山道（ヤマノミチ）のいずれにも接していなかった甲斐を、どのブロック・系統に組み込むかが問題となった。前述のように、御坂路を東海道支路（甲斐路）に設定することで、甲斐国は東海道ブロックに編入されることとなったが、その結果として、官道である御坂路には、中央直轄の交通施設である駅が置かれた。御坂路という交通路と、それに付随する駅は、甲斐国と中央との連絡のためだけに設定されたもので、それまで都留評を管轄してきたと考えられる相模国の利害とは一切関係がない。他方、後の都留郡内には、後述のように、水市、河口の二駅が置かれており、甲斐編入後の都留評（郡）には、甲斐（国中）のために官道（御坂路）と駅を維持・運営するという、新たな役割が期待されることになったものと思われる。

二　駅の設置と財源

律令国家の駅制の成立過程とその特質については、木下良による簡潔な概説がある。[13]『日本書紀』所載の大化改新詔にみえる駅制関係の記述の信憑性については諸説が分かれるが、六七二年の壬申の乱の記述にみえる「駅家」「駅鈴」などから、当時、少なくとも畿内とその周辺には駅制が施行されていたと考えられる。静岡県浜松市伊場遺跡出土の二一号木簡には、「五十戸人」とともに「駅評人」がみえ、山中敏史によれば、岡山県立博物館蔵・須恵器細頸壺（七世紀中頃）記載の「馬評」も「駅評」と同様のものであるという。(14) 原秀三郎は、こうした駅評が、郡家の前身である評と並ぶ独自の交通・情報伝達機能をもち、里（五十戸）に準ずる規模であったと考えている。(15)

七世紀末に甲斐国に編入される以前の都留評が、評内を通過する官道化以前の御坂路について、こうした機能を有していたかは疑問であり、後の駅に相当するような交通施設が設置されていたとも考えにくい。一方、八世紀以後の都留郡内の駅としては、『延喜式』巻二八兵部省79東海道駅伝馬条に「甲斐国駅馬。水市・河口・加吉各五疋。」とあることから、加吉を加古の誤写とみて篭坂峠を越えた山中湖畔にあて、河口駅（現・富士河口湖町河口付近）とあわせた二駅が存在したと考えられてきた。しかし近年、平川南が『延喜式』における駅名の記載順を全国的に検討し、駅は都から地方への順に記載されるのが一般であることから、山中湖畔の駅は加吉駅ではなく水市駅であるとの新説を提唱している。(16) 平川説は文献史学的にみて妥当であり、律令制下の都留郡には、東海道の本路に近い順に、水市駅、河口駅の二駅があったと考えられよう。また、養老厩牧令16条の駅馬配置規定に「小路五疋」とあることから、延喜式段階の御坂路は、小路と位置づけられていたことも判明する。

駅の組織と財源については、大山誠一(17)、大津透(18)などの研究がある。駅の職員としては、養老厩牧令15駅各置長条で、「駅戸」の内の有力者から「駅長」を採用するとし、駅馬の配備数については同16置駅馬条に規定があり、小路である御坂路の場合には駅ごとに五疋であることが知られる。駅馬の馬子としては、賦役令19舎人史生条に「駅子」が色役の一つとして駅戸から徴発されることが規定され、公式令42給駅伝馬条などにみられるように、駅使および従者一行の乗馬・駄馬をひいて次の駅まで送るなどの役務にあたった。なお、各駅に配置された駅戸の数については、厩牧令16条に「馬毎に各《おのおの》中中の戸をして養飼せしむ」とあるように、法規上は駅馬と同数であり、御坂路の場合は各駅に五戸となる。ただし、廄牧令15条集解穴記には「駅戸を置くは員《かず》別式に有る也」とあり、また日本では中国的な戸等制が実際に機能していたか疑わしいので、単純に馬と同数とはいえず、実際のところは不明である。また駅の財源については、廄牧令16条に駅稲（大宝令では駅起稲）がみえ、田令33駅田条には駅田（大宝令では駅起田）が規定され、御坂路を含む小路の場合は、二町の田が駅の近くに班給されることとなっていた。このように駅の運営は、固定した駅戸集団（後世の駅家郷に相当）によって担われ、また駅（起）稲・駅（起）田という独自の財源が、その自立性を支えていた。律令制における駅が、中央政府ないし国府によって設定された特別な機関であり、その運営にも特段の措置がとられていたことが知られよう。

都留郡に限らず、古代の甲斐国には駅家郷は存在しない。都留郡内の二つの駅家を支えた駅戸集団を含んだ郷としては、通説的な郷比定によるならば、桂川の上流域を意味したとされる賀美郷（現在の都留市南部から富士吉田市周辺）が考えられ、駅（起）稲・駅（起）田も同郷内に存在した可能性がある。しかし、高い標高と冷涼な気候のため、現在においても稲作に適しているとはいいがたいこの地域において、水田の耕作や稲の出挙が可能であったかには疑問も残る。甲斐を含む内陸山間部での駅制の実態は、全国的にみても、古代交通史研究の検討課題の一つといえるのではあるまいか。また、南都留地域において集落等の遺跡が増加するのは平安期以降であることから、甲斐国における駅戸・駅（起）稲・駅（起）田はいつ頃、どのようにして設置されたのか、また八世紀以前における駅の実態はどのようなものであったかも問題である。さらに、これらの駅の運営に都留郡が関与したとすると、第一節で論じたように、七世紀の都留評以来、郡の本来の政治・経済基盤は郡東部にあったと考えられるので、郡東部と御坂路とのアクセスについても検討する必要がある。古代の駅伝制においては、都と国府、国府と国府をつなぐ官道である駅路に対し、国府と郡家、郡家と郡家とを結ぶ一国内におけるローカルな交通路は伝路と呼ばれる。現在の上野原、大月、都留方面と御坂路を結ぶ主要な交通路としては、国道一三九号線（富士みち）があるが、この道は、古代においても、都留郡家と御坂路を接続する伝路として機能していたのではあるまいか。周辺遺跡の分布や性格を含めて、その検討の必要性を指摘しておきたい。

都留郡において、御坂路の交通機能に関与した勢力としては、どのような氏族が考えられるであろうか。天平宝字五（七六一）年一二月二三日付の「甲斐国司解」（『大日本古文書（編年文書）』第四巻、五二四頁）には、都留郡散仕の矢作部宮麻呂が、甲斐国府の命により巨麻郡仕丁の部領使として都へ向かったことを示す記載がある。郡散事（仕）は、郡の名称を肩書きに帯びているが、国府に出仕して国務に従事する国の下級職員であるので、都留郡散仕が巨麻郡仕丁の部領使となったことは不自然ではない。ただし文書逓送や部領には御坂路を用いるので、宮麻呂は、自らの出身地である都留郡の協力を得てこの任務を遂行したことであろう。都留郡の矢作部氏については、『日本三代実録』貞観一四（八七二）年三月二〇日条で、甲斐国都留郡大領外従五位上矢作部宅雄と少領外従八位上矢作部毎世に矢作部連が賜姓されており、九世紀後半の段階では郡領氏族としてみえている。磯貝正義以来、この矢作部は、八世紀には郡散仕クラスであった中小豪族が、なんらかの理由により郡領氏族にまで成長した新興勢力であると考えられているが、[19]その背景として、御坂路を中心とする交通機能との関連は考えられないであろうか。原正人は、富士河口湖町勝山・上堂ヶ塚遺跡出土の墨書土器にみえる「矢」「天作」は「矢作部」であるとし、河口駅の近くに矢作部が存在した可能性を指摘している。[20]想像になるが、矢作部氏の成長の背景には、この氏族が、河口駅をはじめとする御坂路の駅戸集団や駅の運営に関与していた可能性を指摘しておきたい。

ただし河口駅の運営については、都留郡のみではなく、八代郡の関与も考慮しなければならない。富士河口湖町大石からは甲斐型土器の出土が知られており、河口湖周辺（特にその北岸）は、国中との人とモノの移動が、ある時期より急激に活発化しているようである。河口駅の運営についても、八代郡が一定の関与をしていた可能性は大きく、また大石という地点の性格を考えれば、御坂路の西側を通り、そのバイパスとしての機能をもつ若彦路と八代郡との関係も考察する必要がある。

山中湖畔の駅（従来の説では加古駅、前述の平川新説では水市駅）の運営については資料が少なく、今のところよくわからないが、山中湖が桂川の水源であることからすれば、都留郡内の桂川流域の勢力との関係は検討に値しよう。

三　『甲斐国風土記』逸文の信憑性とその意義

前節では、駅制を中心に都留郡の甲斐編入問題について考えたが、ここでは『甲斐国風土記』逸文の資料的価値について、郡家移転問題との関わりから論じてみたい。

『甲斐国風土記』の逸文としては、『和歌童蒙抄』第四・人体部に、

かひの国つるの郡《こおり》に菊おひたる山あり。その山の谷より流るる水、菊を洗ふ。これによりて、その水を飲む人は、命ながくして、つるのごとし。仍て郡の名とせり。彼国風土記にみえたり。

とあり、また『夫木和歌抄』巻第一四・秋部五の歌注に、

此歌注云、風土記に甲斐国鶴郡有㆓菊花山㆒。流水洗㆑菊。飲㆓其水㆒人、寿如㆑鶴云々。

とあるものが唯一のものとして知られている。和文と漢文という違いはあるものの、その内容は基本的に共通しており、同一の本文に由来する逸文である可能性が高いと考えられるが、『山梨県史 資料編3』[21]が「寿水・神仙霊鳥など中国思想による解釈で、文人趣味の地名説明であることから、逸文の年代が奈良時代まで遡り得るかは不明である」（文献資料編―編年―和銅六年［参考］二三・二四按文）とするように、従来この逸文は、後世の文人による机上の創作とされることが多く、地域史研究の史料としては、必ずしも積極的に用いられてこなかったきらいがある。

近年、風土記逸文の集成と、その新たな検討を精力的に進めている荊木美行によれば[22]、『和歌童蒙抄』所引の風土記逸文としては、甲斐、陸奥、筑前、肥前のものが各一条と、所属不明の二条の計六条分が知られる。これらの逸文

は漢字仮名交じりの訓読文ではあるが、このうち、現存する風土記に対応箇所がある肥前の逸文を、現存本『肥前国風土記』と対照すると、細部に至るまでよく一致し、原典からの直接引用である可能性が高い。このことは、甲斐を含む残りの五条の逸文もまた、漢文の原典を直接参照しつつ、それを訓読したものであることを示唆している。『日本古典文学大辞典』（岩波書店刊）などによれば、『和歌童蒙抄』は、久安から仁平年間（一一四五〜一一五四年）頃の成立とされ、著者の藤原範兼（一一〇七〜一一五四年）は文章博士・大学頭を務める学者の家出身で、本書は儒学系の歌学の確立を目指したものである。書中に漢籍を豊富に引用しているほか、『万葉集』を数多く引き、『日本書紀』の古訓を大幅に説明のなかに用い、『和漢朗詠集』を尊重し、典拠を一つ一つ求める等の厳密な方法は、いずれも本書が初めて歌学に導入したもので、後世に大きな影響を与えたとされる。一方、『夫木和歌抄』所引の風土記逸文は甲斐・常陸の二条が知られるが、常陸の逸文は現存本『常陸国風土記』には対応箇所がなく、同書の欠損部に対応するとみられるので、原典との関係を考察する手がかりはない。『夫木和歌抄』は藤原長清が延慶三（一三一〇）年頃に編んだ私撰集なので、先行する『和歌童蒙抄』などの歌学書からの孫引きである可能性もあり、別に検討が必要であるが、少なくとも『和歌童蒙抄』所引の甲斐国風土記逸文については、原典からの直接引用である可能性が高いと考えられるのである。

また問題の逸文が、前述のように、「文人趣味の地名説明であることから、逸文の年代が奈良時代まで遡り得るかは不明」とされる背景の一つには、風土記の編纂が、奈良時代だけでなく、一〇世紀前半の延長年間（九二三〜九三一年）にも行われたとする通説があろう。この通説は、『類聚符宣抄』第六所収の延長三（九二五）年一二月一四日太政官符に、

応㆔早速勘㆓進風土記㆒事

右如㆑聞諸国可㆑有㆓風土記文㆒。今被㆓左大臣宣㆒偁、宜㆘仰㆓国宰㆒令㆖㆑勘㆓進之㆒。若無㆓国底㆒、探㆓求部内㆒、尋㆓問古老㆒、早速言上者。諸国承知、依㆑宣行㆑之、不㆑得㆓延廻㆒。符到奉行。

（早速風土記を勘進すべき事。
右、聞くならく、諸国に風土記の文有る可し。今左大臣の宣を被《こうむ》るに偁《い》えらく、宜しく国宰に仰せて之を勘進せしむべし。若し国底《こくてい》に無ければ部内を探求し、古老を尋問し、早速に言上せよてえれば、諸国承知し、宣に依りて之を行い、延廻することを得ず。符至らば奉行せよ。）

とあることを根拠の一つとしている。全国に風土記の京進を命じたこの官符は、この二年後の延長五（九二七）年に完成した『延喜式』の編纂作業と関連するものと考えられるが、その資料としての風土記の探索と提出を命じたものではあっても、新たな風土記の勘造を積極的に命じたものであるかどうかは疑問とせざるを得ない。詳細は稿を改めて論ずる必要があろうが、筆者は、延長の諸国風土記の再進達に際しては、風土記本文の新たな編述はほとんど行われなかったと考えている。風土記研究の権威である秋本吉郎は、現存する五風土記（出雲・常陸・播磨・豊後・肥前）について、全て延長の加筆はなく、基本的に和銅の編述のものを伝存しているとする。(23)おそらくこうした事情は、今日では散逸している他国の風土記の場合も同様なのであって、文献的に信用に足る逸文であれば、一〇世紀段階ではなく、八世紀のものである可能性を考慮する必要があるのではないかと思う。

以上をまとめれば、今日知られる甲斐国風土記の逸文のうち、少なくとも『和歌童蒙抄』所引のものは原典からの引用であり、またそれは、一〇世紀の延長年間の作成ではなく、和銅の撰進命令をうけて、八世紀に編纂されたものである可能性があることになる。従来から指摘されるように、その内容は神仙思想に基づく文人趣味のものであり、地元の伝承によるとは考えにくいが、そうした性格は、第一節で論じたように、八世紀のある段階で、都留郡家が、古墳時代以来の伝統をもつ古郡（現上野原市）の地から、大月市大月遺跡付近に移転した可能性があることや、八世紀の甲斐国司に文人的素養をもつ渡来系氏族の出身者が多かったことからも説明が可能なのではあるまいか。(24)

郡名である「ツル」地名の由来を説明しているこの逸文は、現存風土記の構成から推定すると、甲斐国風土記の都留郡条の冒頭に位置していたと考えられ、それはまた、郡家の立地を説明している可能性もあろう。風土記撰進時点での都留郡家は、古郡（現上野原市）にあったのか、あるいは大月市大月遺跡付近にあったのか。また逸文にみえる「菊おひたる山」「菊花山」の比定地はどこか。現在、大月遺跡背後の山は「菊花山」と呼ばれているが、この名称がどの時期まで遡るのかも含め、今後の検討が必要であろう。

四　延暦の国境論争をめぐって

都留郡の甲斐編入問題や、郡内地域と国中地域、あるいは相模地域との関係について考えるうえで、今ひとつ見逃せない問題は、『日本後紀』延暦一六（七九七）年三月戊子条に、

先レ是、甲斐相模二国相二争国堺一。遣レ使定二甲斐国都留郡□留村東辺砥沢一為二両国堺一、以西為二甲斐国地一、以東為二相模国地一。

（是より先、甲斐・相模二国国堺を相《あい》争う。使を遣わして甲斐国都留郡□留村の東辺の砥沢を定めて両国の堺と為す。以西を甲斐国と為し、以東を相模国と為さしむ。）

とある延暦の甲相国堺論争である。

この論争の背景としては、その前年の『日本後紀』延暦一五（七九六）年八月己卯条に、

是日、勅、諸国地図、事迹疏略。加以年序已久、文字闕逸。宜二更令レ作レ之。夫郡国郷邑、駅道遠近、名山大川、形体広狭、具録無レ漏焉。

（是の日、勅すらく、諸国の地図、事迹疏略《じせきそりゃく》なり。しかのみならず年序已《ねんじょすで》に久しく、文字闕逸《けついつ》す。宜しく更に之を作らしむべし。夫《そ》れ郡国《ぐんこく》郷邑《きょうゆう》、駅道の遠近、名山大川の形体・広狭は、具《つぶさ》に録して漏らすこと無かれ。）

とあるように、「諸国地図」の作成を命ずる勅が出されていることが指摘されている。しかし、地図の作成自体はこ

れ以前にも行われており、平安初期の桓武朝に、なぜあらためて諸国地図の作成や、国堺の再確定が必要になったのかを説明する必要がある。この点で注目されるのは、桓武朝における山林原野政策の新たな展開である。亀田隆之(25)によれば、山林原野関係の太政官符は、天平年間以前には三通しかみられないが、延暦三（七八四）年を境に急激に増え、特に、甲相国堺論争の翌年に出された延暦一七（七九八）年一二月八日太政官符は、「民要地」以外は「公私共利」の地として国家の管理下に置くとし、山林原野への国家統制の強化をはかる画期的なものであったという。亀田はまた、同じく延暦期に伐木行為への国家統制が強まることを指摘し、その背景として、長岡・平安遷都にともない、主として畿内近国や南海道諸国において木材の確保が必要になったことをあげている。

一方、平安前期における他国の国堺論争としては、『日本三代実録』貞観元（八五九）年三月四日条・四月二三日条に河内・和泉間の事例があり、「陶山之争」「相ニ争焼レ陶伐レ薪之山一」といった表現から、須恵器生産にともなう薪を得るための山林の帰属をめぐる争いであったことが知られる。また『日本三代実録』元慶三（八七九）年九月四日条には美濃・信濃間の国堺論争がみられるが、これは、和銅六（七一三）年七月に吉蘇路が開通して以来、この道に接する吉蘇・小吉蘇両村の帰属が両国で争われていたことによるもので、結局、美濃側の主張が認められ、縣坂山岑（現在の鳥井峠）が国堺に定められている。後者の例は、新たな交通路の設定を契機として地方行政区画が変更されたもので、第一節で論じた都留郡の甲斐編入問題を考えるうえでも興味深いが、前者の例もまた、平安前期における国堺論争が、山林原野の帰属と深く関わっていたことを示唆しており、延暦の甲相国堺論争の考察に際しても有益であろう。

前掲した『日本後紀』の記事からは、甲相国堺論争の直接の原因は知ることができないが、山林原野の帰属問題がその背景にあると仮定すると、相模川・桂川水系を遡った相模側の勢力が、材木や漆菓などの山林資源を求めて甲斐国の領域に進出しつつあった状況が想定できるのではあるまいか。七世紀末に都留評を甲斐国に割譲した段階においては、相模国にとっての当該地は相模川の水源地にすぎず、さしたる利用価値もなかったのであろうが、相模国府、国分二寺といった相模国の政治的中心施設はいずれも相模川流域に立地しており、木材をはじめとする山林資源への需要が高まった結果、例えば材木の伐採地が相模川を遡り、平安初期の段階で桂川流域まで及んできたといった状況が想像されるのである。時代は異なるが、近代に至るまで、郡内地方の主要産業の一つに林業があり、上野原が材木の集積地として機能してきたことも参考となろう。

この論争の結果、新たに定められた国堺の現地比定については江戸時代以来の諸説がある。原正人による整理[26]（下記①〜③）に、近年の研究（下記④・⑤）を加え、以下にその要点を列記することとする。

① 鹿留村・戸沢説（『甲斐国志』）

古郡・相模二郷は一時相模国に編入され、都留郡および甲斐国の領域は大幅に縮小したが、その後甲斐国に戻ったとする。郡家移転の理由は説明しやすいが、国境を画すほどの自然地形は見あたらない点に難点がある。

② 都留村・那倉沢説（『大日本地名辞書』）

相模郷はこの年以降、相模国に編入されるが、『和名抄』には旧籍により記されたとする。

③ 砥沢＝道志川説（八巻与志夫[27]）

相模国愛甲郡西端部まで甲斐国に含まれ、延暦の国境論争の結果、都留郡および甲斐国の領域は東に拡大したとし、道志川は国境（線）の地形としてもふさわしいと考える。相模郷は「旧相模国の郷」の意とする。ただし、後に再び相模国に戻されたとみる。

④ 砥沢＝相模原市（旧相模湖町）底沢説（河野喜映[28]）

旧津久井郡内の砥石のつく地名と砥石の産地四ヶ所について、（一）沢が南北方向、（二）沢の西側に平坦地がある、（三）周辺に砥石の関連する地名や記録がある、（四）沢であるから相模川の大規模な支流ではない、（五）

国堺にふさわしい地形の変化がある、の五点の条件を満たすものとして底沢を指摘し、「砥」の字は「底」に通ずるので、字義上の問題もないとする。

⑤現在の県境説（荒井秀規）(29)

相模原市（旧藤野町）の石楯尾神社を相模国高座郡の延喜式内社に比定したうえで、これを相模側に含めることを前提にした説。砥沢の比定地については特に断定していない。

これらの諸説にはいずれも一長一短があるが、現時点で考えられる問題点を、筆者なりに整理して示すと以下の通りである。

③説について

「砥」を一字でトイシと訓む文献は古代には見あたらないようであり、一般にはトの甲類を示す万葉仮名として用いる（ちなみに「戸」もトの甲類の万葉仮名）。したがって、『日本後紀』にみえる古代地名の「砥沢」はトザワと読むべきで、道志川のドウシをトイシの転訛とする③説は成立しがたいのではないか。

①説について

鹿留として鹿留（ししどめ）村を比定するが、「鹿留」の地名がもし古代に存在したとすれば、それは前述の「砥」＝トと同様に万葉仮名による表記であって、カルと読んだ可能性が高い。しかし古代甲斐国に関する文献にカルの地名は見えない。また砥沢＝戸沢の比定に国語学的な問題はないが、現在の都留市戸沢は山間部であり、一般に古代の国境は交通路上に設定されるので、国境とは考えがたい。

②説について

現在の上野原市に鶴島、鶴川などの地名が残ることは、やはり無視しがたく、「□留村」を都留村と推補し、現在の上野原市内に比定することには一定の説得力がある。ただしその場合、現在の相模原市（旧藤野町）名倉が上野原市側からみて「東辺」といえるかどうか。

④説について

「砥沢」の「砥」がトイシの意味である可能性は確かに捨てきれないが、トの甲類を示す万葉仮名にすぎない可能性もあり、その場合はトイシとは無関係となる（砥沢＝トザワの語義については後述）。また②説と同様、現在の石楯尾神社の位置と矛盾する。

⑤説について

国境の比定には直接論及していないが、②説同様に「□留村」＝「都留村」＝上野原市域と考えれば、その「東辺」に国境がくることになり矛盾はなく、石楯尾神社の問題も生じない（神社の比定は、むしろ立論の根拠ではあるが）。砥沢については、境川の河口付近か、現在の境川橋西側の桂川の渓谷（名倉の石楯尾神社はその南側に鎮座）になるか。

諸説を通覧すると、現時点で問題となる共通の論点としては、「砥沢」の語義の問題と、相模国高座郡式内社である石楯尾神社の比定の問題があげられよう。以下、この二点について、簡単な検討を加えたい。

「砥沢」の語義については、「砥」がトの砥石を意味するトである可能性も、『播磨国風土記』餝磨郡条に「砥堀と称ふ所以は、品太の天皇のみ世、神前の郡と餝磨の郡との堺に、大川の岸の道を造りき。是の時、砥を堀り出しき。故、砥堀と号く。今に猶あり。」とある例などからみて完全には捨てきれない。しかし古代の文献では、「砥」をトの甲類を示す万葉仮名として用い、物質としてのトイシとは無関係な例の方が一般的なので、その場合は、「砥」が門・戸を意味するトの甲類である可能性が出てこよう。『時代別国語大辞典・上代編』（三省堂）によれば、ト（門・戸）とは、河口や海の、両岸が迫って門のようになっている地形のことであるという。また「沢」＝サハについて、白川静『字訓』（平凡社）は、水が浅く、葦が生えているような湿地帯、または谷川のように山間に水の流れているところであり、西日本では前者のような沼沢の地をいい、東日本では後者のような渓谷のところをいうと述べている。このように、「砥沢」がトイシとは関係なくトザワと読むべきで、またそれがト（門・戸）のサハ（沢）であるとすれば、その語義は「両側が迫って門のようになっている渓谷」となり、現在の地形からすれば、境川橋西側の桂川の渓谷（名倉の石楯尾神社はその南側に鎮座）が条件に合うのではあるまいか。

一方、相模国高座郡式内社・石楯尾神社については、代表的な論社として、相模原市（旧藤野町）名倉、相模原市（旧藤野町）佐野川、相模原市大島（社伝による：現在は諏訪神社）に鎮座する各社などが知られている。しかし、『延喜式』巻第九神名上の相模国高座郡の式内社は、相模川の下流から上流に遡る順で記載されていると考えられ、その末尾に記されている石楯尾神社は、相模原市（旧藤野町）名倉か佐野川のそれである可能性が高い。なお、古代甲斐国では都留郡にのみ式内社が一つもない点も重要な論点で、この石楯尾神社が、本来は都留郡唯一の式内社相当の社であり、延暦の国境変更により相模に含まれた可能性も検討してみる価値があろう。石楯尾の「石楯（イハタテ）」とは、岩のように堅固な楯（『時代別国語大辞典・上代編』）、盾の形をした岩山（『日本国語大辞典』）などの意味があり、また「尾（ヲ）」が「峯（ヲ）」に通ずるとすれば、「峯（ヲ）」には、①尾根、谷を取り囲む山、タニの対、②山の小高い所、峯、丘（『時代別国語大辞典・上代編』）といった意味がある。現在の地形を考えれば、この場合もやはり、相模原市（旧藤野町）名倉のそれが条件に合うことになろう。

以上の考察をふまえれば、延暦の国堺の比定地をめぐる諸説のなかでは、現状では⑤説が最も穏当と考えられるが、断定はできず、今後のさらなる検討が必要である。その際留意すべき点としては、国境の問題と『和名類聚抄』にみえる相模郷の帰属問題は一応別個の問題であること[30]、甲斐国の郷配置だけでなく、相模国高座郡内の状況や郷配置も考慮すべきであること[31]、□留村＝都留村とした場合、それを含む郷は何郷か（古郡郷か都留郷か）を検討する必要があることなどがあげられよう。古郡の地は、少なくとも孝徳朝の立評段階では「古郡」ではなかったはずで、そうだとすれば、それは何里（郷）であったのか、また都留郡の郡名である「都留」は、本来どこの地名に由来するのか、また郡家が八世紀に大月市大月遺跡付近に移転したとした場合、その地は何郷（里）と呼ばれたのか等々、派生する問題は尽きないが、ここでは全て今後の検討課題とし、指摘するのみにとどめたい。

おわりに

以上、まとまりのない議論に終始し、仮説や今後の検討課題の羅列となってしまったが、文献史学的にみても、古代都留郡には興味深い問題が数多くあり、またそれは、いわゆる郡内地域にとどまらず、甲斐国全体の地域理解に深く関わっていることは指摘できたのではないかと思う。東海道にも東山道にも接さず、また坂東諸国にも属さない甲斐国は、まさにそうした立地のために、各地域を媒介する、列島規模の人的・物的交流のサブシステムとして機能していた。その甲斐の国内において、都留郡は、国中地域が相模や武蔵にアクセスするための、いわばサブシステムのサブシステムとして必要不可欠なものであった。また郡内地域にとっても、相模、武蔵、甲斐の国中といった地域を結ぶネットワークの中心を占めることは、自らの存立にとり重要な意味をもったはずである。

前近代における甲斐国が、国中と郡内という性格の異なる二地域からなる複合的な構造をもつことになったのは、七世紀末の天武朝における、令制甲斐国の特殊な成立事情に由来していた。それは、駅制による中央集権的な交通の維持という、お上の都合によるものであったが、やがて地域社会にも様々な影響を及ぼし、奈良時代半ばの郡家移転や、平安時代初めの相模との国堺論争へとつながってゆく。そうした動きの前提となり、また中近世を経て、現代の山梨県にも継承されている国中と郡内の地域的な特質は、古代においてもすでに明瞭に認められるのであり、考古学と文献史学の共同研究は、甲斐の地域史研究全般にも資するものであることを確認して、章を終えることにしたい。

註

（1）室伏徹・平野修「大月遺跡について—都留郡家（衙）としての再検討—」（『山梨考古学論集』Ⅴ〈山梨県考古学協会、二〇〇四年〉）。
（2）『山梨県考古学協会誌』一六、特集「官衙からみた地域社会」（二〇〇六年）。
（3）磯貝正義「七世紀以前の甲斐と大月」（『大月市史　通史編』〈大月市、一九七八年〉古代・第一章）。
（4）坂本美夫「甲斐の郡（評）郷制」（『山梨県立考古博物館・山梨県埋蔵文化財センター　研究紀要』一、一九八四年）。
（5）鐘江宏之「「国」制の成立—令制国・七道の形成過程—」（笹山晴生先生還暦記念会編『日本律令制論集』上〈吉川弘文館、一九九三年〉所収）。
（6）有泉武士「日本古代地方政治に関する一考察—古代甲斐国についての諸問題—」（山梨大学教育学部平成十年度卒業論文、一九九九年）。
（7）大隅清陽「大化改新と甲斐」（『山梨県史　通史編1　原始・古代』〈山梨県、二〇〇四年〉所収）、改稿のうえ本書第一部第二章に収録。
（8）八巻与志夫「古代甲斐国の郷配置の基礎的操作」（『山梨考古学論集』Ⅰ〈山梨県考古学協会、一九八六年〉）。
（9）註（1）室伏・平野論文。
（10）荒井秀規「「東国」とアズマ」（『古代王権と交流2　古代東国の民衆と社会』〈名著出版、一九九四年〉所収）。
（11）早川庄八「律令制の形成」（『岩波講座日本歴史2　古代2』〈岩波書店、一九七五年〉所収、後に同『天皇と古代国家』〈講談社学術文庫、二〇〇〇年〉に収録）。
（12）註（5）鐘江論文。
（13）木下　良「古代の交通体系」（『岩波講座日本通史5　古代4』岩波書店、一九九五年）。
（14）山中敏史『古代地方官衙遺跡の研究』（塙書房、一九九四年）第三章第一節、評衙・郡衙成立の画期、三三八頁。

(15) 原秀三郎「古代遠江・駿河両国の東海道」（『地域と王権の古代史学』〈塙書房、二〇〇二年〉所収、初出は一九八〇年）。
(16) 平川　南「甲斐の交通」『山梨県史 通史編1 原始・古代』（山梨県、二〇〇四年）所収。
(17) 大山誠一「古代駅制の構造とその変遷」（『史学雑誌』八五―四、一九七六年）。
(18) 大津　透「唐日律令地方財政管見―駅館・駅伝制をてがかりに―」（『日唐律令制の財政構造』〈岩波書店、二〇〇六年〉所収、初出は一九九三年）。
(19) 註（3）磯貝著書。
(20) 原正人「甲斐国四郡の成立～巨麻郡と都留郡を中心として～」古代甲斐国官衙研究会・第4回研究例会発表資料（二〇〇三年）。
(21) 『山梨県史 資料編3 原始・古代3文献・文字資料』（山梨県、二〇〇一年）。
(22) 荊木美行『風土記逸文研究入門』（国書刊行会、一九九七年）。
(23) 秋本吉郎『風土記の研究』（ミネルヴァ書房、一九六三年）。
(24) 原正人「奈良時代の甲斐国司―その性格と任官の動向をめぐって―」（『山梨県史研究』三、一九九五年）。
(25) 亀田隆之「古代における山林原野」（『日本古代制度史論』〈吉川弘文館、一九八〇年〉所収、初出は一九七二年）。
(26) 註（20）原　発表資料。
(27) 八巻与志夫「古代甲斐国の郷配置の基礎的操作」（『山梨考古学論集』Ⅰ〈山梨県考古学協会、一九八六年〉）。
(28) 河野喜映「甲相の国境争い―「砥沢」の位置について―」（『ふるさと津久井』一、二〇〇〇年）。
(29) 荒井秀規「復元図補説（国境・郡境および郷所在地の想定）」（『神奈川の古代道』〈藤沢市教育委員会博物館建設準備担当、一九九七年〉所収）。
(30) 註（3）磯貝著書。
(31) 註（28）河野論文。

第三章　中部山岳地域における駅制と地域社会

はじめに

古代交通研究は、一九九〇年代以降の古代史において、最も大きな進展のみられた分野の一つである。文献史学の領域において、駅伝制を駅制と伝制の二重構造として捉えることにより、大化以前から律令制期の交通制度の特質と展開が明らかにされたこと、また考古学や歴史地理学の観点から、直線プランに基づく古代道路の姿が明らかになったことなどはその代表例といえる。しかし、そこから得られた古代交通の典型的なイメージは、主として水田などの生産基盤に恵まれた平野部の環境を前提にしており、それらの条件の多くが当てはまらない山岳地域の交通についての検討は、必ずしも進んでいないのが現状であろう。

中部山岳地域に属する甲斐を地域史研究のフィールドとしている筆者は、一九九七年に山梨県史の編纂に参加して以来、古代甲斐国をとりまく交通環境に関心をもちつづけてきた。特に二〇〇三年五月に、県内の考古学と文献古代史の研究者の有志で、古代甲斐国官衙研究会を発足させてからは、律令国家による駅制の施行が、甲斐の地域社会にどのような影響を及ぼしたか、またそこにおいて、山岳地域であるがゆえの問題がどのように克服されたかを、一貫した研究課題としている。以下に述べるのは、筆者個人による研究成果というよりも、約一〇年の間、我々の研究会が甲斐国を中心として検討してきた事例を、他国を含む全国的な視野のもとに位置づけることを試みるものである。

一　峠と駅制に関する文献史料 ―東山道神坂峠の事例―

山岳地域に官道を敷設する場合、交通上の難所となるのが急峻な峠であることはいうまでもない。東山道の神坂峠（標高一五三五メートル）はその代表例である（以下、図1を参照）。『延喜式』巻二八兵部省によると、神坂峠を挟む駅と駅馬の配置状況は、峠の西側の美濃国恵那郡に大井駅（一〇匹）・坂本駅（三〇匹）、東側の信濃国伊那郡に阿知駅（三〇匹）・育良《いから》駅（一〇匹）となっている。養老廐牧令16置駅馬条の規定では、中路である東山道の駅場は一〇匹が標準であるが、峠の麓にあたる坂本・阿知両駅の駅馬三〇匹はその三倍であり、同数は近江国勢田駅のみである。勢田駅の事例は、この駅が東山道と東海道の共用であることから説明できるが、東山道単独の坂本・阿知両駅の駅馬の多さは、神坂峠の通行の困難さとともに、それを克服するための人為的な移配・集住が行われたことをうかがわせる。

両駅の比定地は谷あいの地形で、水田などの生産基盤は脆弱であったと思われ、平安初期より駅戸の疲弊と逃亡が問題化し、その立て直しに関する史料が八世紀末から九世紀にかけて散見する。これらの史料は、駅制の変質・衰退期のものであるが、律令制下における駅戸集団や駅子のあり方を示すものとして、坂本太郎をはじめ、佐藤宗諄、野村忠夫などによる先行研究がなされてきた。ここでは、近年の最もまとまった研究である永田英明の業績(1)に拠りつつ、その内容を検討してみたい。

永田は、古代駅制の特質として、駅家と駅戸支配の強い関連性を指摘する。駅戸集団は五十戸制に基づく里・郷に準ずる戸籍成巻の単位であるが、一般民戸とは異なる性格から、五十戸ではなく、個々の駅の規模に応じた戸数で編成される。また口分田の集中的な班給によって、駅戸を駅家周辺に集住させ効率的な力役徴発を行ったという。しかし、農業基盤の脆弱な山岳地域の場合、こうした集住政策を推進し、また、集住の状態を維持するためには、かなりの困難が伴ったであろう。その様相を示すのが、以下にみるような、美濃国恵奈郡の大井・坂本両駅の駅戸集団の立て直しに関わる史料ということになる。

『続日本後紀』承和七（八四〇）年四月戊辰条《史料1》には、

（前略）美濃国言、管恵奈郡無レ人二任使一、郡司暗拙。是以、大井駅家、人馬共疲、官舎顛倒。因レ茲、坂本駅子悉逃、諸使擁塞。国司、遣二席田郡人国造真祖父一、令レ加二教喩一。於レ是、逃民更皈、連蹤不レ絶。遂率二妻子一、各有二本土一。（後略）

（美濃国言《もう》す、管する恵奈《えな》郡任使《にんし》に人《ひと》無く、郡司暗拙《あんせつ》たり。是を以て、大井の駅家《うまや》、人馬共に疲れ、官舎顛倒《てんとう》す。茲《ここ》に因《よ》りて、坂本の駅子悉《ことごと》く逃げ、諸使擁塞《ようそく》す。国司、席田《むしろだ》郡の人《ひと》国造真祖父《まおじ》を遣し、教喩を加えしむ。是に於て、逃民更に皈《かえ》り、連蹤《れんしょう》して絶えず。遂に妻子を率い、各《おのおの》本土に有り。）

とある。恵奈郡司の無能のため大井駅の人馬が疲弊し官舎が倒壊したため、坂本駅の駅子もことごとく逃げ諸使の往来が困難となった。そこで美濃国司が、席田郡の人である国造真祖父を遣わして

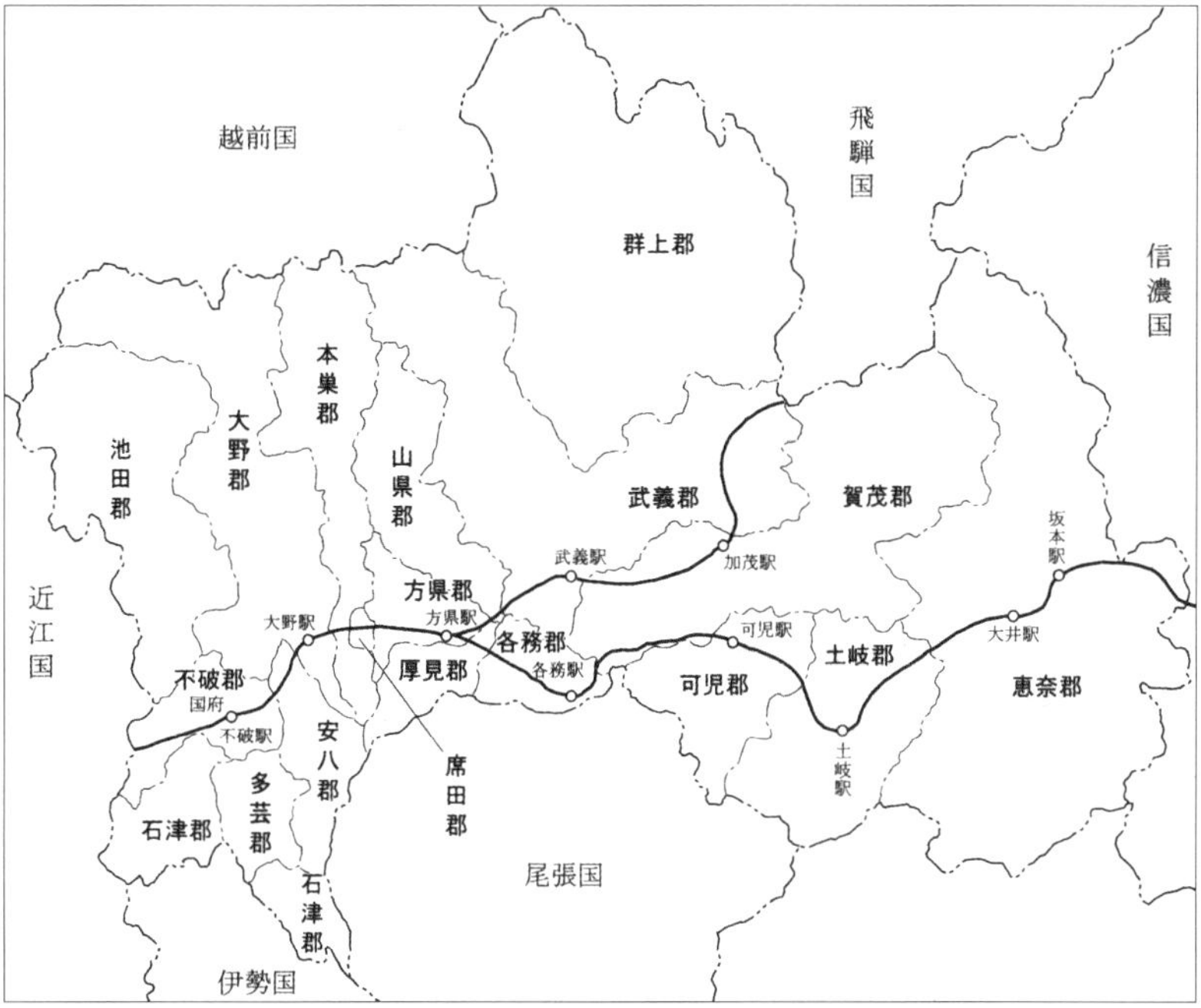

図1　美濃国内の東山道（『日本古代道路事典』より）

教喩させたところ、逃民は妻子を含め本貫地に帰還したという。引用部の後には、その功績を称えて、国造真祖父を一代限りの「駅吏」に任じたとも記されている。

国造真祖父の「国造」は、大宝二（七〇二）年美濃国戸籍にも頻出する「国造」姓の一つである。美濃の国造は複数おり、この「国造」が、記紀や『国造本紀』に見えるどの国造かを比定するのは難しいが、居住地の席田郡に近接する本巣郡、方県郡を本拠地とする国造（三野前国造、本巣国造など）の系譜を引く可能性が高い。この段階では、いわゆる富豪層的なものに転化していると考えられるが、西美濃地域の有力者が、東美濃から逃亡した駅子に対し、大きな影響力を行使していることに注目したい。

この一〇年後の『類聚三代格』巻一八駅伝事・嘉祥三（八五〇）年五月二八日太政官符《史料2》には、「土岐・坂本二駅、程途悠遠、行李難渋、肩擔之辛、剰二倍他所一。国司、雖レ勤二存恤一、猶致二散逃一。（土岐・坂本の二駅は、程途悠遠《ていとゆうえん》にして、行李難渋《こうりなんじゅう》し、肩擔《きたん》の辛《しん》、他所に剰倍《じょうばい》せり。国司、存恤《ぞんじゅつ》に勤《いそ》しむと雖《いえど》も、猶《なお》散逃《さんちょう》を致す。）」とあり、土岐郡の土岐駅と恵奈郡の坂本駅が離れすぎているため駅子の負担が大きく逃散がおきているとしていることから、両駅の間に位置していたはずの恵奈郡大井駅は、この頃までには廃止されていたと考えられる。

結局、神坂峠の麓の駅は坂本駅のみとなったが、これと信濃側の阿智駅については、同じく『類聚三代格』巻七・郡司事所収の斉衡二（八五五）年正月二八日太政官符《史料3》に、

> 右得二美濃国解一偁、恵奈郡坂本駅与信濃国阿智駅、相去七十四里。雲山疊重、路遠坂高。戴レ星早発、犯レ夜遅到。一駅之程、猶倍二数駅一。駅子負レ荷、常困二運送一、寒節之中、道死者衆。朝廷悲レ之、殊降二恩貸一、永免二件駅子租調一。又去承和十一年、挙レ郡給二三年之復一。（中略）今、検二彼郡課丁一、惣二百九十六人也。就中一百十五人為二駅子一。八十一人輸二調庸一。比二之諸郡一、衰弊尤甚。望請、択二諸郡司之中富豪恪勤者一、募以二五位一、期二三年内一令レ治二件郡一。（後略）

（右、美濃国の解《げ》を得るに偁《い》えらく、恵奈郡坂本駅と信濃国阿智駅は、相去《あいさ》ること七十四里なり。雲山畳重《うんざんじょうちょう》にして、路《みち》遠く坂《さか》高し。星を戴《いただ》きて早くに発《ゆ》けども、夜を犯して遅くに到る。一駅の程《てい》、猶《なお》数駅に倍せり。駅子荷を負いて、常に運送に困《くる》しみ、寒節の中《うち》、道に死する者衆《おお》し。朝廷之《これ》を悲しみ、殊《こと》に恩貸《おんたい》を降《くだ》し、永く件《くだん》の駅子の租調を免じ、又去《さん》ぬる承和十一年、郡を挙げて三年の復《ふく》を給う。（中略）今、彼《か》の郡の課丁を検ずるに、惣《す》べて二百九十六人也《なり》。就中《なかんずく》二百十五人は駅子為《た》り。八十一人は調庸を輸《いだ》す。之《これ》を諸郡に比べるに、衰弊《すいへい》尤《もっと》も甚《はなは》し。望み請うらくは、諸郡司の中の富豪恪勤《ふごうかくごん》なる者を択《えら》びて、募《つの》るに五位を以てし、三年の内を期《かぎ》りて件《くだん》の郡を治めしめん。）

とある。神坂峠を東西に挟んだ美濃国坂本駅と信濃国阿智駅の間は七四里で、高低差もあることから、駅間の行程は通常の数駅分に相当し、両駅の駅子の負担はきわめて大きかった。これを哀れんだ朝廷は、永く駅子の租調を免じ、恵奈郡に三年の復を給したが効果がなく、結局、美濃国内の郡司のうち「富豪恪勤」なる者に五位を与え、三年以内に恵奈郡を立て直させることにしている。

永田は、この史料を、主として九世紀における課丁数の立て直しという観点から検討するが、山間部において、峠の交通（そのなかでも、特に政治的な制度である駅制）をどのように維持していたか、という観点からの検討も可能であろう。永田も指摘するように、恵奈郡の課丁総数二九六人中、二一五人という駅子の数は、法制上定められた坂本駅子の数で、当時の実態を示すものではないだろうが、逆にこの数字は、八世紀の段階では、相当大規模な駅戸集団が、坂本駅の周辺に配置されていたことを示唆している。

美濃国の駅は通常一郡に一駅であるが、当初、恵奈郡のみには、大井、坂本の二駅が近接して置かれていた。前掲の《史料1》で、大井駅の倒壊によって、坂本駅の駅子の逃亡が誘発されていることが示すように、駅制の施行当初には、神坂峠の麓にあたる坂本駅には峠の交通に専念させ、大井駅がそれをサポートする体制がとられていたものと思われる。《史料2》からは、大井駅の廃止後は、坂本駅のサポートには、郡の異なる土岐郡土岐駅があたるようになっていたことが知られる。また《史料1》や《史料3》によれば、恵奈郡の立て直しが、西部を含む美濃国全体の梃子入れにより行われたことがわかり、山間部の東濃に設置された駅を、生産力の高い西濃地域が支える構造が浮かび上がってくる。教科書的な説明では、郷に相当する駅家の独立性が強調されるのだが、特に山間部の峠のような固有の困難性をもつ交通を維持するためには、郷や郡を超えた、国レベルでの政策的な措置がとられていたと考えられる。

国郡制下における駅戸集団のあり方を考えるうえで欠かせない今ひとつの史料は、『倭名類聚抄』に見える郡の管郷の記載であり、恵奈郡と土岐郡については、それぞれ、

恵奈郡　淡気（とうげ）・安岐（あき）・絵上（えなのかみ）・絵下（えなのしも）・坂本・竹折

土岐郡　日吉（ひよし）・楢原（ならはら）・異味（いみ）・土岐・余戸〔高山寺本になし〕

・駅家〔高山寺本・名古屋市博本になし〕

が挙げられている。土岐郡の駅家郷は土岐駅に対応しているが、前述のように、大規模な駅戸集団を擁していたはずの恵奈郡坂本駅、大井駅に対応する駅家郷が見えない点は検討すべき問題である。実は、次節で扱う甲斐国についても、『倭名類聚抄』では、駅が存在した都留郡、八代郡に駅家郷が見えず、駅制を支えた駅戸集団のあり方が問われるが、次節ではこの問題を含め、甲斐の御坂峠について考察することにしたい。

二　東海道御坂路（甲斐路）と古代甲斐国

古代において、東海道の本線から甲斐国に入るルートは、律令国家によって東海道の支路に設定された御坂路（甲斐路）の他に、中道往還、若彦路の三つがあった。このうち、中道往還と若彦路は富士山の西麓を通る西回りで、御坂路のみが東回りのルートであり、後述のように、甲斐に至る主要交通路（地域権力と中央政権との往来に用いられる政治的な道）は、四世紀から六世紀にかけ、西から東へと移動していったと考えられる。(2)

三ルートのうち、最も古い政治の道は中道往還である。これは現在の富士、富士宮から富士山西麓を北上し、本栖湖、精進湖、右左口峠を経て、甲府市南部の旧中道町に至るルートで、その終点である甲府盆地南端の曽根丘陵には、四世紀後半築造で、同時期としては東国最大（全長一六九メートル）の甲斐銚子塚古墳がある。甲府盆地の最初の支配者であった中道の首長家は、この中道往還を通じて畿内のヤマト政権とつながっていた。

若彦路は、富士宮の少し北で東にそれて河口湖方面に向かい、大石峠、鳥坂峠を経て旧八代町の中心部に至るルートで、その終着点周辺には、甲斐銚子塚より築造が若干遅れ、やや小規模な岡銚子塚古墳（四世紀後半）のほか、五世紀前半の方墳である竜塚古墳、八代郡家に付随する白鳳寺院が所在した可能性のある瑜伽寺などがある。中道地域よりやや遅れて発展し、後の八代郡の中心となった地域と考えられる。

これらに対し、富士山の東回りルートである御坂路は、御殿場付近で東海道から分岐し、篭坂峠、山中湖、河口湖、御坂峠を経て、笛吹市の御坂町国衙（甲斐国府推定地の一つ）に至るが、御坂町国衙の南に隣接する御坂町井之上には、六世紀後半の円墳で、当時の東国では最大級の横穴式石室をもつ姥《うば》塚古墳がある。国衙周辺から先の御坂路は、現在の石和付近で笛吹川を渡り、甲府を経て信濃方面へ向かう。そのルート上にあたる甲府市西部の千塚には、やはり六世紀後半の築造で、県内では姥塚に次ぐ規模の横穴式石室をもつ加牟那《かんな》塚古墳がある。姥塚と加牟那塚は、東海道側から見た場合、甲府盆地方面への入口と出口にあたっており、この両者を押さえる場所に、六世紀後半によく似た古墳が造られたことは、この時期の御坂路が、東海道と、東山道の信濃方面とを結ぶ連絡路としても機能していたことを示している。

東海道と甲斐を結ぶ主要幹線は、富士山の西回りの中道往還・若彦路から、東回りの御坂路へと変遷したが、それに関連して、御坂峠の河口湖側の登り口にあたる富士河口湖町・疱橋《ほうばし》遺跡から出土した五世紀代の坏形土器が注目される。この土器は完形の土師器で、甲斐の外部から持ち込まれ、何らかの祭祀行為に用いられた可能性が高く、五世紀の段階で、御坂路が重要な交通路となりはじめていることを示している。このように、五世紀以降、主要幹線が御坂路へと移動する理由はよくわからないが、私見では、同じ頃に本格化してくる馬の利用と関連するものと思われる。中道往還、若彦路に比べ、御坂路は延べの路線長は長いが、大きな峠は御坂峠しかないのに対し、中道往還と若彦路には中程度の峠が複数あり、延べの高低差が大きい。御坂路は馬による高速の移動に適していた可能性があり、御坂路が律令制下の官道＝駅路に指定されたのもそれと関連するのではあるまいか。

それでは、この御坂路は、どのようにして官道である東海道の支路に設定されたのか。次にこの問題を、御坂路が通過する甲斐国都留郡の性格と合わせて考察してみたい。

現在の山梨県は、甲府盆地を中心とする「国中《くになか》」地方と、御坂山地・関東山地・秩父山地で区切られた東に位置する「郡内《ぐんない》」地方に二分される。古代の山梨、八代、巨麻三郡を含む「国中」が富士川水系に属するのに対し、古代の都留郡にあたる「郡内」は相模川（山梨県内では桂川）水系に属する相模文化圏で、隣接する駿河・武蔵からの直接の影響も受けやすく、歴史的に独自の地域を形成してきた。

この地域差が古代に遡ることを初めて指摘したのが磯貝正義で、郡内地域で存在が確認される部民である矢作部、丈部、当麻部が、相模では全て確認されるのに対し、国中では丈部しか存在しないことなどを根拠に、大化前代の都留郡地域は甲斐国造ではなく、相武国造の支配地域であったとした(3)。磯貝の指摘ではないが、『承徳本古謡集』所収の「甲斐風俗」歌に、「甲斐人《かいびと》の 嫁にはならじ 事辛《ことから》し 甲斐の御坂を 夜や越ゆらむ」とあるのは、甲斐ではなく駿河側の視点で詠んだ歌であるが、御坂峠が「甲斐」への境界として詠まれている。ここでの「甲斐」は籠坂峠ではなく御坂峠以北であり、本来の「甲斐」には都留郡が含まれないことがうかがえる。考古学的にも、すでに一九八〇年代に、坂本美夫が、郡内地域の古墳は、その東部の大月市大月以東の桂川下流域に集中し、石室形態には武蔵系の影響が認められること、土器も八世紀前半までは相模や駿河などの影響が強く、甲府盆地側の影響が強まるのは八世紀第3四半期以降であることを指摘している。[4]

大化元（六四五）年八月に、いわゆる東国国司が派遣された「東方八道」について、荒井秀規は、遠江と駿河（伊豆）、甲斐と信濃、相模を含む坂東がそれぞれ一道を成したとしている。[5] 前述の状況を踏まえつつ、この荒井説を敷衍すれば、国中地域への国司は信濃経由で狭義の「甲斐」に至った一方、郡内地域への国司は、相模から相模川・桂川を遡上したものと思われる。都留評の立評も、相模川流域を支配していた相武国造の支配領域を分割して行われ、当初は甲斐ではなく、相模国宰の管轄下にあったものと想定される。

それではこの都留評は、いつ、どのような理由で甲斐国に編入されることになったのだろうか。この点で注目されるのは、天武朝末年における令制国の国境確定が、それと同時に施行された七道制と密接な関連をもつという鐘江宏之の指摘である。鐘江によれば、七道とは単なる道路ではなく、複数の国をまとめた広域行政ブロックを官道で結びつけたもので、それまでの国宰の管轄領域を、この官道のネットワーク上で区画し再編成したものが令制国であるという。[6] 甲斐の場合は、東海道ブロックに入ることになったが、それは、それまでも東海道と甲斐を結ぶ幹線であった御坂路を、駅制を伴う官道としての東海道支路に設定することを意味していた。ところが御坂路は、もともと相模の一部であった都留評内を通過するため、駅制を含む御坂路（東海道甲斐路）を甲斐側が運営するには、都留評を相模から切り離し、甲斐に編入することが必要となったと考えられる。[7]

この問題は、都留郡における郡家の移転とも関連する。『和名抄』に見える都留郡古郡郷は、現在の上野原市上野原に比定されるが、「古郡」という名称からみて、初期の郡家所在地であり、後に、郡家が別の場所に移転したことを示している。初期郡家を、現在でも山梨と神奈川の県境に位置する上野原に比定した場合、問題となるのは、郡家が国の領域の東限にあり、国府から最も遠くなってしまうことである。おそらくこの古郡は、相模の影響下で行われた孝徳朝の立評段階での評家の所在地で、都留評の甲斐への編入に伴い、八世紀以後のある段階で、国府により近い郡の中央部へ郡家が移転したものと考えられる。

郡家の移転先については従来より諸説があったが、近年では、大月市大月遺跡がその有力候補とされている[8]。桂川と葛野川の合流地点に位置するこの遺跡からは、大規模な区画溝と大型の掘立柱建物が検出され、八世紀後半から九世紀前半にかけての甲斐型の坏などの供膳具類、墨書土器、転用硯が出土している。甲斐型の土師器（甲斐型土器）を使用する人々により大規模な官衙的施設が営まれていることから、これは、八世紀半ばに移転した第二次の都留郡家であり、またその移転は、国府を擁する国中地域との強い関連の下に行われたと考えられる。七世紀末における東海道御坂路の設定と、それに伴う都留評（郡）の甲斐への編入の影響が、やや間を置いて、郡家の移転というかたちで現れたものと評価できよう[9]。

なお、前出の「甲斐型土器」とは、八世紀以降の甲斐国において、甲斐国府の強い影響の下に生産されたと考えられる特殊な土師器で、主な生産地は現在の甲府市の東部地域にほぼ特定される。坏類は、赤色粒子を含むなめらかな胎土を有し、ロクロ成形で内面に花弁状（放射状）の暗文を施し、外面の下位に斜方向のヘラケズリを施すという規範をもち、甕類は、金雲母を含んだやや粗い胎土で、口縁部は「く」の字に屈曲し、胴部に粗いタテハケを施すという規範をもつ。基本的に「国中」地方の土器で、都留郡にはもともと存在しなかったため、八世紀以降、都留郡域に国中の影響がどのように及んでいったのかを知るうえで有効な指標となる。

ところで、東海道御坂路（甲斐路）の設定によって、七世紀末に都留評（郡）が甲斐国に編入され、八世紀以降、国中の影響を受けはじめるという筆者らの仮説は、その後、都留郡内をフィールドとする考古学研究者である杉本悠樹によって、細かく検証されていった。

都留郡内の土器の様相を検討した杉本によれば[10]、八世紀の都留郡においては、富士北麓地域（富士吉田市・都留市）では駿東型土器、桂川下流域（上野原市）では相模型土器が中心で、令制甲斐国の成立後も、旧来の勢力の影響が強く残っていた。その後の展開をみると、煮沸用具である甕型土器は、九世紀後葉まで駿東・相模型、堀之内原《ほりのうちはら》type（都留市堀之内原で発見された郡内地方特有の在来系土器）、甲斐型が共存するのに対し、坏・皿形類の供膳用の土器は、九世紀初頭までにほぼ甲斐型に統一される。供膳具のみが甲斐型に統一されるという現象は、甲斐型土器の流通・使用が、何らかの政治的背景、より具体的には国中からの政治的な影響と関連することを示唆しており、そうした動きが九世紀初頭に完了することにも注目しておきたい。

大月市域に限定すると、前述した第二次都留郡家の候補地である大月遺跡周辺の遺跡のうち、原平《はらだいら》遺跡から八世紀前半、献上《けんじょうち》地遺跡から八世紀後半の甲斐型土器が集中して出土する。甲斐型土器は、全体的に、八世紀前半には特定の集落のみに集中的に現れるが、八世紀後半以降は、前半の遺跡から面的に拡散する傾向にあるという。

一方、その西の都留市域は、縄文時代の遺跡は豊富なのだが、稲作には向かない環境のため、弥生中期以降遺跡が激減し、古墳時代にはほとんど過疎地域となっていた。ところが奈良時代に入ると、河川の合流点や谷の入口にあたる場所に開発拠点となるような集落が配置されるようになり、平安時代には、こうした集落を核として、集落が周辺に拡散してゆく。都留市の所在する桂川中流域は、基本的に火山灰地帯で、場所によっては富士山の溶岩が何度も直接流れ込んでおり、もともと稲作には適していない。にもかかわらず、律令制期になると、こうした集落の展開が見られることには、やはり何らかの政治的な意図をもつ開発が想定されるだろう。桂川流域は、七世紀以前の都留郡域の本来の中心地であった上野原市域と、山中湖、富士吉田市、河口湖を通る御坂路をつなぐルート上にあり、その政治的意図とは、やはり官道・駅路としての御坂路の維持・運営にあったと考えられるのである。

三　駅の運営と地域社会

前節をふまえ、本節では、都留郡内の駅と地域の様相について、より具体的に検討を進めてみたい。

甲斐国内に設置された駅については、『延喜式』巻二八兵部省79東海道駅伝馬条に「甲斐国駅馬。水市・河口・加吉各五疋。」とある。河口駅が現在の河口湖畔に比定されることに異論はないが、加吉駅については「吉」を「古」の誤写と見て籠坂峠の「籠」に結びつけ、この峠の北に位置する山中湖周辺に比定するのが地元の研究者の通説であった。ただ、『延喜式』における駅は、一般に都から近い順に記載されるので、平川南の指摘(11)のように、山中湖周辺の駅は水市駅で、加吉駅は、御坂峠を越えた、現在の笛吹市上黒駒（北部に駒留の地名が残る）周辺に所在した可能性が高い。養老廐牧令16置駅馬条の駅馬配置規定には「大路廿疋。中路十疋。小路五疋。」とあり、御坂路は小路であったことがわかる（ちなみに東海道の本線は中路）。

駅の組織と財源については、大山誠一(12)、大津透(13)などによる研究がある。駅の職員には、養老廐牧令15駅各置長条で、「駅戸」の内の有力者から「駅長」を採用するとし、駅馬の配備数については、前述のように同16条に規定がある。駅専属の労働力としては、賦役令19舎人史生条で、「駅子」を色役の一つとして駅戸から徴発することが規定され、公式令42給駅伝馬条などに見られるように、駅使および従者一行の乗馬・駅馬を牽いて次の駅まで送るなどの役務にあたった。

各駅に配された駅戸の数については、廐牧令16置駅馬条に、「毎レ馬各令二中中戸養飼一。」とあるように、法規上は駅馬と同数であり、御坂路の場合は各駅に五戸となる。ただし、廐牧令15条集解穴記には「置二駅戸一員、有二別式一也。」とあり、また日本では中国的な戸等制が実際に機能していたか疑わしいので、単純に馬と同数とはいえないが、仮に駅戸を駅馬と同数の五戸とし、当時の郷戸の戸口を二〇～三〇人程度と考えると、総人口は一〇〇～一五〇人程度、成年男子の課丁数は一五～二〇人程度で、第一節で扱った美濃国恵奈郡の一〇分の一以下となる。ただし現実には、後述のように、律令国家による駅戸集団の設定は、甲斐国の地域社会にきわめて大きな影響を及ぼすことになった。

駅の財源については、廐牧令16条に駅稲（大宝令では駅起稲）が見え、田令33駅田条には駅田（同じく駅起田）が規定されており、御坂路を含む小路の駅には二町の田が班給されることになっていた。同条集解先云によれば、駅田は駅戸が耕作し、前述の永田英明も強調するように、駅と駅田と駅戸は近接して存在するのが原則であった。このように駅の運営は、固定した駅戸集団によって担われ、駅（起）稲・駅（起）田という独自の財源が、その自立性を支えていた。律令制における駅が、中央政府ないし国府によって設定された特殊な機関であり、その運営にも特段の措置が取られていたことが知られる。

都留郡に限らず、『倭名類聚抄』段階の甲斐国には駅家郷は存在しない。御坂峠以南の二つの駅（平川南説によれば河口駅と水市駅）を支えた駅戸集団を含む郷としては、通説的な郷比定によるならば、桂川の上流域を意味したとされる賀美郷（現在の都留市南部から富士吉田市周辺）が考えられ、駅（起）稲・駅（起）田も同郷内に存在した可能性がある。ただ後述するように、河口湖畔にあった河口駅については、近年、都留郡ではなく、国中の八代郡の影響下にあった可能性が指摘されており、駅戸集団も、都留郡ではなく八代郡に属したとも考えられる。いずれにせよ、高い標高による冷涼な気候と、溶岩・火山噴出物（スコリア）の堆積という環境の中で、水稲耕作や馬の飼育がどの程度可能であったかは検討を要する課題で、またそれは、前節で扱った都留郡南部の開発の問題と密接に関連しているだろう。

以上の点をふまえ、次に、これら二つの駅と、その周辺地域との関わりについて考察してみたい（以下、図2を参照）。

河口駅家に直接関係する可能性のある遺跡として近年注目されているのが、杉本悠樹によって調査された富士河口湖町・西川《にしかわ》遺跡である。(14) 河口湖北東湖畔の「河口」地区の北部にあり、中世以降の御坂路（旧鎌倉街道）にあたる国道一三七号線の西に接し、道路を挟んだ東側には、富士山信仰の拠点の一つである河口浅間《あさま》神社が鎮座する。調査地は街道に面した富士山信仰の御師住宅の敷地内で、下水道工事に伴う試掘調査で、面積は小さいものの大量の遺物が出土した。遺物には古墳時代以前のものは無く、主なものに、八世紀中～後葉の静岡県湖西窯産の須恵器坏（「川」

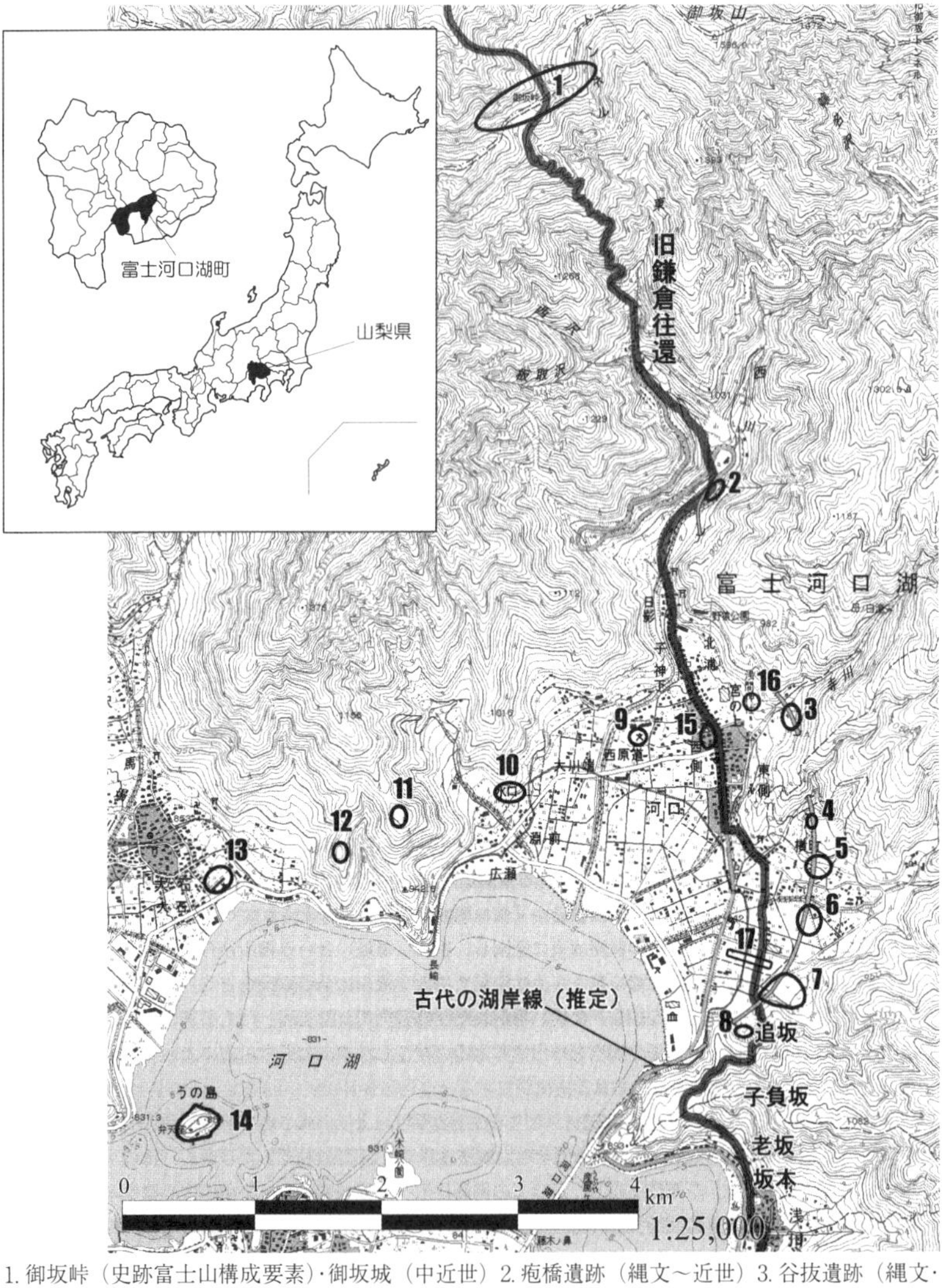

1. 御坂峠（史跡富士山構成要素）・御坂城（中近世）2. 疱橋遺跡（縄文～近世）3. 谷抜遺跡（縄文・平安～近世）4. 塚越遺跡（縄文～弥生・近世）5. 炭焼遺跡（古墳・平安～近世）6. 井坪遺跡（縄文・平安）7. 滝沢遺跡（縄文～平安）8. 追坂遺跡（縄文）9. 大築地遺跡（縄文）10. 金山遺跡（縄文）11. 広瀬の城古山（中世）12. 大石の城山（中世）13. 大石遺跡（縄文）14. 鵜の島遺跡（縄文～古墳）15. 西川遺跡（奈良～近世）16. 宮ノ上遺跡（平安～近世）17. 鯉ノ水遺跡（古墳～近世）

図２　河口地区の遺跡分布と旧鎌倉往還の経路
（『鯉ノ水遺跡 発掘調査報告書』より）

の墨書があり、「河口」との関連が想起される）、八世紀中葉の甲斐型坏（「□廣□」の墨書）、一〇世紀初頭の甲斐型坏（「罡（岡）本」の墨書）、須恵器の転用硯などがある。土器は甲斐型を主体とし、同時期の都留郡内一般にみられるような相模型や堀之内原typeとの混在状況はみられず、この遺跡が、地元ではなく甲府盆地（国中）の勢力によって、八世紀中葉に突如として形成されたことを示している。こうした出土遺物の状況をはじめ、御坂路（旧鎌倉街道）に接するという立地、「河口」という現在の地名などを考慮すると、河口駅家に関連すると考えるのが妥当である。

この遺跡から四キロメートルほど西になる富士河口湖町・大石地区では、河口湖に注ぐ奥川の右岸、天神峠の山裾の平坦部から、工事中に、甕の破片を中心とする大量の甲斐型土器や、八世紀後半頃に位置づけられる甲斐型坏が採集された(15)。大石地区は、国中の八代郡の中心部から河口湖方面に通ずる若彦路が、大石峠を越えて河口湖畔に下りてくる場所にあたり、周辺は奥川、馬場川が形成する小さな沖積平野で、現在は水田が広がる。古代でもある程度の稲作は可能であったとみられ、河口駅家に付随する駅（起）田が存在した可能性も考えられる。

西川遺跡から南に一・二キロメートルほどに位置する富士河口湖町・滝沢遺跡は、御坂路（旧鎌倉街道、現在の国道一三七号線とは異なる）が追坂（老坂）を越える手前の、河口地区側の麓に位置する九世紀後半から一〇世紀前半中心の集落で、特に平成二一年度の調査では、主軸方向を統一した一五軒の竪穴住居、大量の墨書土器、一〇世紀初頭の「川」字の刻書土器などが出土した(16)。時期はやや遅いが、御坂路の旧道に隣接する点、竪穴住居の特異な配置、「川」字の文字資料の存在などから、やはり河口駅家に何らかの関連をもつ集落と考えられる。

また滝沢遺跡の西側に隣接する鯉《こい》ノ水《みず》遺跡では、平成二五年度の調査で、旧鎌倉往還（御坂路）との伝承がある町道二一〇一号線と並行して、版築構造をもつ道路面と思われる硬化面が一条検出された(17)。版築層の下層から八世紀後半、版築層の間から九世紀前半の土器片が出土したこと、硬化面を一部破壊している土石流に含まれる土器のなかで最も新しいものが一〇世紀初頭であることから、律令時代の東海道御坂路（甲斐路）の遺構と考えられ、山梨県内における古代官道遺構の初めての発見となった。また、道路遺構の西側からは湖底に堆積したと思われる砂層が検出され、この周辺の御坂路（甲斐路）が、河口湖畔に接した湿地帯に版築工法で造られ、一〇世紀初めの土石流により一部破壊されたことが明らかとなっている。

西川遺跡と大石から甲斐型土器が集中的に出土していることが示すように、河口駅の設置と運営には、甲斐国府、八代郡を中心とする国中の勢力が深く関わっていた。ところで、近世以後の八代郡と都留郡の郡界は御坂峠で、河口湖周辺は南都留に含まれるのだが、『甲斐国志』提要部は「大原七郷（註：都留郡のうち、河口より西の地域をさす）ハ古ノ八代郡ノ域ナリ」としている。従来、この記載はほとんど注目されてこなかったが、杉本悠樹は、その他の資料も検討したうえで、現在の富士河口湖町以西は、中世以前は八代郡域であったとするのが妥当としている。[17] 都留郡の甲斐への編入と駅制施行との関連を指摘した筆者らは、これまで、河口駅と水市（または加吉）駅の二駅は、いずれも都留郡の管理下にあったと考えてきたが、近年の研究の結果、少なくとも河口駅の運営主体（駅戸集団を含む）は、御坂峠を越えてやって来た、甲斐国府・八代郡を中心とする国中の勢力であったことが明らかとなったのである。

一方、山中湖周辺に存在したはずの水市（加吉）駅の実態については、未だ不明の点が多い。現在の山中湖畔には遺跡がほとんど見出せず、むしろ湖から北に山一つを隔てた忍野村中心部の北西端、丹沢山系の裾野に、九世紀前半から中葉の笹見原《ささみはら》遺跡をはじめとする遺跡が帯状に分布し、なんらかの街道的なものが通っていたことが想定される。その北西の富士吉田市域は平安時代の遺跡を中心とするが、忍野村との境界に近い上吉田地区では、御坂路・旧鎌倉街道でもある国道一三九号線の近くの檜丸尾《ひのきまるび》溶岩流（一〇世紀前半噴出）の直下から奈良時代の甕型土器が見つかっており、今後、奈良時代の遺跡が溶岩流の下から検出される可能性がある。桂川の水源が山中湖であることを考えれば、山中湖周辺の駅を運営するための基盤整備は、現在の都留市から富士吉田市にかけての桂川水系に沿う形で行われた可能性が高く、第二節で紹介した、八～九世紀における桂川中流域の開発状況と関連付けて検討する必要があるだろう。以上の点からみて、河口駅が八代郡の影響下にあったのに対し、こちらの駅は、都留郡との関係が深かったものと考えられる。

おわりに

駅制の歴史的展開についての文献史学の一般的なイメージは、大化改新を契機として七世紀後半に形成され、八世紀初めの大宝令で確立し、九世紀にはその変質・衰退が進む、というものであろう。駅制成立の画期としては、永田英明は斉明朝を重視し(19)、中村太一は、官道としての直線道路の施工を天智朝のこととしている(20)。筆者もまた、十余年前に研究を開始した当初においては、東海道御坂路の設定と都留評の甲斐への編入を一体のものとしてとらえ、それが天武朝の国境確定に際して行われたと考えたため、それに伴う地域社会の変動も、遅くとも八世紀初めには始まるものと予想していた。ところが、現時点までの考古資料を検討するかぎり、郡内地域における駅制整備が本格化するのは早くても八世紀中葉のことであり、それ以前に実態的な動きを検出することは難しい。また、通常は駅制の変質・衰退期とされる九世紀に、むしろ交通を支える人の集団や経済的な基盤が拡大していることもうかがえた。通説的な時代観からのこうしたズレは、御坂路が東海道の本路ではなく支路であるため、整備がいわば後回しにされたことに起因するのか、あるいは急峻な峠を擁し、周囲も高地性の火山灰・溶岩地帯であったために生じたものなのか。少なくとも、駅制の整備は全国一律に進んだのではなく、地域による偏差があったことは認めなければならないだろう。

また、集落の展開や土器の移動などを検討した本章の第二、三節の手法を、第一節で取り上げた、東山道神坂峠を擁する美濃や信濃に適用した場合、どのような地域像が浮かび上がってくるのだろうか。本章でも述べたように、甲斐国御坂峠の麓の駅戸集団は、美濃国恵奈郡の駅戸の一割か、多めに見積もっても数分の一程度の規模しかない。にもかかわらず、八〜九世紀の甲斐で、前述したようなダイナミックな人とモノの動きが認められるとすれば、美濃や信濃においても類似の現象はあったはずであり、それをどのように検出してゆくかは今後の課題であろう。

東山道神坂峠に関しては、主に駅制を扱う本章では取り上げなかったが、大宝二（七〇二）年から和銅六（七一三）年にかけて行われた吉蘇路の開削の意義も検討する必要がある。また、東山道飛騨路、東山道武蔵路、山陽道美作路などの官道の「支路」も、単に国府へと通ずる枝道というだけでなく、それぞれ東山道と北陸道、東山道と東海道、山陽道と山陰道を接続する機能をもっており、これは甲斐路（御坂路）とも共通するため、今後は、こうした「支路」相互の比較も重要となるだろう。(21)

ともあれ、駅家の設置や運営が比較的容易な平野部とは異なり、峠などの難所を擁する山岳地域において、駅制のような政治的かつ人工的な交通制度を維持するためには、制度のうえで郷と同格の駅家だけでなく、郡や国、場合によっては国を超える国家レベルでの政策の実施を必要とし、それはまた、地域の社会にも大きな影響を及ぼしていた。「山国の古代交通」は、通説的なモデルでは説明できない特殊性をもつからだけでなく、むしろその特殊性を通じて、律令国家にとっての交通の本質をあぶり出してくれる研究課題であるように思われる。

註

（1）永田英明「駅伝馬制経営の基本構造―駅戸の編成を中心に―」（『古代駅伝馬制度の研究』〔吉川弘文館、二〇〇四年〕第二部第二章、初出は一九九三年）。

（2）大隅清陽「大化改新と甲斐」（『山梨県史 通史編1 原始・古代』〔山梨県、二〇〇四年〕所収、改稿のうえ本書第一部第二章に収録）。

（3）磯貝正義「七世紀以前の甲斐と大月」（『大月市史　通史編』〔大月市、一九七八年〕古代・第一章）。

（4）坂本美夫「甲斐の郡（評）郷制」（『山梨県立考古博物館・山梨県埋蔵文化財センター 研究紀要』一、一九八四年）。

（5）荒井秀規「「東国」とアズマ」（『古代王権と交流2 古代東国の民衆と社会』〔名著出版、一九九四年〕所収）。

（6）鐘江宏之「「国」制の成立―令制国・七道の形成過程―」（笹山晴生先生還暦記念会編『日本律令制論集』上〔吉川弘文館、一九九三年〕所収）。
（7）註（2）大隅論文、および同「文献からみた古代甲斐国都留郡の諸問題」（『山梨県考古学協会誌』一六、二〇〇六年）、改稿のうえ本書第三部第二章に収録。
（8）室伏徹・平野修「大月遺跡について―都留郡家（衙）としての再検討―」（『山梨考古学論集』Ⅴ〔山梨県考古学協会、二〇〇四年〕）。
（9）註（7）大隅論文。
（10）杉本悠樹「古代甲斐国都留郡の様相」（『山梨県立博物館　調査研究報告2　古代の交易と道　研究報告書』〔山梨県立博物館、二〇〇八年〕所収）。
（11）平川　南「甲斐の交通」『山梨県史 通史編1 原始・古代』（山梨県、二〇〇四年）。
（12）大山誠一「古代駅制の構造とその変遷」（『史学雑誌』八五―四、一九七六年）。
（13）大津　透「唐日律令地方財政管見―駅館・駅伝制をてがかりに―」（『日唐律令制の財政構造』〔岩波書店、二〇〇六年〕所収、初出は一九九三年）。
（14）杉本悠樹「富士河口湖町河口 西川遺跡の調査成果について（報告）」（『山梨県考古学協会誌』一九、二〇一〇年）。
（15）註（10）杉本論文。
（16）小林健二『滝沢遺跡（第2次）一般国道137号吉田河口湖バイパス建設工事に伴う発掘調査報告書』山梨県埋蔵文化財センター調査報告書・第二八二集（山梨県、二〇一一年）。
（17）杉本悠樹『鯉ノ水遺跡―主要地方道河口湖精進線の建設に伴う発掘調査報告書―（東海道甲斐路跡・旧鎌倉往還跡　鯉ノ水地点）』（富士河口湖町教育委員会・山梨県県土整備部、二〇一五年）。
（18）註（10）杉本論文。
（19）永田英明「駅制運用の展開と変質」「古代駅家の成立」（註（1）著書第一部第三章、第二部第一章、初出は一九九六年、一九九九年）。

(20) 中村太一「日本古代国家形成期の都鄙間交通—駅伝制の成立を中心に」（『歴史学研究』八二〇、二〇〇六年）。

(21) 鈴木景二「古代の飛騨越中間交通路—飛騨の大坂峠—」（『富山史壇』一三二、二〇〇〇年）、平川南「古代日本の交通と甲斐国」（『山梨県立博物館 調査研究報告2 古代の交易と道 研究報告書』〔山梨県立博物館、二〇〇八年〕所収）、同「七道の結節国—甲斐・飛驒・美作」（『律令国郡里制の実像』上〔吉川弘文館、二〇一四年〕所収）など。

あとがき

筆者は、母が里帰り出産のために帰省した福岡県門司市（現北九州市門司区）で生まれたが、当時東大国史学科の大学院生だった父が、程なくして北海道大学に就職した関係で、二歳から中学二年までを札幌で過ごした。幼少から思春期にかけての思い出を含め、一番懐かしい土地は今でも札幌であるが、北海道には一人の親戚もなく、今では中学以前の友人数人と、年賀状のやりとりがあるだけである。戸籍上の本籍地である東京では、中三から院生時代までを過ごしたものの、人がふるさとに感ずる懐かしさはあまり感じたことがない。「先生のご出身はどちらですか？」という質問（日本の社会では、自己紹介の必須項目でもあるらしい）には、内心いつも困惑してしまうのだが、「出身地や故郷と呼べる土地はありません」とお答えするのが、最も実情に近いように思う。

一九九三年二月、滋賀大学経済学部（彦根市）に一般教育の歴史学担当教員として赴任した筆者は、京都大学（以下、各氏の所属は全て当時）の鎌田元一氏のお誘いで、『新修彦根市史』の編纂委員会に加えていただいた。京大で開かれた古代史部会での自己紹介だったと思うが、「関西で暮らすのは初めてで……」と言ったところ、歴史地理学の金田章裕氏に、「彦根は関西やない。あれは名古屋や」と笑われてしまった。また、滋賀大学教育学部の小笠原好彦氏には『米原町史』、上越教育大学の川村知行氏には、筆者の曾祖父である長沼賢海（九州帝国大学国史学科初代教授）が、越後高田（現上越市）浄興寺山内の小さな寺の出身であった縁もあって、『上越市史』の編纂メンバーにも誘っていただいた。

これらの仕事は、一九九七年九月に山梨大学教育学部に転任してからもしばらく続いた。多士済々の研究者や地元の方々と過ごした日々には思い出が尽きないが、とりわけ、故郷というものをもたない筆者にとっては、その土地土地の地勢や風土を自分なりに感じ取ったうえで、そこに古代史の諸事象を重ねてゆくという作業はいつも新鮮でスリリングな体験で、「こんなところに古代があった」「古代人の感覚に一歩迫れた」と、思わず快哉を叫びたくなることが幾度もあった。近江と越後には何の脈絡もないように見えるが、考えてみると、近江は西国から東国へと通ずる交通の大動脈であり、現在の上越市に相当する越後国頸城郡も、北陸道と東山道とを連絡する交通の結節点であって、交通から地域をみるという本書の基本的な着想も、知らず知らずのうちに培われていたように思う。

戦後の日本古代史研究は、坂本太郎氏以来の精緻な制度史研究と、石母田正氏に代表されるマルクス主義史学の理論を車の両輪として見事に花開いたが、マルクス主義の退潮とともに、歴史を支えていた無名の人々への想像や共感の力が弱まる一方で、制度史の既存の枠組みを精緻化することのみが自己目的化してしまい、大きな見通しや、研究そのものの内的な動機を見失っているように思われてならない。これは、中世以降とは異なり、古代の史料のほとんどが中央に残されたものであるため、地域という具体的な場を通して、血の通った歴史の全体像を考えることが難しいこととも無関係ではないだろう。処方箋というほど大それたものではないが、地域という生きた歴史の舞台を通して、個々の研究者が自らの立ち位置を省みることは、古代史研究全般の活性化にとっても有益なのではないかと考えている。

本書の内容は、二〇年以上続けてきた研究の中間総括としてはまことに貧しいものであるが、所収の論考を改めて見直すと、筆者の地域史研究は、多くの方々との貴重な出会いによって支えられてきたことを痛感する。また、版元の六一書房には、山梨大への赴任以来、書籍の外商を通じて長らくお世話になってきたが、今回、本書の出版を相談したところ、八木環一会長に快くお引き受けいただいた。編集担当の水野華菜氏には、予算と時間の制約のなか、筆者の期待する以上の本に仕上げていただき、感謝に堪えない。その他、一々お名前を挙げることは差し控えさせていただくが、お世話になった全ての方々に、この場を借りて厚く御礼を申し上げる。

人にせよ土地にせよ、およそ出会いというものは、客観的には偶然にすぎないのだろうが、それを僥倖と感じ、偶然を必然に変えてゆくのは、人間の意志の力である。土地の神様に愛されたのか、筆者の山梨暮らしも気がつけば二〇年を超え、これまでの人生で最も長く住んだ土地となった。山梨で授かった二人の子どもたちも、自分は山梨出身だと当たり前のように思っているようである。もともと故郷をもたない筆者には、「第二の故郷」という言葉は使えないが、何かの縁で結ばれたこの土地で、これからも「日々の要求（Forderung des Tages）」に応えてゆきたい。

なお本書は、ＪＳＰＳ科学研究費（課題番号二六三七〇七六四）による研究成果の一部である。

二〇一八年二月

大隅清陽

著者略歴

大隅清陽（おおすみ　きよはる）

1962年福岡県門司市（現北九州市門司区）生まれ。北海道札幌市で育つ。東京大学大学院人文科学研究科博士課程単位取得満期退学。滋賀大学経済学部助教授、山梨大学教育人間科学部准教授等を経て、現在、山梨大学大学院教育学研究科教授。博士（文学）。

主要著書・論文

〔単著〕

『律令官制と礼秩序の研究』吉川弘文館、2011年。

〔共著〕

『日本の歴史08　古代天皇制を考える』講談社、2001年。

『日唐律令比較研究の新段階』山川出版社、2008年。

『摂関期の国家と社会』山川出版社、2016年。

〔論文〕

「これからの律令制研究」『九州史学』154号、2010年。

古代甲斐国《こだいかいのくに》の交通《こうつう》と社会《しゃかい》

2018年3月31日　初版発行

著　　者　大隅　清陽

発 行 者　八木　唯史

発 行 所　株式会社 六一書房

〒101-0051　東京都千代田区神田神保町2-2-22

TEL　03-5213-6161　　FAX　03-5213-6160

http://www.book61.co.jp　　E-mail info@book61.co.jp

振替　00160-7-35346

印　　刷　勝美印刷　株式会社

ISBN　978-4-86445-100-0　C3021